Menschen Zeiten Räume

Arbeitsbuch für Gesellschaftslehre
Band 4
(10. Schuljahr)

Herausgegeben von
Heiner Beddies
und
Dr. Thomas Berger-v. d. Heide

Bearbeitet von
Dr. Thomas Berger-v. d. Heide,
Gero Busse, Brigitte Dannhauser,
Walter Dieckmann,
Angela Drescher, Ulrich Mittelstädt,
Dr. Harald Neifeid, Rolf Puller,
Hans-Otto Regenhardt,
Dr. Dieter Richter, Karsten Tetzner,
unter beratender Mitwirkung von
Wolfgang Behr, Richard Braun,
Winfried Groß, Hans-Ullrich Kötteritzsch
und Bernd Lichtenberg

Cornelsen

Impressum

Verlagsredaktion: Johannes Völker
Technische Umsetzung: Mike Mielitz

Umschlagbild:
Betende Frauen im Monat Ramadan
vor dem Felsendom in Jerusalem, Israel
(Foto: IFA Bilderteam, Nowitz)

1. Auflage
Druck 4 3 2 1   Jahr 99 98 97 96

Alle Drucke dieser Auflage können im Unterricht
nebeneinander verwendet werden.

© 1996 Cornelsen Verlag, Berlin
Das Werk und seine Teile sind urheberrechtlich
geschützt. Jede Verwertung in anderen als den
gesetzlich zugelassenen Fällen bedarf deshalb der
vorherigen schriftlichen Einwilligung des Verlages.

Druck: Universitätsdruckerei
H. Stürtz AG, Würzburg

ISBN 3-464-64039-6

Bestellnummer 640396

gedruckt auf säurefreiem Papier, umweltschonend
hergestellt aus chlorfrei gebleichten Faserstoffen

Schülerbrief

Liebe Schülerinnen, liebe Schüler!

Das Lernen im Fach Gesellschaftslehre (GL) soll Spaß machen. Wir wollen euch den Aufbau des Buches für die Klasse 10 vorstellen, besonders für diejenigen unter euch, die das Buch zum erstenmal im Unterricht benutzen.

Einführung in die Themenbereiche

Das Buch ist in vier große Themenbereiche gegliedert. Innerhalb dieser Themenbereiche gibt es wiederum verschiedene Unterthemen, die wichtige Probleme aufgreifen.

Jedes Thema wird mit Auftaktseiten eröffnet. Die Materialien der Auftaktseiten sollen neugierig machen und laden dazu ein, selbst Fragen zum Thema zu formulieren. Ein Einleitungstext auf den Auftaktseiten gibt euch Hinweise zur Arbeit mit den Materialien der folgenden Seiten.

Arbeitsangebot der Doppelseiten

Jede Doppelseite bietet ein vielfältiges Angebot, ein Thema des Faches Gesellschaftslehre zu bearbeiten. Mit Hilfe von Texten, Bildern, Grafiken und Karten wird jedes Teilthema so dargestellt, daß ihr selbst damit arbeiten könnt.

Farbig unterlegte Texte zu Beginn eines Kapitels erläutern thematische Schwerpunkte, stellen Zusammenhänge her und nennen Leitfragen.

Die Überschriften der Doppelseiten benennen das jeweilige Teilthema, um das es geht. Großbuchstaben in der Überschrift einer Seite zeigen an, daß ein neues Unterkapitel beginnt.

Die Texte und Materialien der Doppelseiten sind durch Zwischenüberschriften gegliedert. Auf jeder Doppelseite findet ihr Texte der Autorinnen und Autoren, die einen Sachverhalt erläutern und erklären. Sie haben dabei versucht, die oft komplizierten Aussagen der Forschung so verständlich zu formulieren, daß ihr sie verstehen könnt.

Schriftliche Quellen

Bei den Themen, die sich mit der Vergangenheit befassen, sind die schriftlichen Zeugnisse der damals lebenden Menschen, die sogenannten Quellen, mit einem **Q** und mit einem Farbbalken am Rand gekennzeichnet.

Materialien

Andere Themen enthalten Arbeitsmaterialien, wie Berichte oder Auszüge aus Zeitungen, mit denen ihr arbeiten könnt. Materialien sind mit einem **M** und einem Farbbalken gekennzeichnet.

Arbeitsaufgaben

In den Arbeitsaufgaben werdet ihr angeleitet, aus den Texten, Quellen, Materialien, Abbildungen und Karten Informationen zu entnehmen und ein Thema zu erarbeiten. Ziel der Aufgaben ist es vor allem, euch bei eurer Meinungsbildung zu helfen.

Methodenseiten

Diese Seiten stellen euch jeweils eine wichtige Methode des Faches Gesellschaftslehre vor. An einem Beispiel lernt ihr eine Methode kennen und anzuwenden. Diese Methode könnt ihr dann auch auf Sachverhalte anderer Kapitel anwenden.

Werkstatt

Auf den Werkstattseiten findet ihr Vorschläge zum Weiterarbeiten in anderen Formen, zum Spielen, Basteln und für eigene Nachforschungen.

Zum Weiterlesen

Die Seiten zum Weiterlesen enthalten Ausschnitte aus Jugendbüchern. Hinweise auf weitere Jugend- und Sachbücher findet ihr am Schluß des Buches.

Zusammenfassung

Jedes Thema wird durch eine Zusammenfassung abgeschlossen. Sie kann unterschiedliche Formen haben und will euch anregen, noch einmal über das gesamte Thema nachzudenken.

Worterklärungen

Ein Verzeichnis schwieriger Begriffe steht am Ende des Buches. Die dort aufgeführten Begriffe sind im Text mit einem * gekennzeichnet.

Register

Am Ende des Buches gibt es ein Stichwortverzeichnis. Damit könnt ihr herausfinden, auf welchen Seiten des Buches ein bestimmter Sachverhalt, etwa das Leben im Nahen Osten, behandelt wird.

Inhaltsverzeichnis

Themen		**Probleme**

1. Menschen suchen Frieden — 6

1.1 Niemand verläßt gern seine Heimat — 6
    Heimat und Fremde — 8
■ Methode: Zeitzeugenbefragung — 9
    Zuwanderer nach Deutschland — 12
    Auswanderung nach Amerika — 18
    Menschen weltweit auf der Flucht — 22
■ Werkstatt: Ausländer und Flüchtlinge am eigenen Wohnort — 28
▫ Zum Weiterlesen: Hamide spielt Hamide — 30
■ Zusammenfassung — 31

Abschottung oder Bereitschaft zu multikulturellem Miteinander mit Zuwanderern, Flüchtlingen, politisch Verfolgten

1.2 Krieg und Frieden im Nahen Osten — 32
    Das Zusammenleben von Israelis und Arabern — 34
    Auf dem Weg zum Staat Israel — 38
■ Methode: Arbeiten mit Quellentexten — 39
    Die Palästinenser — 42
    Probleme des Friedens im Nahen Osten — 46
    Wasser – ein knappes Gut — 50
■ Zusammenfassung — 55

Frieden schaffen – politische Aufgabe zwischen Vergangenheit und Zukunft des Nahen Ostens

2. Menschen wirken an politischen Entscheidungen mit — 56

2.1 Was zusammengehört, muß zusammenwachsen — 56
    Probleme der Wiedervereinigung — 58
■ Methode: Ein Projekt gestalten — 60
    Die Teilung als Folge des Zweiten Weltkriegs — 64
    Strukturwandel in Ost und West — 80
■ Werkstatt: Plakate des Kalten Krieges — 88
■ Zusammenfassung — 89

Wahrnehmung und Analyse gesellschaftlichen Strukturwandels im historisch-politisch-ökonomischen Kontext

2.2 Europa – Wirtschaftsriese ohne Demokratie? — 90
    Vielfältiges Europa — 92
■ Werkstatt: Ein europäisches Land erkunden — 96
    Anfänge der Einigung Westeuropas — 98
    Probleme der Europäischen Union (EU) — 104
■ Werkstatt: Lernen und Freizeit in Europa — 112
■ Zusammenfassung — 113

Demokratische Partizipation in einem vereinten Europa: eine noch zu lösende Gestaltungsaufgabe

Inhaltsverzeichnis

**3. Menschen gestalten
ihre Lebensbedingungen** — 114

3.1	Die Alpen – krankes Rückgrat Europas	114
	Die Alpen – begehrt und gefährdet	116
■	Methode: Interpretation einer thematischen Karte	121
	Lebensraum Alpen	124
■	Zusammenfassung	135

Diskrepanz zwischen wirtschaftlichen Interessen und dem Schutz der Umwelt

3.2	Prima Klima?	136
	Das System Klima	138
	Mensch und Klima	144
■	Methode: Entwicklung einer Ausstellung	145
	Worte und Taten	152
■	Werkstatt: Bau eines Sonnenkollektors	158
■	Zusammenfassung	159

Gefährdung der Lebensgrundlagen im geographisch-politischen Bedingungsgefüge

**4. Menschen leiden
unter gesellschaftlichem Druck** — 160

4.1	Die Seele kann krank werden	160
	Hier stimmt etwas nicht	162
	In der öffentlichen Diskussion	172
■	Zum Weiterlesen: Plötzlich war alles anders	176
■	Zum Weiterlesen: Asphalt Roulette	177

Leiden an der Übermächtigkeit gesellschaftlicher Erwartungen an junge Menschen

4.2	Bloßgestellt – Gewalt gegen Frauen	178
	Alltägliche Gewalt gegen Frauen	180
	Wege aus der Gewalt	186

Geschlechtsspezifische Diskriminierung im privaten wie im öffentlichen Leben

4.3	Projekt: Beziehungen gestalten	190

Erfahrungen im Zusammensein mit anderen Menschen einbringen und erweitern

Jugendbücher	196
Worterklärungen	198
Aus dem Grundgesetz der Bundesrepublik Deutschland	204
Quellenverzeichnisse	206
Register	212

1.1 NIEMAND VERLÄSST GERN SEINE HEIMAT

Auf der Flucht: „Männer können sich frei bewegen ... Aber wir Frauen können mit den Kindern nicht rennen!" Warum verlassen Menschen ihre Heimat – wandern aus – flüchten? Welche Schwierigkeiten haben Frauen dabei besonders zu bewältigen? Schließlich: Wie begegnet man den Zuwanderern im Aufnahmeland? Und die Folgen der Migration, der Wanderbewegungen, für alle Beteiligten? In diesem Kapitel könnt ihr Wanderungsbewegungen aus der Geschichte und der Gegenwart näher untersuchen. Vor allem aber befragt eure Freunde, eure Nachbarn, eure Mitschülerinnen und Mitschüler nach ihren Erfahrungen und Einstellungen. Die Hinweise zur Zeitzeugenbefragung wollen euch hilfreiche Tips geben.

HEIMAT UND FREMDE

Selçuk, Alexandra und Edina erzählen
In einer Düsseldorfer Schule befragten Jugendliche 1994 ihre Mitschülerinnen und Mitschüler über ihre Herkunft. Selçuk erzählte:

M1 ... Ich bin in Düsseldorf geboren, bin aber trotzdem Türke. ...
Mein Vater hat als junger Mann seine Heimat verlassen. Er ist nach Düsseldorf gekommen und wohnte zuerst bei einer Tante. Mit 19 Jahren heiratete er in Antakja. Nach der Hochzeitsfeier ging er mit seiner Frau sofort wieder nach Deutschland und hat für ein Jahr in einem Restaurant gearbeitet. Danach montierte er in einer Autofabrik Spurstangen. Als mein Vater 21 Jahre alt war, kam ich zur Welt. In der Türkei war ich bisher nur in den Ferien. Hier bei uns zuhause wird aber noch Türkisch gesprochen. ...
Ich fühle mich wirklich wohl in Deutschland, weil ich hier geboren bin.

Die 16jährige Alexandra berichtete:

M2 ... Geboren bin ich in Kattowitz, wo meine Eltern in einer Fabrik arbeiteten. Dort hatten wir viel von Deutschland gehört. Meine Eltern wollten in Deutschland wohnen, weil wir Deutsche sind. Die Eltern wollten schon lange von dort weg. Das durften sie aber nicht. 1989 sind sie von Kattowitz nach Deutschland ausgesiedelt. Ich wohnte dann bei meiner Oma. Als ich meine Eltern im Sommer 1991 in Deutschland besuchte, haben sie mich hierbehalten. Ich war fürchterlich traurig, meine Oma und meine Freundinnen nicht mehr zu sehen. Wir wohnten damals in einer Siedlung mit vielen anderen Familien aus Polen, Rußland oder Rumänien. Wenn ihr mich so fragt, wo es mir besser gefällt, in Polen oder in Deutschland, dann kann ich das nicht sagen. Ich weiß es selber nicht. Ich denke oft an Kattowitz ...

Die 15jährige Edina schilderte ihren Mitschülern und Mitschülerinnen:

M3 Ich komme aus dem ehemaligen Jugoslawien und lebe seit etwa zwei Jahren hier. Ich kann nicht vergessen, wie wir flüchteten. ... Nachts hörten wir das Geschrei von Menschen. Durch die Fenster konnten wir sehen, wie die Häuser brannten. Als die Soldaten näher kamen, wurde es immer schlimmer. ... Wir wollten nur eins: Weg! ... Wir hatten die Fahrkarten für einen Bus gekauft, der uns zunächst von Bosnien weg bringen sollte. Der Fahrer des Busses war Serbe. An der Grenze wurden wir von serbischen Soldaten kontrolliert. Es war alles in Ordnung. Aber bevor wir abgefahren sind, hat eine Frau etwas gegen die Serben gesagt. Um uns herum waren Panzer. Der Hauptmann sagte, die Soldaten sollten uns töten. ... Nur weil der serbische Busfahrer wieder zurückfuhr, kamen wir mit dem Leben davon. ... Erst später hat uns dann ein Mann, der als Polizist gearbeitet hat, geholfen. Wir gaben ihm viel Geld, damit er uns rausbringt. ... Heute noch träume ich nachts davon ...

Zugewanderte in der Schule
Die Schulleiterin dieser Schule hat 1995 eine Statistik über die Herkunft der Schülerinnen und Schüler erstellt:

M4 1042 Schülerinnen und Schüler, davon sind:
131 Kinder aus Anwerbeländern (Herkunftsländer: 61 Türkei, 31 Italien, 9 Griechenland, 2 Spanien, 23 Marokko, 2 Tunesien, 3 Portugal)
50 deutschstämmige Aussiedlerkinder (Herkunftsländer: 35 GUS-Staaten, 10 Polen, 5 Rumänien)
18 Kinder aus osteuropäischen Staaten
37 Flüchtlingskinder aus dem Kriegsgebiet im ehemaligen Jugoslawien
7 Kinder von Asylsuchenden

1 *Sucht im Atlas die Herkunftsorte bzw. -staaten, die in den Texten M1 bis M4 genannt werden.*
2 *Ordnet mit Hilfe von M4 ein, zu welcher Zuwandergruppe die Jugendlichen aus M1 bis M3 gehören.*
3 *Erstellt eine ähnliche Statistik für eure Klasse bzw. eure Schule.*
4 *Ermittelt die Orte, in denen eure Eltern und Großeltern geboren sind.*
5 *Hängt in eurem Klassenraum eine Karte auf und markiert dort die Geburtsorte eurer Eltern und Großeltern mit bunten Stecknadeln.*
6 *Befragt ausländische oder zugewanderte Mitschüler und Mitschülerinnen bzw. ihre (Groß-) Eltern darüber, wie und warum sie nach Deutschland gekommen sind. Benutzt die Hinweise der folgenden Seite zur Zeitzeugenbefragung.*

Methode: Zeitzeugenbefragung

Schülerinnen und Schüler einer 10. Klasse bei einer Zeitzeugenbefragung. Foto 1996.

Habt ihr selbst schon einmal Menschen befragt, warum sie ihr Heimatland verlassen haben und wie es ihnen dabei erging? Aus den Erzählungen der Jugendlichen in M1 bis M3 auf S. 8 konntet ihr etwas darüber erfahren.

Die Betroffenen erinnern sich daran, was sie selbst erlebt haben. Sie sind „Zeitzeugen". Die Befragung von Zeitzeugen ist eine Möglichkeit, sich ausschnittartige Einblicke in die Vergangenheit zu verschaffen. Ihr könnt dadurch eigene Einsichten für eure Beurteilung gewinnen.

Manchmal erinnern sich Zeitzeugen aber nicht nur an selbst Erlebtes, sondern auch an das, was sie selbst nur gehört haben. Erzählungen aus der eigenen Vergangenheit teilen mitunter Eindrücke und Meinungen mit. Berichten Menschen von früher, so ist ihre Erinnerung unbewußt von ihren Gefühlen bestimmt.

Wenn ihr eine Zeitzeugenbefragung durchführen wollt, müßt ihr dieses berücksichtigen. Ihr könnt euch an folgenden Arbeitsschritten orientieren:

1. Planung der Zeitzeugenbefragung
- Legt in eurer Klasse fest, mit wem und zu welchem Thema ihr eine Zeitzeugenbefragung machen wollt (z.B. Gründe, die Heimat zu verlassen).
- Stellt in Gruppen einen Fragenkatalog auf.
- Probiert die Fragen in eurer Klasse aus.
- Entscheidet, wie ihr die Befragung festhalten wollt (mit Gesprächsnotizen, einem Tonbandmitschnitt oder einer Videoaufzeichnung).

2. Durchführung der Zeitzeugenbefragung
- Befragt die Zeitzeugin bzw. den Zeitzeugen mit Hilfe eures Fragenkatalogs.
- Achtet darauf, mit welchen Gefühlen sich die Zeitzeugin bzw. der Zeitzeuge erinnert.

3. Auswertung der Befragung
- Klärt, ob Fragen unbeantwortet blieben. Gibt es Gründe dafür?
- Prüft, wo Tatsachen und wo Meinungen geäußert wurden.
- Vergleicht die Aussagen des Befragten mit anderen Zeitzeugenberichten.
- Setzt die Aussagen des Befragten zu euren Vorkenntnissen in Beziehung. Verschafft euch weitere Informationen zum Thema der Befragung, z.B. in diesem Kapitel.

4. Dokumentation der Ergebnisse
- Diskutiert, wie ihr eure Befragungsergebnisse darstellen könnt (Wandzeitung, Collage, Fotobiografie o. ä.). Fügt gegebenenfalls weitere Fotos oder Berichte zum Befragungsthema hinzu.

Jugendliche zwischen zwei Welten

1 Türkisches Mädchen mit ihren Eltern. Foto um 1993.

Freundschaften

1 *Betrachtet die Abbildungen auf dieser Doppelseite. Schreibt Geschichten dazu.*

Der türkische Jugendliche Mechmet Yeslilogoz schrieb in der „Frankfurter Allgemeinen Zeitung" vom 5. Januar 1991:

M1 ... Ich bin in der Bundesrepublik Deutschland geboren und aufgewachsen. ... Ich gehe in die Schule und ich habe dort und danach in der Freizeit fast nur Kontakt mit Deutschen und mit Deutschem. Ich bin mit meinem Freund Martin zusammen und höre von ihm, daß seine Eltern nicht in sein Leben eingreifen dürfen, daß er den Bildungsweg wählen darf, den er will, daß er mit dem Mädchen zusammensein wird, das ihm und nicht zuallererst seinen Eltern gefällt. Ich finde diese Art der Selbstverwirklichung schön, und diese Idee begeistert mich. ... Für mich wäre es völlig unmöglich, ein deutsches Mädchen mit nach Hause zu bringen. Der Familiensegen würde dann für immer schief hängen ...

Ebru S., eine in Bremen geborene und aufgewachsene türkische Jugendliche, erzählte 1992:

M2 ... meine Kindheit (verlief) äußert glücklich und problemlos. Mit Beginn der 7. Klasse fingen die intensiveren Mädchen-Jungen-Freundschaften an, und hinzu kamen die Geburtstagsfeten, die auf die späten Abendstunden rückten. ... Auch ich wollte an diesen neuen Gemeinschaftsunternehmungen teilhaben und da ich bisher von meinen Eltern nie von solchen Ereignissen ausgeschlossen worden war, nahm ich es für selbstverständlich, nun auch mit meinen Freunden Spaß haben zu dürfen. Aber da hatte ich mich geirrt, diesmal untersagten sie mir die Teilnahme an den Geburtstagsfeten und ließen mich im Unverständnis. Wieso? ... Ich verstand die Welt nicht mehr. ... (Später) nahm ich mir ... Freiheiten heraus; wenn ich nicht durfte, log ich. ... Meine Eltern durften nicht wissen, daß ich (nun) einen Freund hatte, noch dazu einen Deutschen, der wohl bestimmt mal mit mir schlafen wollen würde. Das wurde ja hier alles so frei gehandhabt im Gegensatz zur Türkei, wo man ja als Türkin mit moslemischem Glauben ... als Jungfrau in die Ehe gehen sollte. ... Ich hatte zwar ursprünglich den moslemischen Glauben, wurde aber nie so streng danach erzogen, daß ich eigentlich nicht sagen kann, woran ich glaube. Ich geriet in einen innerlichen Kampf. Meine Eltern waren nicht streng religiös – meine Mutter trug nicht einmal ein Kopftuch –, aber sie erwarteten sicher, daß ich mich an die grundsätzlichen Regeln hielt, die schließlich eine Sache der Familienehre waren ...

Jugendliche zwischen zwei Welten

2 Auf dem Schulhof. Foto um 1989.

2 *Schildert mit euren Worten, welche verschiedenen Einflüsse die Freundschaften der beiden Jugendlichen in M1 und M2 prägen, und wie sie darauf reagieren.*

Vor der Berufswahl
Die in Taschkent geborene und jetzt in Berlin lebende sechzehnjährige Elena Zeiser berichtete 1994:

> **M3** ... Ich gehe jetzt in die 8. Klasse der ... Realschule und möchte gerne aufs Gymnasium überwechseln, weil ich später Ärztin oder Hotelfachfrau werden möchte. Ärztin – das kann ich mir wahrscheinlich „abschminken", denn dafür braucht man sehr gute Noten. In Rußland hätte ich es geschafft, aber hier...? Es macht sich eben doch bemerkbar, daß ich nicht in Deutschland geboren wurde und von klein an die Sprache lernte. Bleibt Hotelfachfrau. Mit Menschen umgehen zu lernen, vielleicht sogar in fremde Länder zu kommen, das wäre schon etwas Schönes. Na ja, ich habe noch Zeit und werde darum kämpfen, es zu schaffen ...

3 *Erklärt, welche Schwierigkeiten Elena bei der Verwirklichung ihrer Berufswünsche befürchtet.*

Kultur und Religion
Ein etwa sechzehnjähriges Mädchen berichtete 1992:

> **M4** Ich bin hier geboren und in zwei verschiedenen Kulturen aufgewachsen. ... Jetzt bin ich in der 10. Klasse und meine Eltern wollten, daß ich mich, wie es sich in unserer Religion gehört, verschleiere. Ich würde dies auch sehr gerne tun, weil ich die islamische Religion kenne und verstehe. Aber ich traue es mir nicht zu, weil ich mich bis jetzt wie meine deutschen Freunde gekleidet habe und mich ihnen angepaßt habe. Und nun kann ich nichts an der Sache ändern. ... (ich stehe) zwischen zwei Kulturen und (weiß) nicht ..., wo ich hingehöre. Könnt ihr mir sagen, wo ich hingehöre?

4 *Laßt euch von euren moslemischen Mitschülerinnen erklären, welche Bedeutung das Kopftuch für sie hat.*

ZUWANDERER NACH DEUTSCHLAND

1 Begrüßung des 1 000 000. Gastarbeiters mit einem **Geschenk.** Foto 1964.

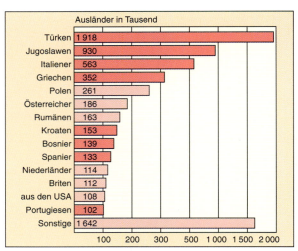

2 Ausländer in Deutschland. Dunkelrot: als „Gastarbeiter" angeworbene Nationalitäten. Stand 1994.

1994 lebten in Deutschland etwa 6,9 Millionen Ausländerinnen und Ausländer. Zum großen Teil sind dies ausländische Arbeitnehmer aus den Mittelmeerländern und ihre Angehörigen (vgl. Abb. 2). Seit 1955 wurden sie als „Gastarbeiter" angeworben. Damals brauchten viele Unternehmen mehr Arbeitskräfte als vorhanden waren; Engpässe in der Produktion waren abzusehen. Bis 1973, als die Bundesregierung wegen der schlechter werdenden Wirtschaftslage einen „Anwerbestop" verhängte, waren 2,6 Millionen ausländische Arbeitnehmer und ihre Familien zugewandert. Oft sind deren Nachkommen hier geboren und aufgewachsen.

Auf dieser Doppelseite könnt ihr herausfinden, aus welchen Gründen diese Ausländer hierher kamen. Am Beispiel Anatoliens, einer Region in der Türkei, könnt ihr genauer erarbeiten, warum die Anwerbung von Arbeitskräften dort auf Interesse stieß. Danach könnt ihr untersuchen, wie es den Zuwanderern heute in unserer Gesellschaft ergeht.

„Wir haben Arbeitskräfte gerufen …"

1 Versetzt euch in folgende Situation und diskutiert über Lösungsmöglichkeiten: *Eine Bauernfamilie in einem Mittelmeerland hat wenig Ackerland geerbt. Der karge Boden wirft nur geringen Ertrag ab. In der Umgebung ist keine andere Arbeit zu finden.*

Der Wissenschaftler Schrettenbrunner befragte im Jahr 1971 ausländische Arbeitnehmer, die Arbeitsangebote angenommen hatten und nach Deutschland gekommen waren:

M1
– … Was bietet (mein Dorf)? Es ist meine Heimat; das Elend ist nur, daß wir hier keine Arbeit haben. In den Nachbarorten brauchst du nicht zu fragen, ob es Arbeit gibt. Da kommst du aus einer anderen Gemeinde nicht ran …
– … Ich bin weggefahren, um die Schulden meines Vaters bezahlen zu können …
– … Alle Jungen sind entweder in der Stadt oder in der Bundesrepublik Deutschland. Es gab nur noch die Alten, die im Dorf geblieben sind. Das Land gab nichts her …

2 Listet die Gründe für den Aufbruch aus den Heimatorten auf, die in M1 genannt werden.
3 Folgert aus der Grafik (Abb. 2), in welchen Ländern die Anwerbeversuche auf großes Interesse stießen.
4 Formuliert Hoffnungen und Erwartungen, die die Menschen mit ihrem Aufbruch verknüpft haben könnten.

Das Beispiel Anatolien

Anatolien – ein benachteiligter Raum

5 *Beschreibt mit Hilfe einer physischen Atlaskarte Lage und Oberflächengestalt Anatoliens.*

6 *Erarbeitet mit Hilfe einer Bodennutzungskarte und einer Wirtschaftskarte, welche Erwerbsmöglichkeiten Menschen in Anatolien haben.*

Die größte Gruppe ausländischer Arbeitnehmer und ihrer Familien sind türkischer Nationalität (vgl. Grafik, Abb. 2). Viele ihrer Vorfahren stammen aus der Landschaft Anatolien (siehe Abb. 3).
Über den Bauernsohn Ali Cetin wurde 1992 berichtet:

M2 Ali Cetin wurde in einem Dorf in Anatolien geboren, etwa 100 km von ... Ankara entfernt. Seine Familie besaß ein Feld mit Haselnußbäumen. Für den Großvater, Alis Vater und seine Brüder reichte der Ernteertrag aus. Als der Großvater starb, wurde das Land zwischen Alis Vater Mehmet und seinen Brüdern geteilt. Danach reichte der Ertrag nicht mehr für die große Familie aus, denn wie sein Vater hat auch Ali fünf Schwestern und Brüder. Als Ali 18 Jahre alt wurde, beschloß die Familie daher, daß Ali nach Ankara gehen sollte, um Arbeit zu suchen ...

7 *Findet an Hand der Karte (Abb. 4) heraus, warum Ali Cetin in Ankara Arbeit suchen sollte.*

3 Dorf in Anatolien. Foto 1995.

Land-Stadt-Flucht und Arbeitssuche im Ausland

Wie Ali Cetin drängten viele arbeitslose Menschen aus den wenig ertragreichen ländlichen Gebieten in die Städte. Dort hofften sie, einen Arbeitsplatz in der Industrie zu finden. Die Zahl der zur Verfügung stehenden Arbeitsplätze reichte jedoch nicht aus. Die Anwerbung von Arbeitskräften führte dazu, daß ein Teil dieser Arbeitssuchenden nach Deutschland abwanderte und später ihre Familie nachholte.

8 *Bewertet die Wanderung der Arbeitskräfte nach Deutschland aus der Sicht anatolischer Zuwanderer und aus der Sicht deutscher Industrieunternehmen.*

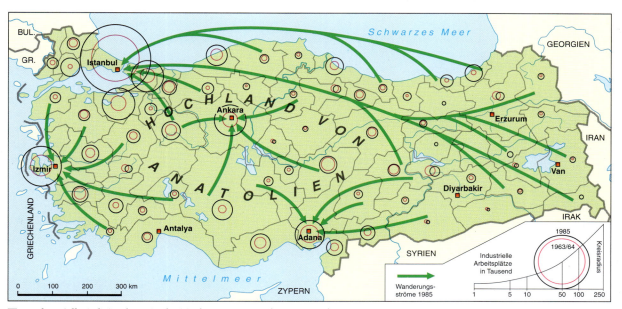

4 Industrielle Arbeitsplätze in der Türkei 1963/64 und 1985, Wanderungsströme 1985.

Leben in Deutschland

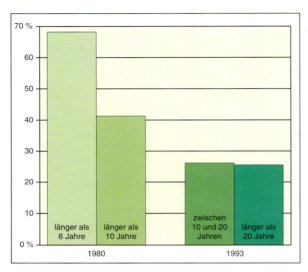

1 Verweildauer der Ausländer in Deutschland 1980 und 1993.

2 Klingelschilder. Foto 1995.

„... und es kamen Menschen"

1 Wertet das Diagramm aus. Überprüft die Aussage: „Aus Gastarbeitern wurden Zuwanderer."

Die Generation der Angeworbenen dachte zunächst noch an eine baldige Rückkehr in ihre Heimatländer. Aber die meisten blieben länger als sie zunächst vorhatten. Allmählich haben sie ihre Familien nach Deutschland geholt. Oft sind ausländische Kinder hier geboren, zum Teil bereits die zweite oder sogar dritte Generation. Der Lebensmittelpunkt sehr vieler ausländischer Menschen liegt nun in Deutschland.

Rechtsstellung im täglichen Leben

Die heute in Deutschland lebenden Ausländer und ihre Familien müssen Lohn- und Einkommenssteuer zahlen und Beiträge zur Kranken-, Renten- und Arbeitslosenversicherung abführen. Am Arbeitsplatz sind sie unfallversichert. Die Familien haben Anspruch auf Erziehungsgeld und Kindergeld.
An politischen Wahlen in der Bundesrepublik können Ausländer und Ausländerinnen aber weder teilnehmen noch gewählt werden. Politische Parteien dürfen sie nicht gründen. Doppelstaatsbürgerschaften sind nicht möglich.

2 Faßt zusammen, was ihr im Text über die Rechtsstellung von Ausländern und ihren Familien im Vergleich zu der deutscher Staatsbürger erfahrt.

3 Sammelt weitere Informationen über die Rechtsstellung von Ausländern in Deutschland (mögliche Ansprechpartner: Ausländerbeauftragte, Ausländerbeiräte ...).

4 Befragt ausländische Mitbürger dazu, welche Wünsche und Forderungen sie in bezug auf ihre Rechtsstellung haben.

Miteinander von Deutschen und Ausländern

Die 28jährige Türkin Merve, die als Kind mit ihren Eltern nach Moers gekommen ist, berichtete 1994:

> **M1** ... ich habe viele Menschen getroffen, die mich akzeptierten und „gleichberechtigt" behandelten. Das tun nicht allzu viele Deutsche. Für viele sind Ausländer einfach Ausländer. Sie unterscheiden nicht. Das ärgert mich. ... Die Türken ... haben ihren Beitrag zum deutschen Wirtschaftswachstum geleistet. Sie haben mit dazu beigetragen, daß die Wirtschaft in Deutschland floriert. Und sie zahlen genauso ihre Steuern wie die Deutschen. Als früher Arbeitskräfte gebraucht wurden, da haben die Türken die Jobs übernommen, die die Deutschen nicht wollten. Ich finde es schade, daß die Deutschen so wenig über die türkische Kultur und Religion wissen. Aber die Türken wissen auch viel zu wenig über die deutschen Gepflogenheiten. Das ist ein Fehler ...

Leben in Deutschland

5 *Diskutiert darüber, wie ihr das Zusammenleben mit Zugewanderten in eurer Nachbarschaft erlebt, und vergleicht eure Eindrücke mit Merves Erfahrungen (M1).*

Schwierigkeiten im Miteinander
Nicht immer gestaltet sich das Miteinander zwischen ausländischen und deutschen Menschen ohne Schwierigkeiten.
Cornelia Schmalz-Jacobsen, Ausländerbeauftragte der Bundesregierung, nannte 1991 Gründe für die Schwierigkeiten im Zusammenleben mit Zugewanderten:

M2 …
– Die … Betrachtungsweise, Ausländer als Arbeitskräfte, nicht aber als gesellschaftlich und kulturell ernst zu nehmenden Teil der Bevölkerung zu sehen; …
– mangelndes Verständnis für die zum Teil unterschiedlichen gesellschaftlichen, kulturellen und religiösen Wertvorstellungen der jeweils anderen Seite;
– Fremdenfeindlichkeit, die oft aus Angst oder sozialer und wirtschaftlicher Not erwächst, aber auch aus übersteigertem nationalen Selbstwertgefühl;
– die Neigung, Minderheiten auszugrenzen und sie für bestehende Schwierigkeiten verantwortlich zu machen;
– Benachteiligungen am Arbeitsplatz, am Wohnungsmarkt, bei der Ausbildung und im gesellschaftlichen Leben;
– mangelnde Kenntnisse der deutschen Bevölkerung von der Bedeutung der Ausländerbeschäftigung.

6 *Gebt mit eigenen Worten wieder, welche Schwierigkeiten Schmalz-Jacobsen bei der Eingliederung von Ausländern sieht.*

7 *Führt aus, ob sich aus den Erklärungsversuchen Schmalz-Jacobsens Maßnahmen ableiten lassen, die stärker zu einer Integration von Zugewanderten beitragen.*

8 *Befragt Politiker in eurer Gemeinde, was ihre Partei zur Integration von Zugewanderten unternimmt.*

Projekt: Rollentausch für einen Tag
An einer Schule in Köln-Holweide lief 1983 ein Projekt: die Mädchen und Jungen einer Klasse hatten sich entschlossen, einen Tag lang in die Rollen ihrer

3 / 4 Schülerinnen probieren einen Rollentausch. Fotos.

ausländischen Mitschüler zu schlüpfen. Sie verkleideten sich, fuhren in die Innenstadt, erledigten Einkäufe und verbrachten ihre Freizeit dort. So versuchten sie zu erleben, wie es Ausländern in unserem Land ergeht.

9 *Diskutiert in der Klasse darüber, was die Schülerinnen und Schüler durch dieses Projekt erfahren wollten.*

Vorschlag für einen Projekttag
– Stellt euch den Tagesablauf der verkleideten Schülerinnen und Schüler vor. Überlegt mögliche Situationen, in denen ihr erfahren könntet, wie es zugewanderten Menschen bei uns ergeht.
– Versetzt euch wie die Kölner Jugendlichen in die Rollen ausländischer Menschen und begebt euch in die Situationen, die ihr überlegt habt.
– Achtet dabei auf eure Erfahrungen und Gefühle.
– Tauscht hinterher gemeinsam in der Klasse eure Erlebnisse aus.
– Diskutiert darüber, inwieweit euch dieses Projekt Einsichten dazu vermitteln kann, wie es Zuwanderern in der Bundesrepublik heute ergeht.

Rückkehr in eine fremde Heimat

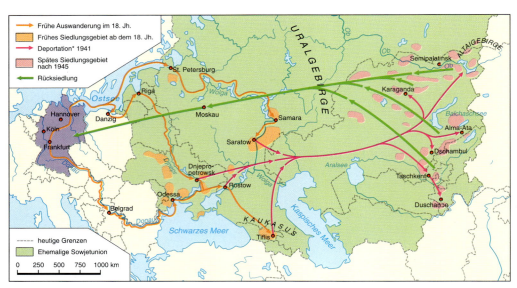

Auswanderung und Rückkehr von Ostaussiedlern.

Eine andere Gruppe von Zuwanderern sind die deutschstämmigen Aussiedler aus den Ländern der ehemaligen Sowjetunion, aus Polen und Rumänien. Diese Menschen haben harte und wechselhafte Schicksale hinter sich. Die politische Annäherung zwischen Ost und West ermöglichte es ihnen, in die Bundesrepublik überzusiedeln. Ihr könnt auf dieser Doppelseite erarbeiten, welche Hoffnungen diese Menschen mit ihrer Zuwanderung verbinden, und wie die Bundesrepublik mit ihnen umgeht.

Auf der Suche nach der Heimat ihrer Vorfahren

1 *Befragt Aussiedlerkinder in eurer Klasse oder Schule, warum ihre Familien aus ihren Herkunftsländern ausgesiedelt sind und wie es ihnen nach der Ankunft hier ergangen ist.*

Die 15jährige Rußlanddeutsche Julia Bürklen berichtete 1994:

M1 ... Tadschikistan (war) für meinen Bruder und mich ... nicht ... unsere Heimat. Wir fühlten uns von der sowjetischen Regierung um unsere Kindheit betrogen, betrogen um unsere Chance auf ein besseres Leben, um unsere Heimat und unser Leben unter Deutschen. ... Meine Eltern sprachen mit uns nicht deutsch, weil das bis 1988 gefährlich werden konnte. ... 1985 entschlossen sie sich, nach Deutschland „heimzukehren" ..., obwohl sie wußten, daß der Anfang in Deutschland nicht leicht sein würde. Für sich selbst erwarteten sie nicht viel, aber für meinen Bruder und mich sahen sie in Deutschland eine Zukunft in Frieden und Freiheit. ... Für mich wurde die Hoffnung auf Deutschland zum schönsten Traum ...

Ein aus Polen kommender Aussiedler äußerte 1991:

M2 Ich bin in Oberschlesien geboren. Es gab schwere Zeiten nach dem Krieg. Besonders schlimm war, daß man nur noch polnisch reden durfte. Dadurch hat sich alles gewandelt und verändert. 30 Jahre lang habe ich täglich im Radio die Deutsche Welle* gehört. 30 Jahre lang habe ich den Wunsch nach deutschen Büchern und Zeitungen mit mir herumgetragen. Jetzt beginnt noch einmal ein neues Leben für mich.

2 *Sucht aus M1 und M2 heraus, welche Motive die Aussiedler für ihren Aufbruch hatten und welche Hoffnungen sie an ihre Rückkehr nach Deutschland knüpfen.*

3 *Versucht euch in Julia (M1) hineinzuversetzen und verfaßt einen Tagebucheintrag über ihren „Traum".*

Rußlanddeutsche – ausgewandert und zurückgekehrt

Angeworben von der russischen Zarin Katharina II. (1729–1796) wanderten im 18. Jahrhundert viele Deutsche nach Rußland aus. Vor allem Bauern und Handwerker hofften auf ein gesichertes Dasein, denn ihnen

Rückkehr in eine fremde Heimat

waren fruchtbares Land, Steuerfreiheit und Selbstverwaltung versprochen worden. So entstanden große Siedlungsgebiete (vgl. Karte, S. 16), in denen sich die deutschen Auswanderer lange Zeit wohl fühlten.
Aber in diesem Jahrhundert wurden die Rußlanddeutschen zunehmend ausgegrenzt. Nachdem im Zweiten Weltkrieg (1939–1945) deutsche Truppen die Sowjetunion angegriffen hatten, wurden die Deutschstämmigen nach Sibirien und Kasachstan deportiert (vgl. Karte S. 16). Sie durften keine deutschen Schulen mehr haben und mußten russisch sprechen. Seit man den Deutschstämmigen ab den 1980er Jahren die Ausreise erlaubte, kamen viele nach Deutschland.

Deutschstämmige in Polen – der Wunsch nach Leben als Deutsche

Immer wieder wechselten zwischen Deutschen und Polen Zeiten der guten Nachbarschaft und der Spannung.
Der Überfall durch die deutschen Truppen zu Beginn des Zweiten Weltkriegs (1939) traf Polen besonders hart. Es wurde besetzt und dem Deutschen Reich unterstellt. Nachdem Deutschland den Krieg 1945 verloren hatte, wurden die deutschen Gebiete im Osten unter polnische Verwaltung gestellt. Viele Deutsche wurden vertrieben oder flohen in die Westteile Deutschlands. Die im Osten Verbliebenen mußten die polnische Staatsangehörigkeit annehmen. Ähnlich wie die Rußlanddeutschen litten sie darunter, ihre Sprache nicht sprechen und ihre Kultur nicht leben zu dürfen. Seit 1988 wanderten 400 000 Deutschstämmige in die Bundesrepublik ein.

4 *Schreibt mit eigenen Worten auf, wie sich das Zusammenleben zwischen Deutschen und Russen bzw. Polen gestaltete.*
5 *Beschreibt an Hand der Karte Verlauf und Ausmaß der Wanderungsbewegungen der Deutschstämmigen, die heute als Aussiedler in die Bundesrepublik zurückkehren.*

Aufnahme in Deutschland

Die Zuwanderer aus dem Osten werden in „Durchgangsstellen für Aussiedler" untergebracht, z.B. in Friedland. Dort können sie einen Aufnahmeantrag stellen.
In der Öffentlichkeit werben Politiker für eine freundliche Aufnahme der Aussiedler. Diese haben Anspruch auf die deutsche Staatsbürgerschaft, wenn sie durch Geburt oder Heirat mit einem Deutschen verbunden sind. Wer sich in den östlichen Siedlungsgebieten zum deutschen Volkstum bekennt, wird als Volkszugehöriger anerkannt.
Die Ankommenden müssen ihre deutschstämmige Herkunft gegenüber den Behörden beweisen. Bis alle Formalitäten erledigt sind, haben sie 16 Stationen durchlaufen. Darüber berichtete der oberschlesische Aussiedler Josef Cyrus 1986:

M3 … Seit einigen Tagen wandern wir wieder von einer Amtsstube zur anderen: Beratungs- und Vermittlungsstelle des Arbeitsamtes, Mutterschaftsversorgungsschein für meine schwangere Frau, Rentenversicherung für Angestellte für mich, beglaubigte Übersetzungen aus dem Polnischen von unseren Urkunden, Zeugnissen usw. Anträge auf den Vertriebenenausweis, Wohnberechtigungsbescheinigung usw. Ist es ein Wunder, wenn Aussiedler wie ich von diesem Einbürgerungskarussell schwindelig werden? Noch dazu die fehlenden oder mangelnden Kenntnisse der deutschen Sprache bei vielen …

6 *Vergleicht das Werben von Politikern für eine freundliche Aufnahme mit dem Ablauf in der Durchgangsstelle.*

Im Gegensatz zu anderen Zuwanderern gibt es für die Aussiedler keine Arbeits- und Aufenthaltsbeschränkungen. Der Staat bemüht sich, Aussiedlerkinder zunächst in besonderen Förderklassen zu unterstützen.
In einem Leserbrief von 1988 hieß es zur Aufnahme von Zuwanderern:

M4 … Was ist an den Aussiedlern, die in der 4. oder 5. Generation im Osten lebten und vor langer Zeit freiwillig dorthin gezogen sind, eigentlich noch deutsch? … Warum also entdecken diese Menschen auf einmal ihr Deutschtum wieder und strömen in Scharen in das „Wohlstandsland" Bundesrepublik? Allein aus wirtschaftlichen Gründen!

7 *Vergleicht die Gründe, die der Leserbriefschreiber den Aussiedlern unterstellt, mit ihren eigenen Äußerungen in M1 und M2.*
8 *Schreibt dem Leserbriefschreiber einen Antwortbrief.*

AUSWANDERUNG NACH AMERIKA

Deutsche Auswanderer im Hamburger Hafen. Stahlstich 1872.

„Amerika – Land der unbegrenzten Möglichkeiten"! Diesen Ausruf habt ihr bestimmt schon einmal gehört – wie viele hunderttausend Menschen im vergangenen Jahrhundert. Die „Neue Welt", vor allem die Vereinigten Staaten von Amerika, wurden zu einem Anziehungspunkt für Auswanderungswillige, darunter viele Deutsche. An diesem Beispiel könnt ihr untersuchen, welche wirtschaftlichen und politischen Gründe die Deutschen dazu veranlaßten, aus ihrer Heimat auszuwandern. Ihr könnt erarbeiten, wie es den Auswanderern in Amerika erging. Schließlich könnt ihr herausfinden, ob und wie sich Traum und Wirklichkeit in der neuen Heimat voneinander unterschieden.

Aufbruch in die „Neue Welt"
1 *Beschreibt die Abbildung und führt aus, welche Anstrengungen und Gefahren es bei einer solchen Reise gegeben haben könnte.*
2 *Stellt Vermutungen darüber an, warum die Menschen gerade nach Amerika auswanderten.*

In den meisten europäischen Ländern wuchs die Bevölkerungszahl im 19. Jahrhundert stark an. Seit Beginn des vorigen Jahrhunderts wanderten Menschen nach Übersee aus. Sehr viele Menschen suchten ihre neuen Lebensgrundlagen in Amerika, weil sie sich in dem großen Land ein wirtschaftlich gesichertes Dasein in Freiheit erhofften.
Es gab mehrere Auswanderungswellen in die Vereinigten Staaten, die zwei bedeutendsten in den 50er Jahren und den 80er Jahren des vergangenen Jahrhunderts. Insgesamt wanderten in den Jahren zwischen 1815 und 1930 etwa 6 Millionen Deutsche aus.

Ursachen und Motive der Auswanderung
Friedrich List, der 1822 selbst aus politischen Gründen in die USA auswanderte, befragte 1817 Auswanderer aus Südwestdeutschland nach ihren Gründen:

Q1 … Michael Munz, …, verheiratet, und hat 6 Kinder, ist ohne alles Vermögen:
Ich weiß weiter keine Ursache anzugeben, weswegen ich auswandere, als daß ich bei dem gegenwärtigen schlechten Verdienst und bei der großen Teuerung meine Familie nicht erhalten kann. Ich habe Nachricht von Verwandten in Amerika, welche es dort gut haben. Ein Vetter, der mit mir zieht, versorgt mich mit Geld.

Auswanderung nach Amerika

... Carl Minner, Schneider, ..., 34 Jahre alt, hat 1 Kind und ungefähr 1000 Gulden Vermögen:
Man kann sich eben nicht mehr nähren, weil das Handwerk nicht mehr geht, und die Teuerung zu groß ist.

... Johannes Schäufele, ...:
... Wenn in Schorndorf nicht bald eine Änderung gemacht wird, so wandert die halbe Stadt aus. Vom Oberamtmann an bis auf den Bettelvogt drückt alles auf den Bürger, und der Bürger darf nicht sprechen. Wenn man vor den Beamten kommt, so gibt es ein Donnerwetter über das andere ...

3 Findet an Hand von Q1 heraus, welche Ursachen und Motive es für die Auswanderung nach Amerika gab.

4 Vergleicht diese mit den Ursachen und Motiven für die Zuwanderung der „Gastarbeiter" (S. 12/13).

5 Überlegt, warum in Lists Bericht Frauen nicht erwähnt werden.

6 Formuliert mit Hilfe des Auswandererliedes Erwartungen, die die Auswanderer an ihre neue Heimat gehabt haben könnten.

Amerikanische Einwandererwerbung in Deutschland

Auswanderungsinteressierte wurden bereits in Deutschland durch Zeitungsanzeigen angesprochen. Dafür sorgten Einwandereragenten, die von den einzelnen amerikanischen Staaten beauftragt waren, wie etwa F. Melchers vom Staat Süd-Carolina. Am 14.11.1867 war in der „Allgemeinen Auswanderungs-Zeitung" zu lesen:

Q2 Wichtig für Auswanderer! Der Staat Süd-Carolina hat ein liberales Gesetz zum Schutze der Einwanderer erlassen, und die Bürger des Staates haben über eine Million Acre* Land zu sehr niedrigen Preisen bei dem Agenten des Staates zum Verkauf registriert. Ländereien, die früher 40 bis 50 Dollar pro Acre kosteten, sollen jetzt zu 3 bis 6 Dollar pro Acre verkauft werden. Auch werden ein paar tausend Acre unkultiviertes Land unter der Bedingung, daß der Ansiedler sich ein Haus darauf baut, unentgeltlich abgetreten. Für Landsleute mit einem kleinen Kapital bietet sich dort eine außerordentlich günstige Gelegenheit dar. Auch sind tüchtige Handwerker sowie Knechte und Mägde sehr in Nachfrage.
Auf portofreie Anfragen ist der unterzeichnete Agent des Staates Süd-Carolina gern bereit, jeden Aufschluß über die Hilfsquellen des Staates unentgeltlich zu erteilen. Eine Broschüre mit Karte über Süd-Carolina ist bereits erschienen und in allen Buchhandlungen zu haben.

F. Melchers in Oldenburg im Großherzogthum

Das „Amerikalied"

Dieses Lied war das am weitesten verbreitete Auswandererlied. Es wurde um 1845 von Samuel F. Sauter geschrieben. In den verschiedenen Regionen Deutschlands gab es unterschiedliche Fassungen. Diese Verse wurden in Hessen gesungen:

Jetzt ist die Zeit und Stun-de da, wir rei-sen nach A-me-ri-ka; die Wa-gen stehn schon vor der Tür, mit Weib und Kind mar-schie-ren wir.

Und alle, die mit uns verwandt,
die reichen uns die Freundeshand,
ihr Lieben, weinet nicht so sehr,
wir sehen uns nun und nimmermehr ...

Und als wir auf dem Meere sind
da wird ein Liedchen angestimmt,
viel tausenden, den geht es gut,
das tröstet und gibt uns Mut.

Und als wir kamen nach Baltimore,
da streckten wir die Händ hervor
und rufen aus: Viktoria,
jetzt sein wir in Amerika.

In Amerika, da ist gut sein,
da gibts brav Bier und Branntewein
der ist schon gut, er bringt uns all
ein frischen Mut.

Jetzt kamen wir zur Wüst hinein,
da heißts hier muß gearbeit sein
der Müßiggang thuts nicht allein,
da heißts, hier muß gearbeit sein.

Amerika ist ein warmes Land
das macht die Landkart uns bekannt,
das ist für arme Leut ein Glück,
da brauchen sie kein Unterrück ...

7 Beschreibt, welches Angebot einem Auswanderungsinteressierten in Q2 gemacht wird.

8 Stellt Vermutungen an, welche Absichten und Wirkungen ein solches Inserat gehabt haben könnte.

9 Spielt ein Gespräch, in dem sich zwei Auswanderungsinteressierte über das Inserat unterhalten.

Leben in der neuen Welt

1 Plakat. Um 1910.

Ankunft in Amerika

1 *Stellt an Hand des Plakates Vermutungen darüber an, welche Gefahren einem auswandernden Mädchen drohten.*

Fast 6 Millionen Deutsche wanderten im vorigen Jahrhundert in der „Neuen Welt" ein. Ein Drittel von ihnen waren Frauen. Die meisten reisten im Familienverband mit Mann, Kindern und anderen Verwandten. Mehrere Hunderttausend waren alleinstehend. In den USA suchten sie eine Stellung.
Zu diesen Frauen gehörte Anna Maria Klinger. Sie war das erste von sieben Kindern einer armen Weinbauernfamilie. Alle ihre Geschwister wanderten nach ihr nach Amerika aus. Nach kurzem Aufenthalt in den USA schrieb sie an ihre Familie:

> **Q1** New York, den 18. März 1849
> Am selben Tag, als ich in New York ankam, kam ich noch in Dienst zu einer deutschen Familie, gegenwärtig bin ich zufrieden mit meinem Lohn gegenüber Deutschland: ich habe im Monat 4 Dollar, nach unserem Geld 10 Gulden. Wenn man einmal Englisch sprechen kann, dann geht es bedeutend besser, denn die Englischen geben guten Lohn, da hat die Magd 7 bis 10 Dollar den Monat, denn wer das Englisch nicht kann und nicht versteht, kann auch nicht den Lohn verlangen. Nun bin ich aber in der Hoffnung, daß es bald besser gehen wird, denn es ist immer so, im Anfange gefällt es keinem so, und besonders wenn man so allein und verlassen in einem fremden Land dasteht wie ich, keinen Freund und Verwandten um mich her …

2 *Stellt zusammen, wie Anna Maria Klinger ihre Situation nach ihrer Ankunft beurteilt.*

„Little Germany"

Die neu angekommenen Einwanderer zogen in den Städten zunächst oft dorthin, wo schon andere Deutsche lebten. So entstanden bald „little Germanies". Das Leben in einem solchen Wohnbezirk um 1910 schilderte der Wissenschaftler Heinrich Krohn 1992:

> **M** … Zu einem bevorzugten Ziel war … New York selbst geworden, wo es schon früh ganze Straßenzüge, ja Stadtviertel mit überwiegend deutscher Bevölkerung gab. Sich hier nach den Strapazen der Überfahrt, zumindest vorübergehend erst einmal niederzulassen, das mußte für viele verlockend gewesen sein. So entstand im Herzen Manhattans … ein Wohnquartier, in dem der deutsche Anteil der Bevölkerung bei über 30 % lag. Hier … war man fürs erste einmal in selbstgebauten Hütten oder heruntergewirtschafteten Mietskasernen untergekommen. Viele der Einwanderer verschafften sich ihren bescheidenen Unterhalt mit dem Sammeln von Lumpen, so daß ein vom Staate New York eingesetzter Untersuchungsausschuß den Distrikt als „German Ragpickers Paradise" (Lumpensammlerparadies) bezeichnete …

3 *Spielt ein Gespräch, in dem sich zwei deutsche Einwanderer über ihre Situation in New York unterhalten. Diskutiert, wie ihr die Lebensverhältnisse dort empfunden hättet.*

Von den Großstädten ins Landesinnere

4 *Sucht im Atlas eine Übersichtskarte von Nordamerika und ermittelt mit ihrer Hilfe und der Karte auf S. 21, wo sich ein großer Teil der Einwanderer aus Deutschland ansiedelte.*

Leben in der neuen Welt

2 Deutsche Ortsgründungen im mittleren Westen der USA.

New York war für die Einwanderer oft nur der Anfangspunkt auf der Suche nach einem gesicherten Auskommen. Von den Städten der Ostküste aus zogen viele Deutsche weiter nach Westen. Viele Einwanderer haben mehrfach den Wohnort gewechselt und sind in den USA weitergewandert, ehe sie sich endgültig niederließen.

Der Traum vom Aufstieg

Amerika galt als Land unbegrenzter Möglichkeiten. Viele träumten vom Aufstieg und glaubten, mit Fleiß und Ausdauer könne jeder „vom Tellerwäscher zum Millionär" werden. Louis Dilger z. B. wanderte 1880 nach Amerika aus, weil er als Bäcker im Ruhrgebiet keine Arbeit fand. In St. Louis mußte er auch bald seinen erlernten Beruf wechseln. In den Jahren 1885–86 war er Fuhrmann, 1888–97 Arbeiter im Maschinenbau, der Metallindustrie und an anderen Arbeitsplätzen, 1898–1904 selbständiger Krämer, 1907 Rohrleger, 1909–11 Waggonbauer, 1912–17 Reparateur, 1918–19 Arbeiter, 1922 Tester, 1925–29 Angestellter, 1930 Packer, 1931 Parkarbeiter, 1932–33 städtischer Arbeiter. Seine Tochter Clara arbeitete 1910 in einer Fabrik, die 16jährige Tochter Florence in einer Wäscherei. Ein Schwiegersohn schaffte den Aufstieg zum Topmanager.
In einem Brief an einen Verwandten in Deutschland schrieb er am 28. Januar 1894:

> **Q2** Lieber Wilhelm, hier sind die Zeiten so schlecht, wie ich sie noch nicht gesehen habe in den 13 Jahren, die ich hier bin. Alle Arbeit und Gewerbe stocken. Hunderttausende ohne Verdienst, dabei die Lebensmittel sehr teuer mit Ausnahme von Mehl. Doch bin ich bis jetzt noch immer glücklich, indem ich noch immer Arbeit habe. Wir haben uns einen Lohnabzug von 10 % gefallen lassen müssen …

5 *Benennt die Art seiner Erwerbstätigkeit in Amerika und vergleicht sie mit der Art der Erwerbstätigkeit der ausländischen Arbeitnehmer in der Bundesrepublik. Beachtet dazu eure Arbeitsergebnisse zu S. 12/13.*

6 *Beurteilt den Werdegang von Louis Dilger und seiner Familie vor dem Hintergrund des Wunsches, beruflich und sozial aufzusteigen.*

Traum und Wirklichkeit

Der ersehnte Erfolg hing oft davon ab, ob die Einwanderer die englische Sprache beherrschten und ob sie ihre beruflichen Voraussetzungen (z. B. als Handwerker und Facharbeiter) nutzen konnten. Daher bemühten sich die amerikanischen Behörden seit 1879 darum, daß alle Einwandererkinder gemeinsam dieselben Schulen besuchten.
Vielen Deutschen gelang der Aufbau eines gesicherten Daseins jedoch nicht. Sie entschieden sich zur Rückwanderung nach Deutschland. Schätzungen über die Zahl der Rückwanderer schwanken zwischen zehn und 25 Prozent.

MENSCHEN WELTWEIT AUF DER FLUCHT

1 Flüchtlingslager in Äthiopien. Foto 1995.

Heute befinden sich weltweit viele Millionen Menschen auf der Flucht. Die völlige Ungleichheit der Lebensbedingungen führt dazu, daß Menschen ihre Heimat verlassen. Diese Fluchtbewegungen finden zu einem großen Teil auf anderen Kontinenten statt. Auf den folgenden Seiten könnt ihr herausfinden, was es heute für Menschen bedeutet, auf der Flucht zu sein. Am Beispiel des Bürgerkrieges in Ruanda könnt ihr Fluchtursachen näher untersuchen. Schließlich könnt ihr euch damit auseinandersetzen, wie sich unsere Gesellschaft gegenüber Flüchtlingen verhält.

Frauen auf der Flucht

1 *Erläutert die Situation der Flüchtlinge auf der Abbildung 1:*
– Beschreibt das Aussehen, die Haltung und die Kleidung der Menschen.
– Betrachtet die Frau, die oben in der Abbildung im Mittelpunkt sitzt und versetzt euch in ihre Lage. Versucht, eure Gedanken und Gefühle zu beschreiben.

Fast täglich könnt ihr in den Medien Berichte über Kriege und Bürgerkriege in der ganzen Welt hören und sehen. Dabei ist vielfach die Zivilbevölkerung zur Zielscheibe der Kriegsführung geworden. Vor allem Frauen und Kinder sind Opfer dieser Strategie. Jeglicher Lebensgrundlagen beraubt, bleibt ihnen oft nur die Flucht.

Auch Hunger und Umweltzerstörung, besonders in der „Dritten Welt", sind gewichtige Gründe zu fliehen. Diese Fluchtgründe treffen die Frauen besonders hart, weil sie in der „Dritten Welt" für das Überleben ihrer Familien verantwortlich sind. Wenn der Boden wegen Dürre, Versalzung und Gewässerverschmutzung die Ernährung nicht mehr sichert, begeben sich die Frauen auf die Suche nach einer neuen Existenz. Aber häufig kommen sie mit ihren Kindern nicht weit.

Eine Frau aus Somalia, die auf ihrer Flucht ein Flüchtlingslager in Äthiopien erreichte, berichtete:

> **M** … Männer können sich frei bewegen. Gibt es irgendwelche Probleme im Lager, können sie sich davon machen, aber wir Frauen können mit den Kindern nicht rennen, wir können uns nicht so leicht bewegen wie Männer …

Um im Lager überleben zu können, müssen die Frauen um die nötigen Lebensmittelrationen, Wasser und Brennmaterial kämpfen. Oft werden sie dabei Opfer von körperlicher und sexueller Gewalt.

Ursachen der Flucht

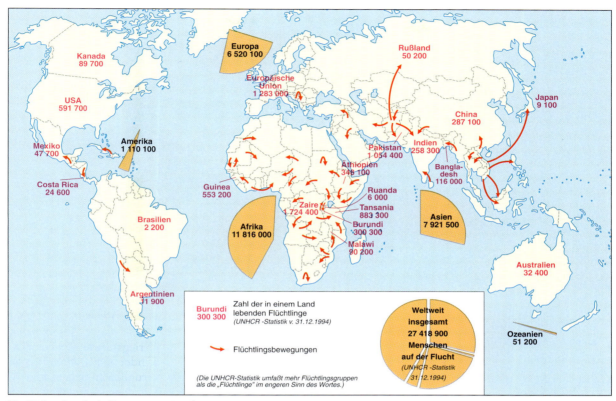

2 Weltweite Flüchtlingsströme. Stand 1994.

Flüchtende Frauen haben in ihrem Heimatland oft furchtbare Erfahrungen mit Gewalt machen müssen. Dazu gehören Geiselnahme, Folter und Vergewaltigung. Diese Gewalttaten verursachen großen körperlichen Schmerz und tiefe seelische Schäden.
Solche Gewalterfahrungen verschärfen den Leidensdruck von Frauen. Die Flucht scheint oft der einzige Weg, solchen Mißhandlungen zu entgehen.

2 Stellt die besonderen Probleme zusammen, die flüchtende Frauen zu bewältigen haben.

Flucht weltweit

Frauen und Kinder stellen weltweit die Mehrheit der Flüchtenden. In manchen Gebieten der Welt beträgt ihr Anteil etwa 80 bis 90 Prozent. Die Vereinten Nationen zählten in der Weltflüchtlingsstatistik 1994 diejenigen, die ihr eigenes Land verlassen haben: 23 Millionen Menschen fliehen vor Krieg, Gewalt und Unterdrückung. Zu diesen Flüchtlingen hinzu kommen mindestens 26 Millionen, die innerhalb ihrer eigenen Länder vertrieben wurden. Schätzungen gehen davon aus, daß vor allem in der „Dritten Welt" Armut, Arbeitssuche und eine zerstörte Umwelt mehrere hundert Millionen Menschen in die Flucht treiben. Sie suchen anderswo neue Lebensgrundlagen. Experten vermuten, daß sich die Zahl der Flüchtenden in der Zukunft noch deutlich vergrößern wird.

3 Findet an Hand der Karte heraus, wo 1994 die Abwanderungs- und die Zuwanderungsgebiete der Flüchtenden lagen. Beschafft euch gegebenenfalls weitere Informationen aus Lexika o. ä. zu diesen Ländern.
4 Untersucht, welche Fluchtgründe es dort gab.
5 Tragt aktuelle Zeitungsausschnitte mit Nachrichten über Flüchtlinge zusammen und hängt sie am Schwarzen Brett in eurer Klasse auf. Untersucht die Fluchtgründe dieser Menschen.
6 Überlegt, welche Gründe euch selbst dazu veranlassen könnten, eure Heimat zu verlassen und alle Bindungen aufzugeben.

Das Beispiel Ruanda

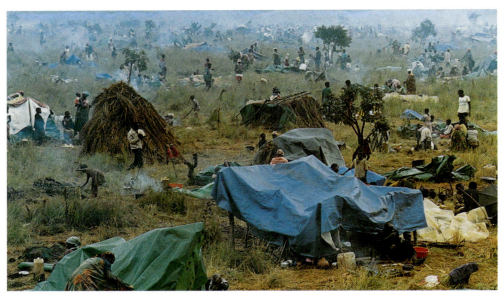

Ruandische Flüchtlinge in einem Lager. Foto 1994.

Ruanda in Zahlen:	
Fläche	26 338 km²
Einwohnerzahl	7,5 Mio.
Jährlicher Bevölkerungszuwachs	3,6 %
Anteil der Beschäftigten in der Landwirtschaft	93,0 %
Bruttosozialprodukt* pro Kopf	270 US $
Bevölkerung unterhalb der Armutsgrenze	85,0 %–90,0 %
Jährlicher Pro-Kopf-Zuwachs an Nahrungsmitteln	-1,8 %
Anteil der weiterverarbeiteten Produkte am Export	1,0 %

Bürgerkrieg in Ruanda

1994 brach im afrikanischen Staat Ruanda ein offener Bürgerkrieg zwischen den beiden Stämmen der Hutu und Tutsi aus. Bei diesen Kämpfen gab es Hunderttausende von Toten, überwiegend auf der Seite der Tutsi. Über die Folgen dieses Bürgerkrieges berichtete der Journalist Erich Wiedemann am 9. Mai 1994 im Nachrichtenmagazin „Der Spiegel":

M1 ... Im Norden und Nordwesten Ruandas haben sich ganze Landstriche in wenigen Tagen total entvölkert. Ein Ende ... ist nicht abzusehen. ... Benako ist das größte Flüchtlingslager der Erde. Menschenmassen bis zum Horizont. Lager ist ein großes Wort für diese Ansammlung von Elenden und Hoffnungslosen. Die Familien hocken im Gras und warten ... auf den nächsten Regen oder die nächste Lebensmittelzuteilung. Nur wenige haben sich aus Zweigen mit darüber gehängten Grasbüscheln oder Plastikplanen Hütten gebaut. Die weitaus meisten sind dem Regen schutzlos ausgesetzt. Es gibt kein Leitungswasser, keinen Strom, kein Krankenhaus. ... Das Trinkwasser für fast das gesamte Lager kommt aus einem kleinen schlammigen See, in dem die Frauen auch ihre Wäsche waschen. Cholera und Typhus werden unvermeidlich sein ...

1 Schildert mit euren eigenen Worten, was der Bürgerkrieg in Ruanda für die Menschen dort bedeutet. Beachtet dazu M1 und die Abbildung.
2 Wertet die Informationen aus der Übersicht aus.
3 Tragt mit Hilfe eines Atlasses und eines Lexikons genauere Informationen über Ruanda zusammen (Lage, Klima, Bodennutzung).

Ruanda zählt zu den ärmsten Staaten der Erde. Oft reichen die Lebensgrundlagen der Menschen nicht aus. Ein Grund für diese Armut liegt in der starken Bevölkerungszunahme. Ruandische Frauen bringen durchschnittlich mehr als acht Kinder zur Welt, so daß sich viele Menschen die vorhandenen Güter teilen müssen.

Das Beispiel Ruanda

4 *Stellt fest, welche Folgen die Bevölkerungszunahme in Ruanda in bezug auf den Wasser- und Nahrungsbedarf, den Wohnraumbedarf und den Bedarf an Arbeits- und Ausbildungsplätzen hat.*

Ursachen für Krieg und Flucht

Der Wissenschaftler Hartmut Dießenbacher stellte 1995 die Folgen des ruandischen Erbrechts dar:

> **M2** ... Alphonse Njagu bewirtschaftet ein Drittel Hektar Land am Kivusee. Sein Vater hatte einen Hektar Land besessen, was zum Überleben der Familie ausreichte. Nach seinem Tod wurde diese Fläche unter seinen drei Söhnen aufgeteilt. Alphonse hat selbst drei Söhne zwischen 16 und 20 Jahren. Ich fragte ihn, ob er ihnen Land geben wird, wenn sie heiraten. „Ich kann ihnen nicht einmal ein Grundstück geben, auf dem sie ein Haus bauen können", sagt er und schüttelt den Kopf. „Sie werden für sich selbst sorgen müssen". Da durch Erbfolge auf die Enkelgeneration ein Sechzehntel des großväterlichen Besitzes übergeht, suchten ... immer mehr nichterbende Hutu und Tutsi nach anderen Formen der Existenzsicherung ...

Vor dem Hintergrund der starken Bevölkerungszunahme haben Experten ermittelt, daß nahezu ein Drittel der Familien nur noch über einen halben Hektar oder weniger verfügt. Bei diesen Hofgrößen ist die Ernährung der Menschen nur in Jahren mit ausreichendem Niederschlag gewährleistet.

5 *Erläutert, welche Folgen das Zusammenwirken von Bevölkerungszunahme und Erbrecht in Ruanda hat.*

6 *Führt aus, ob ihr den Kindern von Alphonse Njagu Empfehlungen zu deren Existenzsicherung geben könnt.*

Nach dem Ausbruch des Bürgerkrieges zwischen Hutu und Tutsi äußerte sich Alphonsine Kabagabo 1994:

> **M3** ... wenn du den Arbeitsplatz deines Tutsi-Kollegen haben willst, dann kannst du ganz schnell aggressiv werden, auch wenn du eine Landparzelle oder eine Kuh willst. ... Das Problem ist bei jenen geringer, die nicht so ums Überleben kämpfen müssen ...

7 *Erarbeitet, welche Ursachen und Motive für die Gewalt zwischen Hutu und Tutsi in M2 und M3 deutlich werden.*

Das Verhältnis zwischen den Hutu und Tutsi

Über 400 Jahre herrschten die Tutsi, etwa 15 Prozent der Bevölkerung, über die meist bäuerlichen Hutu. Auf diese Machtverhältnisse stützten im 19. Jahrhundert die Deutschen und später die Belgier ihre Kolonialherrschaft. Erst während des Kampfes um die Unabhängigkeit Ruandas wurden die Tutsi 1959 durch eine Revolution entmachtet. Darauf floh ein großer Teil der Tutsi ins Ausland. Unter der dann folgenden Hutu-Regierung kam es zwar zu Mischehen zwischen Hutu und im Land gebliebenen Tutsi, die Einteilung in Hutu und Tutsi bestimmte aber weiterhin das tägliche Denken. Die Wünsche der geflohenen Tutsi nach Rückkehr blieben unerfüllt. Der Mordanschlag auf den ruandischen Präsidenten, einen Hutu, ließ im April 1994 alte Konflikte wieder aufbrechen.

In einem Interview äußerte sich der Tutsi Rudasingwa, Generalsekretär der Ruandischen Patriotischen Front, am 30.5.1994 im „Spiegel":

> **M4** ...
> ■ Die Tutsi waren in der Vergangenheit das Herrenvolk. Findet hier nicht eine Abrechnung zwischen Herr und Knecht statt?
> R.: Richtig ist: Tutsi und Hutu sind über viele Jahrhunderte miteinander ausgekommen. Sie verbindet eine Sprache, eine Religion. Die Spannungen begannen in der Kolonialzeit, als die Belgier sich der Tutsi-Elite ... bedienten.
> ■ Ruanda wurde 1962 unabhängig. Sie können doch nicht immer nur die Kolonialmacht zum Sündenbock machen.
> R.: Eine größere Schuld als die Belgier tragen die Politiker unseres Landes, die nur zu gern die kolonialen Muster übernahmen – bis hin zu den Pässen, in denen die Stammeszugehörigkeit vermerkt ist. Die ruandischen Politiker haben die Chance vertan, eine Nation aufzubauen. ... Die herrschende Hutu-Clique nutzte die Stammeszugehörigkeit schamlos aus, um ihre politischen Ziele zu erreichen ...

8 *Bewertet das Verhältnis zwischen den beiden Stämmen aus der Sicht eines Hutu und eines Tutsi.*

9 *Nehmt zu den Erklärungen Rudasingwas (M4) und Kabagabos (M3) für den Bürgerkrieg Stellung.*

Aufnahme oder Abschottung

1 **Aufnahmeländer von Flüchtlingen.** Stand 1993.

2 „Hilfe!" Karikatur 1980.

3 Karikatur 1994.

Flucht – wohin?
1 *Vergleicht an Hand der Grafik (Abb. 1), wieviele Flüchtlinge die aufgeführten Staaten aufnehmen. Setzt dabei die Zahl aufgenommener Flüchtlinge zur angegebenen Wirtschaftskraft in Beziehung.*
2 *Prüft mit Hilfe der Karte auf S. 23, aus welchen dieser Länder selbst Flüchtlinge abwandern.*

Die Zahl der Flüchtlinge hat in den letzten Jahren weltweit zugenommen. Jedoch sucht nur ein geringer Teil der Flüchtenden in den reichen Industrieländern des Nordens um Aufnahme nach. Wiederum ein sehr geringer Teil erhält tatsächlich Asyl. Die Vereinten Nationen haben herausgefunden, daß fast 90 % der Flüchtlinge in der „Dritten Welt" bleiben.

Asylverfahren in der Bundesrepublik
3 *Informiert euch auf S. 205 über den Artikel 16a des Grundgesetzes und gebt ihn mit eigenen Worten wieder.*
4 *Diskutiert, was „sicheres Drittland" bedeutet.*

Asylsuchende müssen in einem Verwaltungsverfahren nachweisen, daß sie in ihrem Herkunftsland politisch verfolgt und damit persönlich bedroht waren. Wenn sie nicht anerkannt werden, können sie „abgeschoben", d. h. wieder in ihr Herkunftsland zurückgeschickt werden.
Das Asylverfahren kann sehr lange dauern. In dieser Zeit sind die Asylsuchenden vielen Einschränkungen unterworfen. Sie können ihren Wohnort nicht frei wählen, sondern werden oft Sammellagern zugewiesen. Eine Arbeitserlaubnis steht ihnen ebenfalls nicht zu. Zum langen Warten auf einen Anerkennungsbescheid kommt of die Angst vor fremdenfeindlichen Gewalttaten hinzu. Einen Vorschlag, die Lebenssituation von Flüchtlingen in eurem Ort zu untersuchen, findet ihr auf S. 28.

Abschottung oder Aufnahme?
Die Frage, inwieweit die Bundesrepublik Deutschland Flüchtigen Aufnahme gewähren soll oder nicht, wird in der politischen Diskussion immer wieder gestellt.
Der Journalist Udo Ulfkotte berichtete in der „Frankfurter Allgemeinen Zeitung" vom 15. Juli 1994:

M1 ... Ziel einer wachsenden Zahl von Flüchtlingen ist Europa. ... Die Flüchtlingskommissarin* schlägt ... eine „neue Strategie" zur Eindäm-

Aufnahme oder Abschottung

mung der anschwellenden Flüchtlingsströme vor. Die „europäische Flüchtlingsstrategie der Zukunft" müsse „über Europa hinausschauen", forderte sie in Bonn. Europa befinde sich in der schwierigen Entscheidung zwischen der Aufrechterhaltung der Tradition der Menschenrechte und der „Abwehr des schon bestehenden Drucks auf die Stabilität und Sicherheit der Gesellschaften". ... Asyl müsse jenen weiterhin gewährt werden, die ... verfolgt werden. Es müsse aber unterschieden werden zwischen tatsächlich Verfolgten und Wohlstandsflüchtlingen ...

5 *Prüft, was die obengenannte Unterscheidung zwischen „Verfolgten" und „Wohlstandsflüchtlingen" für die auf S. 23 erwähnten Flüchtlingsgruppen bedeuten würde.*

1993 forderte der Philosoph und Soziologe Jürgen Habermas in einem Zeitschriftenaufsatz:

M2 ... Menschen verlassen ihre angestammte Heimat nicht ohne große Not; zur Dokumentation ihrer Hilfsbedürftigkeit reicht meistens die bloße Tatsache der Flucht aus. ... Es gibt ... die Verpflichtung der Wohlstandsgesellschaften zu einer großzügigen Einwanderungspolitik. ... Der abwehrende Slogan „Das Boot ist voll" läßt die Bereitschaft vermissen, auch die Sichtweise der anderen Seite einzunehmen. Die Grenzen der Belastbarkeit sind in den europäischen Gesellschaften, die ... schrumpfen und schon aus wirtschaftlichen Gründen nach wie vor auf Einwanderung angewiesen sind, mit Sicherheit nicht erreicht. ... Es ergibt sich zudem die Verpflichtung, die Einwanderung nicht ... auf „gerngesehene Fachkräfte" zu beschränken ...

6 *Führt ein Streitgespräch darüber, nach welchen Gesichtspunkten Flüchtlinge bei uns aufgenommen werden sollten.*
7 *Entschlüsselt die beiden Karikaturen (Abb. 2, 3). Vergleicht die Aussagen, die die Karikaturisten zum Thema machen wollen.*
8 *Verfolgt Fernsehbeiträge verschiedener Sender über Flüchtlinge bzw. Asylsuchende bei uns und setzt euch kritisch mit den dort eingenommenen Standpunkten auseinander.*

4 Plakat des UNHCR. 1994.

Flüchtlingspolitik für die Zukunft

Judith Kumin vom Flüchtlingkommissariat der Vereinten Nationen (UNHCR) in Deutschland, äußerte sich 1995 in der Zeitschrift „Caritas in NRW":

M3 ... Ich würde mir ... wünschen: ... eine Politik, die nicht von einer engen Flüchtlingsdefinition ausgeht, sondern sicherstellt, daß Menschen, die vor Krieg und Gewalt fliehen, wenigstens einen zeitweiligen Schutz finden können; ... daß die Aufnahmebedingungen für Flüchtlinge menschlicher gestaltet werden; ... daß wir die Rahmenbedingungen für Rückkehr und Wiederaufbau schaffen, oder helfen, diese zu schaffen, und diesen Menschen dann im Herkunftsland beistehen und sicherstellen, daß sie ihr Leben – oder was von ihrem Leben übrig geblieben ist – wieder aufnehmen dürfen ...

9 *Faßt die Wünsche Kumins an die Flüchtlingspolitik mit eigenen Worten zusammen.*
10 *Informiert euch genauer über die Arbeit von Flüchtlingshilfeorganisationen, z. B. bei: Pro Asyl, Postfach 10 18 43, 60018 Frankfurt; UNHCR, Rheinallee 51, 53173 Bonn.*
11 *Tragt aus Zeitungen und Illustrierten Material zusammen und gestaltet eine Wandzeitung zum Thema „Flüchtlinge heute".*

Werkstatt

1 / 2 Unterbringung von Asylsuchenden in Kasernen und Wohncontainern. Fotos 1991.

Ausländer und Flüchtlinge am eigenen Wohnort

Auf eurem Weg durch den eigenen Wohnort habt ihr vielleicht Unterkünfte von Asylsuchenden wie auf den Abbildungen oben schon einmal gesehen. Wie Flüchtlinge und Fremde dort leben, können sich die meisten von euch sicher nur schwer vorstellen. Nach dem Asylverfahrensgesetz von 1993 werden Asylsuchende und Flüchtlinge bis zu drei Monaten in sogenannten Sammellagern untergebracht. Weil andere Unterbringungsmöglichkeiten oft nicht zur Verfügung stehen, nutzen die für die Unterbringung der Menschen zuständigen Städte dafür auch Wohncontainer, Kasernen oder alte Schulgebäude.

Eva König schilderte 1993 die Wohnsituation der von ihr betreuten Flüchtlinge:

M1 ... Ich ... kümmere mich um einen Wohncontainer in Kirchhundem mit etwa achtzig Personen. Auf zwei Stockwerken sind je Zimmer (etwa 15 Quatratmeter klein) vier Personen oder eine Familie untergebracht. Jedes Stockwerk hat zwei Duschen und zwei WC mit Waschbecken, je eins für Frauen und Männer ...

Den Lebensunterhalt erhalten die Asylsuchenden in vielen Städten in Form von Lebensmittelgutscheinen. Diese können sie nur in bestimmten Geschäften einlösen.

Die Erzieherin Yasmin Öztürk und die Sozialarbeiterin Annette Lindemann beschrieben 1994 die Probleme der Frauen bei der Versorgung ihrer Familien:

M2 ... es herrscht ständiger Mangel an Bargeld. So sind die Frauen dafür zuständig, Nebeneinnahmen zu organisieren, um über die Runden zu kommen: sie durchsuchen Sperrmüll- und Altkleidersammlungen, schicken ihre Kinder auf den Kinderflohmarkt in die Fußgängerzone usw. ...

1 Lest den Text und die Materialien durch und schildert die Eindrücke, die sie auf euch machen.

Stadtrundgang: Fremdsein in unserer Stadt

In einem Rundgang durch euren Wohnort könnt ihr weitere Informationen über die Lebensbedingungen von Flüchtlingen und Asylsuchenden sammeln. Diesen Rundgang könnt ihr gemeinsam oder in Gruppen durchführen. Ihr könnt so vorgehen:

1. Wählt einige Anlaufstellen aus, die für Fremde besondere Bedeutung haben. Anregungen dazu findet ihr auf der Seite 29.
2. Überlegt euch Fragen, die euch besonders interessieren.
3. Führt euren Rundgang durch.
4. Tauscht hinterher eure neu gewonnenen Informationen und Eindrücke aus. Vergleicht eure Ergebnisse mit dem, was ihr im vorangegangenen Unterricht erfahren habt.
5. Gestaltet eine Ausstellung zum Thema „Fremdsein in unserer Stadt".

Werkstatt

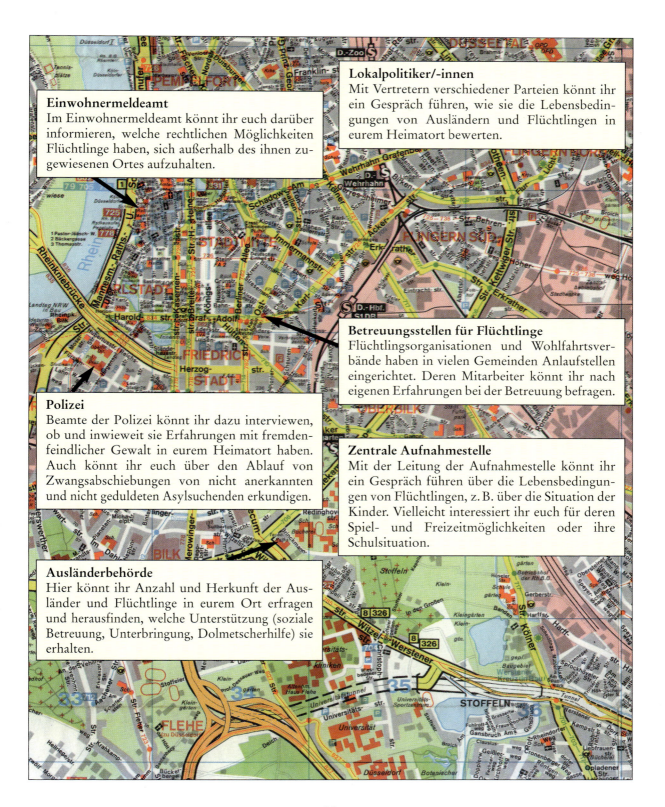

Einwohnermeldeamt
Im Einwohnermeldeamt könnt ihr euch darüber informieren, welche rechtlichen Möglichkeiten Flüchtlinge haben, sich außerhalb des ihnen zugewiesenen Ortes aufzuhalten.

Lokalpolitiker/-innen
Mit Vertretern verschiedener Parteien könnt ihr ein Gespräch führen, wie sie die Lebensbedingungen von Ausländern und Flüchtlingen in eurem Heimatort bewerten.

Polizei
Beamte der Polizei könnt ihr dazu interviewen, ob und inwieweit sie Erfahrungen mit fremdenfeindlicher Gewalt in eurem Heimatort haben. Auch könnt ihr euch über den Ablauf von Zwangsabschiebungen von nicht anerkannten und nicht geduldeten Asylsuchenden erkundigen.

Betreuungsstellen für Flüchtlinge
Flüchtlingsorganisationen und Wohlfahrtsverbände haben in vielen Gemeinden Anlaufstellen eingerichtet. Deren Mitarbeiter könnt ihr nach eigenen Erfahrungen bei der Betreuung befragen.

Zentrale Aufnahmestelle
Mit der Leitung der Aufnahmestelle könnt ihr ein Gespräch führen über die Lebensbedingungen von Flüchtlingen, z. B. über die Situation der Kinder. Vielleicht interessiert ihr euch für deren Spiel- und Freizeitmöglichkeiten oder ihre Schulsituation.

Ausländerbehörde
Hier könnt ihr Anzahl und Herkunft der Ausländer und Flüchtlinge in eurem Ort erfragen und herausfinden, welche Unterstützung (soziale Betreuung, Unterbringung, Dolmetscherhilfe) sie erhalten.

Zum Weiterlesen

Hamide spielt Hamide

Das türkische Mädchen Hamide geht in eine deutsche Schule. Ihre Lehrerin leitet eine Schultheatergruppe aus deutschen und türkischen Jugendlichen. Sie erzählt, wie die Spieler gemeinsam ein Theaterstück entwerfen, das die Ankunft und die ersten Schritte einer türkischen Familie darstellt. Hamide spielt Hamide ...

Hamide will mir heute nach dem Unterricht eine neue Szene bringen. Ich soll sie kennenlernen, bevor sie am Nachmittag den anderen Spielern ausgeteilt wird ...
Wo bleibt nur Hamide? Sie müßte längst da sein. Hat sie unsere Verabredung vergessen?
Draußen höre ich laute Stimmen. Und jetzt öffnet Hamide die Tür. „Nun komm schon, Sevta, du mußt das selber Frau Weißenbach sagen."
Sie schubst Sevta herein, ein mir noch unbekanntes türkisches Mädchen folgt.
„Hallo Hamide und Sevta, was gibts?" frage ich erstaunt.
„Los Sevta, sag schon", drängelt Hamide.
„Ich spiel nicht mehr mit, ich hab's mir überlegt ... die Deutschen denken bestimmt, ich bin noch rückständig", sagt Sevta.
„Aber du bist doch in Wirklichkeit nicht so wie die Mutter auf der Bühne, das wissen doch alle", antworte ich. Es nützt nichts, entweder sie kann sich ganz mit ihrer Rolle identifizieren oder sie spielt gar nicht. Eine neue Erfahrung für mich. Da sind deutsche Schüler anders. Sie sind bereit, jede Rolle zu spielen, wenn sie ihnen Spaß macht; auch dann, wenn sie ganz entgegengesetzter Meinung sind.
„Aber was machen wir in unserem Stück ohne Mutter?" frage ich.
„Yildiz spielt die Mutter", sagt Hamide, „ich habe sie gleich mitgebracht. Deshalb komme ich auch zu spät."
„Und dir macht es nichts aus, die Mutter aus Anatolien zu spielen?" frage ich Yildiz.
„Wir kommen auch aus Anatolien, und meine Mutter trägt auch heute noch ein Kopftuch. Aber in der Schule brauche ich keins mehr zu tragen, nur zu Hause, wenn Besuch kommt."
„Also völlige Übereinstimmung zwischen den Erfahrungen und dem Theaterstück", denke ich, „dann wird es gehen." Laut sage ich „Na gut, wenn ihr euch einig seid, kann Yildiz die Rolle spielen" ...
Hamide ... legt (ein paar vollgekritzelte Blätter) vor mir auf den Tisch.

„Das habe ich alles in der Nacht geschrieben, weil es Vater nicht sehen darf. Es ist ein bißchen geschmiert, soll ich es ihnen vorlesen?"
Ich finde es gut, wenn Hamide selbst liest. Sie lehnt sich gegen die Tafel und beginnt:
Mutter: „Hamide war heute in der Schule."
Vater: „Gut, hat sie erzählt, wie es war?"
Mutter: „Sie hat nicht viel gesagt, ich glaube, sie ist traurig."
Vater: „Wo ist sie denn? Melek, hol sie herein!"
Melek: „Hamide! Komm zu uns. Vater will mit dir sprechen!"
Hamide tritt einen Schritt vor, läßt das Blatt, von dem sie gelesen hat, sinken. Sie spricht den Text frei:
„Ich will nicht!"
Vater: „Was willst du nicht?"
Hamide: „Ich will nicht mehr in die deutsche Schule gehen. Ich will überhaupt nicht mehr hingehen. Ich will wieder zu Oma nach Hause in die Türkei."
Sie macht eine Pause, dann:
„Die Lehrer hier sind keine richtigen Lehrer, sie sind überhaupt nicht streng. Sie schimpfen nicht, wenn es im Unterricht laut hergeht, sie schimpfen nicht einmal, wenn die Kinder mich ärgern. Und alle ärgern mich. Sie können mich nicht leiden, weil ich Türkin bin".
Was Hamide da sagt, kommt mir bekannt vor. Sie spricht weiter, und ihre Stimme wird lauter:
„Sie lachen mich aus, wenn ich was sage, sie lachen mich aus, weil ich das Kopftuch umhabe. Niemand will neben mir sitzen. Sie behandeln mich, als wäre ich etwas Böses. Ich trage als einzige in der Klasse ein Kopftuch. Sevim, das andere türkische Mädchen, trägt keins; sie wird nicht geärgert. Wenn ich ohne Kopftuch gehen könnte, dann würden mich auch die Kinder in Ruhe lassen."
Mutter: „Das war am ersten Tag, du wirst dich an die Schule gewöhnen."
Hamide: „Nein, Mutter, das verstehst du nicht. Am schlimmsten ist der Junge aus dem Haus hier, der Dieter, er hat ‚Ötztürk, Kotztürk' zu mir gesagt und mir das Kopftuch heruntergerissen. Ich will nicht mehr in die Schule gehen!"
Hamide hält inne und sieht mich fragend an.
„Gut, daß das für dich nun alles ganz anders geworden ist", sage ich leise. Hamide nickt.

Ob nun wirklich alles ganz anders geworden ist, erfahrt ihr in dem Buch von Annelies Schwarz „Hamide spielt Hamide", München 1986.

Zusammenfassung

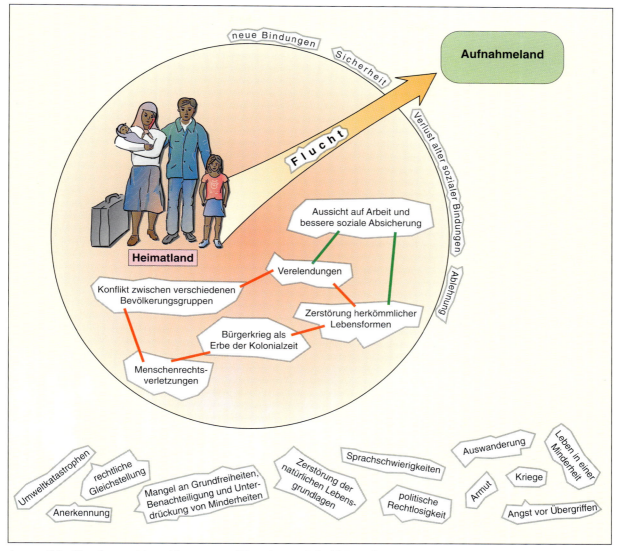

Ausgewählte Ursachen und Auswirkungen von Migration am Beispiel Ruanda.

1 Erklärt das Schaubild mit eigenen Worten.
2 Prüft, ob die im Schaubild dargestellten Ursachen und Auswirkungen von Migration das Fallbeispiel Ruanda richtig beschreiben. Nehmt, wenn nötig, Ergänzungen vor.
3 Erstellt selbst in Gruppen zu den anderen Fallbeispielen dieses Kapitels Schaubilder zu den Ursachen und Auswirkungen von Migration. Dazu könnt ihr die Begriffe am unteren Rand zur Hilfe nehmen.
4 Vergleicht die von euch erarbeiteten Schaubilder und stellt Ähnlichkeiten und Unterschiede der verschiedenen Wanderungsbewegungen heraus.

Menschen suchen Frieden

1.2 KRIEG UND FRIEDEN IM NAHEN OSTEN

— Versetzt euch in die Lage einer der beiden Personen auf der Abbildung. Überlegt euch, woran sie wohl denken mögen. Schreibt darüber eine Geschichte und lest sie in der Klasse vor.
— Überarbeitet eure Geschichte am Ende des Kapitels noch einmal.
— Sammelt in Tageszeitungen Materialien über die aktuellen Ereignisse im Nahen Osten und unterrichtet euch gegenseitig über den augenblicklichen Stand der Dinge.

„Frieden mit dem Todfeind" oder „Im Nahen Osten enden hundert Jahre Blut und Elend", lauteten Schlagzeilen deutscher Zeitungen im September 1993. Seit Jahrzehnten führen die Staaten des Nahen Ostens immer wieder Kriege gegeneinander. Es waren Kriege um den neugegründeten Staat Israel, Kriege um Grenzen und Territorien, Kriege um Öl und damit Kriege um Macht und Einfluß. Es sind Menschen, die Krieg gegeneinander führen, Menschen, die sich hassen und die sich töten. Es sind Menschen, Männer und Frauen, die Wege zueinander finden müssen, wenn sie überleben wollen.

Erarbeitet am Beispiel des Konfliktes zwischen Juden und Arabern, zwischen Israel und seinen Nachbarn, wie sich ein solch tödlicher Haß und Konflikt entwickeln konnte und wie schwer es ist, den Haß zu überwinden. Ihr könnt an diesem Beispiel erkennen, wie weit ein solcher Konflikt in die Vergangenheit zurückreicht und das er auch etwas mit unserer deutschen Geschichte zu tun hat. Weil auf beiden Seiten Frauen und Männer leben, die wissen, daß sie sich von der Vergangenheit nicht knebeln lassen dürfen, gibt es Versuche zu einer Lösung. Informiert euch in aktuellen Medien und macht euch die Chancen und Risiken des Friedensprozesses klar.

DAS ZUSAMMENLEBEN VON ISRAELIS UND ARABERN

Das Zusammenleben von Israelis und Arabern heute wird belastet von Erinnerungen. Sie erinnern sich an Unglück, an Leiden, an Demütigungen. In den Geschichten dieser Doppelseite findet ihr Täter und Opfer. Aus ihren Erfahrungen miteinander könnt ihr die Belastungen für die Zukunft erarbeiten. In den Begegnungen findet ihr Belege für „Haß", „Angst" und manchmal auch ein wenig „Hoffnung".

Die Plakette
1 *Erarbeitet aus den Geschichten dieser Doppelseite Schwierigkeiten des Zusammenlebens. Trennt dabei zwischen Tätern und Opfern.*

Eine palästinensische Informationsschrift von 1989 berichtete, daß der Bürgermeister der israelischen Siedlung Ariel eine Plakettenpflicht für palästinensische Arbeiter angeordnet hat. Um in Ariel arbeiten zu können, mußten diese einen Anstecker tragen. Am Morgen hatten sie einen Brief ihres Arbeitgebers vorzuzeigen und diesen dann im Austausch für den Anstecker bis zum Abend am Eingang der Siedlung zu hinterlegen. „Ich weigere mich, in den Straßen wie ein Hund mit einem Halsband herumzulaufen", sagte ein 70jähriger palästinensischer Arbeiter dazu. Auf Druck aus dem israelischen Parlament wurde die Maßnahme zurückgenommen. Der israelische Abgeordnete Sarid: „Ich hoffe, die Plakette ist nicht gelb."

2 *Erklärt die Aussage des Abgeordneten. Woran erinnerte er sich?*

Die Steinigung
Aus einem Bericht der „Frankfurter Rundschau" vom 22. September 1990:

> **M1** ... Aufgebrachte Palästinenser im besetzten Gazastreifen haben am Donnerstag einen israelischen Reservisten* gesteinigt und dann verbrannt. Der Soldat hatte sich ... offenbar verfahren und war in das Flüchtlingslager Buredsch geraten. Dort wurde sein Wagen mit Steinen beworfen, so daß er vermutlich die Gewalt über das Fahrzeug verlor und einen Eselskarren rammte. Dabei wurden zwei Jugendliche verletzt. Die aufgebrachte Menge fiel daraufhin über ihn her ...

3 *Stellt dar, wie die Reaktion dieser „aufgebrachten Menge" erklärt werden kann.*

Der Zensor
Muhammed Albatrawi, ein arabischer Dichter, äußerte sich 1990 in einem Interview mit einem Israeli:

> **M2** ... Jedes Wort, das ich schreibe, geht durch die Zensur. Ich darf in meinen Gedichten nicht das Wort Jafa, die arabische Bezeichnung für die Stadt Jaffa, sondern ich muß die hebräische Form Jafo verwenden. ... Anstelle von Falastin, Palästina, schreibe ich „mein Land". ... Sie dürfen nicht vergessen, daß in Westjordanien mehr als zweitausend Bücher verboten sind ...

Leben im Lager
Ein israelischer Journalist berichtete 1990 über Gespräche mit Palästinensern, die in einem Lager leben:

> **M3** ... Nach und nach sammeln sich immer mehr Leute ... um uns, hören zu, nicken und erzählen ihre Geschichten. ... Es geht um Dinge, an die sich die Leute nur ungern erinnern. „Das Leben im Lager ist schlecht", beginnt schüchtern eine Frau. „Man hat immer den Kopf unten und wartet auf den nächsten Schlag. Nach ein paar Jahren bleiben einem nur noch Angst und Armut. Man fühlt sich wie tot - man will nichts und hofft nichts mehr. Man wartet nur noch auf den Tod. Sogar die Kinder dort sind alt. Sie kommen mit der Angst auf die Welt ..."

4 *Beschreibt die unterschiedlichen Formen der Unterdrückung, wie sie in den vorhergehenden Berichten geschildert und empfunden werden.*

Alte Rechnungen
Aus einem Interview von 1990 mit dem Israeli Moni Ben-Ari, 45 Jahre alt, verheiratet, vier Kinder:

> **M4** ... Ich meine, Gerechtigkeit ist eine ernste Sache. Es gibt Dinge, über die man hinwegsieht, und Dinge, die man genaunimmt. ... Hier ist noch eine dicke Rechnung offen zwischen zwei Völkern. ... Und wenn man zurückkehrt in das alte jüdische Viertel in Hebron und die Synagoge wiederaufbaut, die die Araber eine Zeitlang als Latrine benutzt haben, dann ist das eine passende Antwort. ... Ich habe noch Rechnungen zu begleichen, die dreitausend Jahre alt sind. Es sind die meines Volkes. Ich habe sie immer bei mir. Es hat mich niemand gefragt, als sie mir aufgeladen wurden. Jetzt trage ich die Last ...

Haß, Angst und Hoffnung

Seine Nummer ist 85

Die israelische Rechtsanwältin Felicia Langer betreut palästinensische Gefangene in israelischen Gefängnissen. Im Jahre 1990 schrieb sie in einem Buch:

M5 … Samir Adib ist ein Lehrer aus Jericho, ungefähr 35 Jahre alt, verheiratet, zwei Kinder. … Samir sitzt zur Zeit im Gefängnis unter dem Verdacht, … Kommunist zu sein. … Sein Kopf ist in einer lächerlichen und erbärmlichen Weise abrasiert. …
Samir … zeigt mir die Zahl 85, die auf Arabisch auf seinem Hinterkopf einrasiert worden ist. … Ich rede mit dem Leutnant, der alt genug ist, um zu wissen, was damals in Europa geschah …

5 *Erklärt, welche Erinnerung Felicia Langer in ihrem Gespräch mit dem Leutnant wecken will.*

Verbotene Rückkehr

Ibrahim Ahmad Abu el Hawa ist Araber. Er lebt mit einer großen Familie in seinem Haus auf dem Ölberg in Jerusalem. Ibrahim legt Telefonleitungen für die israelische Telefongesellschaft. Am 24. Dezember 1994 erschien in der „Frankfurter Rundschau" ein Bericht über Ibrahim. Er erzählte darin:

M6 … „Wir trauen uns kaum, unsere Kinder ins Ausland zu schicken, denn wenn sie länger als ein Jahr fort sind, verlieren sie ihr Wohnrecht. So habe ich zwei Kinder verloren." Die Älteste, Samira, studierte „in North Carolina Computerwissenschaften, Ahmed Unternehmensverwaltung." Jetzt erlauben die Israelis den beiden nicht mehr die Rückkehr. Sein Sohn habe in New Orleans geheiratet, seine Tochter lebe in einem kleinen Ort in Illinois. „Die Israelis kommen aus Rußland, aus Indien, aus Afrika, können jahrelang im Ausland leben, sogar mit einer anderen Staatsangehörigkeit und dürfen jederzeit zurückkommen. Wir aber, wir sind von hier, haben immer hier gelebt und dürfen nicht heimkehren, wenn wir mal weg waren" …

Das Attentat

Im Oktober 1994 explodierte in einem Bus mitten in Tel Aviv eine Bombe. 22 Menschen starben, mehr als 40 wurden verletzt. Der Attentäter, ein 27jähriger Palästinenser, hatte sich selbst mit in die Luft gesprengt. Auf einem Videoband hatte er als Vermächtnis festgehalten:

M7 … Ich heiße Saleh Abdel Rahim el-Suwi und gehöre zu den „al-Kassem-Brigaden". Ich wohne in Kalkilya. … Die Juden sollen in Angst vor unseren Selbstmordkommandos leben, bis sie alle Gefangenen freigelassen haben. Die einzige Lösung für Palästina ist der Kampf. … Auf Wiedersehen, ich treffe euch wieder im Paradies …

6 *Nehmt Stellung zu der Aussage des Attentäters, daß die einzige Lösung der Kampf sei.*

Taher

Taher wohnt in einem arabischen Dorf im Westjordanland. Er heißt in Wirklichkeit anders. Aber er wollte 1990 in einem Interview nicht namentlich genannt werden, weil seine Ideen von den Dorfbewohnern abgelehnt werden:

M8 … Zwanzig Jahre sind jetzt vergangen. … Ihr wißt inzwischen, daß die Araber die Bedeutung von Theater kennen, und wir wissen, daß die Juden keine Hörner haben. … Mitunter höre ich hier im Ort, wie eine Mutter ihrem Kind droht: „Wenn du nicht essen willst, hole ich einen Juden, und der bringt dich dann um." Ich sage dann, sie soll sich schämen, so daherzureden. Wenn sie nämlich ihrem Kind beibringt, die Juden zu fürchten, dann wird es das sein ganzes Leben lang tun, und dabei muß es doch hier mit ihnen zusammenleben, oder nicht? …

Lernziel: Frieden (Shalom*)

Unter dieser Überschrift beschrieb die Zeitung „Die Zeit" am 11.3.1994 einen israelisch-palästinensischen Schulversuch in Ramle, einer arabischen Stadt in der Nähe von Tel Aviv. Die jüdische und die arabische Grundschule sind Partner bei diesem Versuch. Kinder, Lehrer, Eltern und Großeltern beider Seiten nehmen an diesem Projekt teil, das vom Staat Israel gefördert wird. Der Projektleiter:

M9 … Araber und Israelis leben … nebeneinander, aber sie nehmen sich … nicht wahr. Sie leben in getrennten Welten, Kommunikation findet nicht statt, nicht einmal ein Blickkontakt. Dieses Phänomen wollte ich durchbrechen. … Es gibt heutzutage keine Alternative zur multikulturellen* Gesellschaft. … Wir müssen dies nur noch in den Köpfen der Menschen verankern …

7 *Nehmt Stellung zu diesem „Schulversuch". Überlegt, ob er bei uns möglich wäre.*

Der Nahe Osten zu Beginn des 20. Jahrhunderts

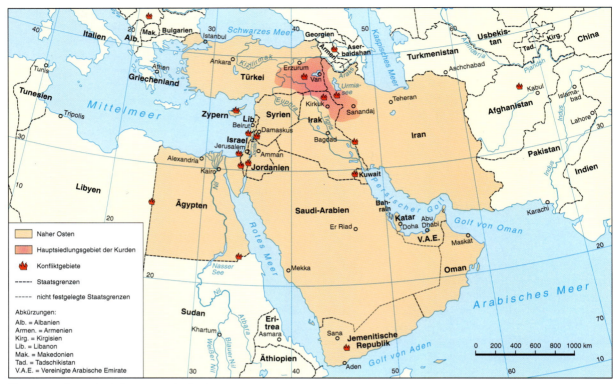

1 Der Nahe und Mittlere Osten in den Grenzen von 1996.

Vor dem 19. Jahrhundert sprach man in Europa vom Orient. Der Begriff „Naher Osten" beschreibt ursprünglich die Sicht der europäischen Kolonialmächte, vor allem Englands. Inzwischen hat sich diese Bezeichnung eingebürgert und man spricht vom „Nahen Osten", auch wenn die Region nicht für alle Länder im Osten liegt.
Der Nahe Osten ist in seinen geographischen Grenzen nicht genau zu beschreiben. So zählen manche den Iran zum Nahen, andere zum Mittleren Osten. Von 1945 bis heute wurden in diesem Raum viele Kriege geführt.

1 Klärt mit Hilfe der Legende, worüber die Karte auf dieser Seite informiert. Erarbeitet mit einem Lexikon (Schul- oder Stadtbibliothek) unter dem Stichwort der einzelnen Staaten, welche Kriege seit 1945 im Nahen Osten geführt wurden.
2 Erstellt eine Liste mit den Gründungsdaten der Staaten im Nahen Osten. Bezieht auch die Staaten der arabischen Halbinsel mit ein.
3 Befragt eure Eltern/Großeltern, an welche Konflikte im Nahen Osten sie sich erinnern können. Verteilt die Aufträge in der Klasse.

Britische Bündnisse im Ersten Weltkrieg
Im Ersten Weltkrieg (1914–18) bekämpfte Großbritannien das Osmanische Reich (vgl. Abb. 2) und suchte dazu Verbündete. Ein möglicher Partner waren die arabischen Stämme, mit denen es 1915 zu einem Abkommen kam: Die Araber forderten als Gegenleistung, daß Großbritannien die erstrebte „Unabhängigkeit der arabischen Länder" anerkenne. Die englische Regierung sagte dies zu. Die Araber kämpften daraufhin gemeinsam mit den Engländern gegen das Osmanische Reich. In krassem Widerspruch dazu stand ein britisch-französisches Geheimabkommen von 1916, in dem beschlossen wurde, den Nahen Osten in eine britische und französische Einflußsphäre* aufzuteilen.

Der Nahe Osten zu Beginn des 20. Jahrhunderts

2 Das Osmanische Reich 1914.

Folgen

Nach seiner Niederlage im Ersten Weltkrieg wurde das Osmanische Reich 1920 aufgeteilt. Große Teile wurden vom Völkerbund* unter britisches und französisches Mandat* gegeben, wie es diese beiden Mächte 1916 vereinbart hatten (vgl. Abb. 3). Die betroffenen Völker wurden dabei nicht gefragt. Bis heute sind die dabei willkürlich gezogenen Grenzen eine der Ursachen für immer wieder aufbrechende Konflikte der neuen Staaten im Nahen Osten.

Schon 1920/21 kam es in Palästina zu blutigen Kämpfen zwischen Arabern und Juden. Zur Besänftigung der Araber teilte Großbritannien 1921 sein Mandatsgebiet Palästina. Östlich des Jordan entstand Transjordanien.

In der Türkei wurde den Kurden die nach dem Ersten Weltkrieg versprochene Unabhängigkeit versagt. Sie kämpfen bis heute für ihre Rechte.

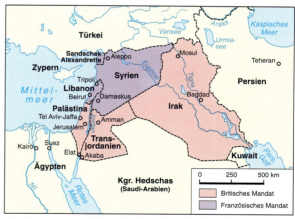

3 Britisches und französisches Mandat im Jahre 1920.

4 Vergleicht das Gebiet des Osmanischen Reiches von 1914 (Abb. 2) mit der Staatenkarte der Gegenwart (Abb. 1). Listet auf, welche Staaten heute auf dem Gebiet des ehemaligen Osmanischen Reiches liegen.

5 Erklärt, worin der Widerspruch der Verträge von 1915 und 1916 bestand.

AUF DEM WEG ZUM STAAT ISRAEL

1 Die Bergfestung Masada. Foto 1995.

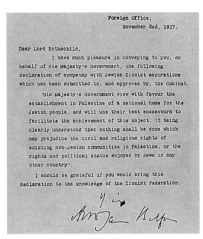

2 Brief des britischen Außenministers Balfour von 1917.

Leben in der Diaspora

Im Jahre 70 n. Chr. eroberten die Römer Jerusalem, zerstörten den Tempel und vernichteten den damaligen jüdischen Staat. Nur auf dem Felsen Masada konnte sich der Widerstand bis 73 n. Chr. behaupten. Kurz vor der Eroberung durch die Römer begingen die Verteidiger Selbstmord. In der Folge zerstreuten sich die Juden über die Welt; sie lebten nun in der „Diaspora" (griech. „Zerstreuung"). Dennoch fühlten sich viele unter ihnen weiter als Juden. Überall in der Welt bildeten sie Gemeinden, folgten ihrem alten Glauben und bewahrten die Erinnerung an ihre verlorene Heimat. „Nächstes Jahr in Jerusalem" wurde für sie zu einer festen Redewendung.

Der Zionismus

Ende des 19. Jahrhunderts bildete sich in Europa eine neue jüdische Bewegung: der Zionismus*. Ziel war die Gründung eines jüdischen Staates. Jahrhunderte hindurch waren die Juden in Europa verfolgt worden; sie mußten in Gettos* wohnen und waren von vielen Berufen ausgeschlossen. Sie lebten unbewaffnet und waren wehrlos dem Haß der Menschen ausgeliefert. Nun sollte ein neuer jüdischer Mensch entstehen: ein Jude sollte Land bebauen und bewaffnet sein. Das jüdische Volk sollte in einem eigenen Staat leben. „Nie wieder Masada!" war der Wahlspruch.

1 *Erklärt den Satz „Nie wieder Masada!" vor dem Hintergrund der jüdischen Geschichte.*

Die Balfour-Deklaration 1917

Um einen eigenen Staat zu gründen, brauchte man Land. Während des Ersten Weltkrieges verhandelten die Zionisten mit Großbritannien. 1917 versprach der britische Außenminister Balfour:

> **Q** ... Seiner Majestät Regierung betrachtet die Schaffung einer nationalen Heimstätte für das Jüdische Volk mit Wohlwollen und wird die größten Anstrengungen machen, um die Erreichung dieses Zieles zu erleichtern. Es soll nichts getan werden, was die bürgerlichen und religiösen Rechte bestehender nichtjüdischer Gemeinschaften in Palästina ... beeinträchtigen könnte ...

2 *Prüft an Hand der Quelle, welche Zusagen Großbritannien wirklich machte.*

Einwanderung

Nach 1917 wanderten Juden in immer größerer Zahl nach Palästina ein. Besonders viele flüchteten in den 30er Jahren und nach dem Zweiten Weltkrieg (1939–45) aus Europa. Sie wanderten nach Amerika oder nach Palästina aus. Gerade die Wanderung nach Palästina war für sie ein historisches Recht. Daß die seit Jahrhunderten dort wohnenden Araber ebenfalls historische Rechte besaßen, nahmen sie kaum zur Kenntnis.

3 *Stellt die Gründe für die jüdische Wanderung nach Palästina zusammen.*

Methode: Arbeiten mit Quellentexten

Die Interpretation

Aus „Quellen" erarbeiten wir Kenntnisse über die Vergangenheit. Quellen können sehr unterschiedlich sein. Ein Einkaufszettel einer Hausfrau von 1900 ist etwas anderes als ein Brief, den ein Kind an seine Eltern schrieb oder ein Telegramm, das Bismarck an den Kaiser schickte. Diese Quellen waren auf ihre Gegenwart gerichtet. Es gibt aber auch Quellen, die nicht nur auf die Gegenwart, sondern auch auf die Zukunft zielen, wie z. B. Verträge, Biographien* u. a. Sie wollen der Nachwelt etwas mitteilen. Immer verfolgen die Autorinnen und Autoren mit ihren Texten irgendwelche Absichten, die sich auch im Text niederschlagen. An jede Quelle müssen wir daher Fragen stellen. Erst dann können wir eine Bewertung vornehmen.

An die Balfour-Erklärung von 1917 (vgl. S. 38) können folgende und andere Fragen gestellt werden:

1. Zu den handelnden Personen
- Wer ist der Autor, die Autorin?
- Wann hat er gelebt? Kannte er sein Thema aus eigener Anschauung?
- An wen richtet sich sein Schreiben? An einen Geschäftspartner, einen Verwandten, an die Nachwelt?

2. Zum Text
- Läßt sich die Art der Quelle kennzeichnen (Bericht, Vertrag, Erklärung, Brief)?
- Welche Wörter oder Namen sind unbekannt?
- Wovon handelt die Quelle? Was wird ausgesagt?
- Läßt sich die Quelle gliedern? Kann man den Inhalt zusammenfassen?
- Sind im Text Wertungen zu erkennen? Wird Partei ergriffen?
- Was steht nicht im Text?

3. Zur Interpretation
- In welchen politischen Zusammenhang ist die Quelle einzuordnen (Vorgeschichte, Wirkungen, Bewertungen)?

zu 1.:
– Der Autor war englischer Außenminister. Lord Rothschild war Präsident der „English Zionist Federation". Er besaß außerdem die meisten Aktien der Suez-Kanal-Gesellschaft.

zu 2.:
– Es handelt sich um eine Erklärung, die rechtlich nicht verbindlich ist.
– Schlagt im Glossar oder in Lexika nach. „Nationale Heimstätte" ist kein völkerrechtlich festgelegter Begriff. Dadurch wußte niemand genau, was eigentlich damit von Balfour gemeint war.
– Ausgesagt wird, daß Großbritannien die Schaffung einer Heimstätte mit Wohlwollen betrachtet und sich anstrengen wird, die Erreichung dieses Zieles zu erleichtern.
– Die Quelle läßt sich wie folgt gliedern:
a) Zusagen an die Juden;
b) Aussagen betreffend die arabische Bevölkerung.
– Der Brief ist nur an die Juden gerichtet und mit ihnen vorbesprochen, nicht jedoch mit den Arabern. Der Hinweis auf die Araber ist somit mehr ein Alibi. Folgt man dem Wortlaut, so hat man den Eindruck, als handele es sich bei den „nichtjüdischen Gemeinschaften" um Minderheiten. Nach Angaben der Briten selbst lebten 1922 in Palästina 78 Prozent Muslime und elf Prozent Juden.
– Im Text steht nicht, daß England die Juden „unterstützen" wird.

zu 3.:
– Vorgeschichte:
Großbritannien drängte die USA 1917 zum Eintritt in den Ersten Weltkrieg und versuchte durch diese Erklärung, die Unterstützung der vielen und einflußreichen Juden in den USA zu erreichen.
– Wirkungen:
Die Erklärung war ein großer Erfolg für die Juden, obwohl sie die von ihnen gewünschte Formulierung („Wiederherstellung Palästinas als der jüdisch-nationalen Heimstätte") nicht erreichten. Seit 1917 verstärkten sich die jüdischen Einwanderungen nach Palästina.
– Bewertungen:
Menachem Begin, von 1977–83 Ministerpräsident Israels: „... und als die Balfour-Deklaration veröffentlicht wurde, sahen wir in Großbritannien den Retter unseres Volkes."
Arthur Koestler, Schriftsteller: „Eine Nation schenkt einer zweiten das Land einer dritten."

Der Staat Israel

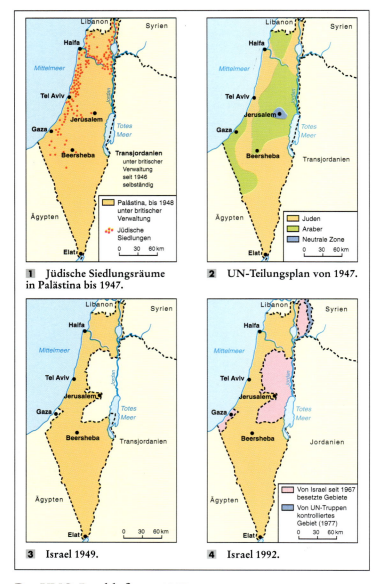

1 Jüdische Siedlungsräume in Palästina bis 1947.

2 UN-Teilungsplan von 1947.

3 Israel 1949.

4 Israel 1992.

jüdischen Volkes" gestanden habe und daß das jüdische Volk der Welt das „Buch der Bücher" geschenkt habe. Obwohl die Juden vor 2000 Jahren von den Römern vertrieben worden seien, hätten sie die Verbindung zu dem Land ihrer Väter niemals aufgegeben. Immer hätten sie für die Rückkehr gebetet. Weiter heißt es:

> **Q** ... Die über das jüdische Volk in der letzten Zeit hereingebrochene Vernichtung, ... bewies erneut und eindeutig die Notwendigkeit, die Frage des heimat- und staatenlosen jüdischen Volkes in Israel zu lösen. ... Wir ... sind daher heute, am Tag der Beendigung des britischen Mandats über Israel, zusammengetreten und proklamieren hiermit kraft unseres natürlichen und historischen Rechts und auf Grund des Beschlusses der Vollversammlung der Vereinten Nationen die Errichtung eines jüdischen Staates in Israel ...

Kriege von 1948 bis 1982

Die arabischen Staaten beantworteten die Ausrufung des Staates Israel mit Krieg. Sie lehnten diesen Staat, der ihnen von außen aufgezwungen worden sei, ab. Sie sahen darin eine direkte Fortsetzung der europäischen Machtpolitik nach dem Ersten Weltkrieg. Der Krieg von 1948/49 brachte Israel zwar Landgewinne, nicht aber die diplomatische Anerkennung. Weitere Kriege folgten.

1956	Suezkrieg
1967	Sechs-Tage-Krieg
1973	Yom-Kippur-Krieg
1982	Libanonkrieg

Der UNO-Beschluß von 1947

Nach dem Zweiten Weltkrieg sah sich Großbritannien nicht mehr in der Lage, das Mandatsgebiet Palästina zu befrieden und zog Truppen und Verwaltung zurück. Die UN-Vollversammlung beschloß daraufhin, das Land zwischen Juden und Arabern zu teilen. Die Araber lehnten diesen UN-Beschluß ab, die Juden stimmten ihm zu.

Die Gründung des Staates Israel 1948

Am 14. Mai 1948 riefen die Juden den Staat „Israel" aus. In der Gründungsurkunde hoben sie hervor, daß hier die „Wiege des

1 Beschreibt an Hand der Karten die territoriale Entwicklung des Staates Israel.
2 Erarbeitet an Hand der Quelle, wie die Israelis ihr Recht auf einen Staat in Palästina begründeten.

Der Staat Israel

5 Ein palästinensischer Bauer bearbeitet sein Feld. Im Hintergrund eine israelische Siedlung. Foto 1984.

Siedlungspolitik der 1970er und 1980er Jahre

Im Krieg von 1967 hatten Israelis die arabisch bewohnten Gebiete westlich des Jordan erobert. Für sie war dieses Land „Judäa und Samaria" und nicht „Westjordanland". Hier lagen die Kernlande des historischen Israel. Erst jetzt entsprach das Staatsland der „Wiege des jüdischen Volkes", wie es in der Gründungsurkunde hieß. Die Ansiedlung von Juden in diesen Gebieten begründete der Leiter der israelischen Siedlungsabteilung 1981:

M1 … Es darf nicht den Hauch eines Zweifels geben, daß wir in Judäa und Samaria bleiben. Die Gebiete zwischen den Konzentrationen der [jüdischen] Minderheitsbevölkerung und die Gebiete um sie herum müssen besiedelt werden, um die Gefahr der Errichtung eines … arabischen Staates zu minimieren …

Der Bau von Siedlungen

Ein britischer Journalist schilderte 1978, wie der Bau von Siedlungen im arabischen Land vorbereitet wurde:

M2 … Im Februar 1978 zäunte die israelische Armee auf einem Hügel neben dem [palästinensischen] Dorf 500 ha Land ein, das Bauern aus Haris gehörte. Die Dorfbewohner sind im Besitz von Dokumenten … die ihren Anspruch belegen. Der Boden war teilweise mit Getreide und Oliven bepflanzt. Die Olivenbäume wurden später von der Armee gefällt. … Den Dorfbewohnern wurde aus „Sicherheitsgründen" untersagt, ihre Felder und Olivenhaine zu bearbeiten und diesen Boden zu betreten. … Eine Entschädigung für die Enteignung wurde den Bauern nicht geboten, sie hätten sie auch nicht akzeptiert …

3 *Erläutert die Ziele der Besiedlung, wie sie aus M1 und M2 deutlich werden.*
4 *Versetzt euch in die Lage der enteigneten Bauern und vermutet, welche Gefühle sie gegenüber den Israelis entwickelten.*
5 *„Satellitenstädte gegen den Frieden" nannte der Journalist Daniel Wiener 1984 die jüdischen Siedlungen. Nehmt Stellung zu der Aussage des Journalisten.*

DIE PALÄSTINENSER

1 Palästinensische Flüchtlinge im Gaza-Streifen. Foto 1993.

Die Palästinenser haben unter der Entwicklung im Nahen Osten besonders gelitten. Auf den folgenden Seiten könnt ihr euch über ihre Geschichte, ihr Leiden, aber auch über ihren Terror informieren.

Die ersten Flüchtlingswellen
1 *Beschreibt die Lebenssituation der Familie auf der Abbildung oben.*

Von 1948–51 flohen aus den arabischen Staaten ca. 800 000 Juden nach Israel: Eine Entschädigung für das zurückgelassene Vermögen erhielten sie nicht. Die Flüchtlinge wurden schnell in die israelische Gesellschaft eingegliedert. Ganz anders erging es den Arabern, die während des Krieges 1948/49 geflohen waren oder vertrieben wurden. Etwa 800 000 Araber verließen ihr Land. Sie hofften, nach dem arabischen Sieg wieder heimkehren zu können und nahmen daher nur wenig Hab und Gut mit. Auch sie erhielten keine Entschädigung für zurückgelassenes Vermögen. Eine Eingliederung in die arabischen Staaten erfolgte aber nur teilweise. Wegen ihrer Herkunft nannte man sie fortan „Palästinenser". Viele Familien leben bereits in der dritten Generation in Flüchtlingslagern. Für die Menschen bedeutet dies ein Leben auf engstem Raum. Die meisten sind arbeitslos und haben ihren gesamten Besitz verloren. Bis heute wird der gesamte Vorgang unterschiedlich beurteilt.

Die Israelis sprechen von „Flucht", die Araber dagegen von „Vertreibung".

Entschädigung
Zur Frage der Entschädigung beschloß die UNO* am 11. Dezember 1948:

> **Q1** ... Vertriebene, die in ihre Heimat zurückkehren ... wollen, sollen baldmöglichst dazu die Erlaubnis erhalten. Jenen, die nicht zurückkehren wollen, soll für ihr Eigentum ... eine Entschädigung gezahlt werden ...

Schon einen Tag später beschloß die israelische Regierung:

> **Q2** ... Jedes Eigentumsrecht geht automatisch auf den „Verwalter des Eigentums Abwesender" über. ... Abwesende sind Personen, ... die die Stadt oder das Dorf, in denen sie üblicherweise in Eretz Israel* wohnten, verlassen haben ...

2 *Führt aus, was mit den Begriffen „Flucht" oder „Vertreibung" ausgedrückt werden soll.*
3 *Vergleicht den Beschluß der UNO (Q1) zur Frage der Entschädigung mit der Anordnung der israelischen Regierung (Q2).*
4 *Versetzt euch in die Lage eines palästinensischen Hausbesitzers, der sein Dorf „verlassen" hat. Wie mag er über die israelische Verordnung von 1948 denken?*

Die PLO – vom Terror zum Frieden

Die Entstehung der PLO
Enttäuscht von der Unfähigkeit der arabischen Staaten, den Palästinensern zu ihrem Recht zu verhelfen, nahmen diese ihre Sache selbst in die Hand. 1964 gründeten sie die Palästinensische Befreiungsfront, die PLO (Palestine Liberation Organization). Sie ist ein Zusammenschluß vieler kleiner Widerstandsgruppen.

Der „Alles oder Nichts - Standpunkt"
Unmittelbar vor Beginn des Krieges von 1967 prophezeite der damalige Palästinenserführer Ahmed Shukeiry:

> **Q3** … Das ist ein Kampf um unsere Heimat. Entweder wir oder die Israelis. Es gibt keinen Mittelweg. Die Juden müssen Palästina verlassen. … Aber ich glaube, daß niemand … überlebt …

Die PLO-Charta von 1968
Die militärische Niederlage der Gegner Israels im Krieg von 1967 änderte nichts am Standpunkt der PLO. 1968 legte sie ihre „Charta" vor:

> **Q4** … Art. 2: Palästina bildet … eine geschlossene regionale Einheit. …
> Art. 19: Die Teilung Palästinas 1947 und die Gründung Israels ist von Grund auf null und nichtig, … weil dies im Gegensatz zum Willen des palästinensischen Volkes und seines natürlichen Rechtes auf sein Vaterland geschah und im Widerspruch zu den Prinzipien der UN-Charta steht, deren vornehmstes das Recht auf Selbstbestimmung ist.
> Art. 20: Die Balfour-Deklaration … und alles was darauf gegründet wurde, werden als null und nichtig betrachtet …

Die Zeit des Terrors
Um die Welt auf ihre Probleme aufmerksam zu machen, verübten die Palästinenser Terroranschläge, entführten Flugzeuge, ermordeten Diplomaten und Zivilisten. In Deutschland wurde besonders der Anschlag auf die israelischen Sportler bei der Olympiade in München 1972 bekannt. Leila Chalid, eine palästinensische Luftpiratin, rechtfertigte im Rückblick den Terror so:

> **Q5** … Damals war unsere palästinensische Sache in der Weltöffentlichkeit unbekannt. Lange Jahre wurden wir als Flüchtlinge behandelt. Im Jahre 1967 mußten wir die Aufmerksamkeit der ganzen Welt auf die Frage ziehen: Wer sind die Palästinenser? Wir waren gezwungen, Kampfmethoden zu benützen. Ich meine militärische Aktionen. … Alle fragten: Wer sind die? Die Antwort wurde gegeben …

2 Leila Chalid, palästinensische Luftpiratin. Foto 1969.

Die PLO auf dem Weg zur Anerkennung Israels
Durch den Terror hatte sich die PLO international isoliert. Allmählich aber setzte sich innerhalb der PLO und bei ihrem neuen Vorsitzenden, Jassir Arafat, die Meinung durch, daß man diese Isolierung aufbrechen müsse. 1988 bestätigte Arafat dann öffentlich das „Recht aller am Nahostkonflikt Beteiligten, in Frieden und Sicherheit zu leben, eingeschlossen … den Staat Palästina, Israel und andere Nachbarn." Er akzeptierte damit entsprechende UNO-Resolutionen.

5 Erklärt die Unversöhnlichkeit der Israelis gegenüber den Palästinensern mit Hilfe von Q3.
6 Begründet den Bezug auf die Balfour-Deklaration und auf das Jahr 1947 in Q4.
7 Vergleicht die Vorstellungen der PLO im Artikel 2 von Q4 mit dem UN-Teilungsplan in Karte 2 auf der Seite 40.
8 Nehmt Stellung zu der Schlußfolgerung von Leila Chalid in Q5.

Intifada und neuer Terror

1 Jugendliche Steinewerfer. Foto 1988.

Die Intifada

„Intifada" bedeutet „Abschüttelung" und im übertragenen Sinne auch „Aufstand". Die Intifada beschreibt den Widerstand der arabischen Palästinenser gegen die israelische Besatzung. Sie begann im Dezember 1987 im Gaza-Streifen. Während bis dahin viele Menschen in den Palästinensern Terroristen sahen, die Bomben legten, Flugzeuge entführten und den Frieden störten, drehte sich das Bild in der Öffentlichkeit nun um. Jetzt wurde die israelische Armee zum Besatzungsregime: Soldaten schossen auf steinewerfende Jugendliche. Und israelische Politiker begriffen, daß sie die aufständischen Gebiete nicht ewig beherrschen konnten.

Es begann im Gaza-Streifen

Nach dem Krieg von 1948/49 flüchteten viele arabische Bewohner Palästinas in den Gaza-Streifen (vgl. Karte, Abb. 3 auf S. 40). 1967 wurde er von Israel erobert. Im Gaza-Streifen leben heute etwa 800 000 Menschen. Nur 40 Prozent der Haushalte verfügen über fließend Wasser. Fast die Hälfte der Einwohner sind Flüchtlinge, die dort seit zwei bis drei Generationen in Lagern leben. Am 30. Dezember 1987 schrieb die „Süddeutsche Zeitung" über den Beginn des Aufstandes:

M1 … Die Jungen sind die treibende Kraft bei der Auflehnung gegen die Israelis. Die Möglichkeit des Dialogs kennt die Generation der während der 20jährigen Besatzung geborenen Palästinenser nicht. Den einzigen Ausweg aus ihrer Lage sehen sie in Gewalt …

Aus einem Flugblatt des „Vereinigten Nationalen Komitees für den Aufstand" vom 25. Januar 1988 in Gaza:

M2 … Wenn Eure Söhne verwundet werden oder als Märtyrer vor Euren Augen fallen, dann weint Ihr nicht, dann drängt Eure anderen Söhne auf den Weg des ewigen Aufstands …

Arafat spricht vor der UNO

Jassir Arafat, der Vorsitzende der PLO, sprach im Dezember 1988 vor der UNO:

M3 … Ich grüße Sie von den Kindern der Steine … ein unbewaffneter palästinensischer David steht einem schwer bewaffneten israelischen Goliath gegenüber …

1 *Sucht eine Erklärung für die Einstellung der Jungen, wie sie aus M1 spricht. Zieht die Geschichte der Palästinenser und die Lebensumstände im Gaza-Streifen mit heran.*

2 *Beschreibt an Hand der Abbildung und M1, wer den Aufstand der Palästinenser trägt.*

3 *Erarbeitet aus dem Flugblatt (M2), welche Rolle die Mütter im Aufstand einnehmen sollen.*

4 *Erläutert den Vergleich mit David und Goliath in M3.*

Intifada und neuer Terror

Der islamische Fundamentalismus
Der Islam ist die vorherrschende Religion in den Ländern des Nahen Ostens. Radikale Gläubige, man nennt sie bei uns auch Fundamentalisten, fordern die Rückkehr zu den Werten des Koran* und lehnen westliche Lebensformen ab. Solche Gruppierungen sind z.B. die Hizbollah* im Libanon und die HAMAS im Gazastreifen.

Die HAMAS
HAMAS bedeutet im Arabischen „Flammenzeichen". Die HAMAS ist als Gruppe im Gaza-Streifen entstanden und trat während der Intifada zum ersten Mal hervor. Bei vielen Palästinensern stieß der neue Versöhnungskurs der PLO auf Mißtrauen. Sie blieben bei ihrer entschiedenen Haltung gegen Israel. In ihrer Charta von 1989 forderte die HAMAS:

> **M4** ... (Vorwort): ... Israel wird existieren ... bis es der Islam vertreibt ...
> (Art. 7) Die Islamische Widerstandsbewegung ist ein Glied in der Kette des Heiligen Krieges gegen die zionistische* Invasion ...
> (Art. 8) Sinn und Zweck der Islamischen Widerstandsbewegung liegt in Allah. Sein Bote ist unser Vorbild, der Koran unsere Verfassung, der Heilige Krieg unser Weg, der Tod im Dienste Allahs unser höchstes Ziel ...

5 Beschreibt die Karikatur. Erläutert die Rolle der HAMAS in der Auseinandersetzung zwischen Israel und den Palästinensern.

Ein Märtyrer
Im April 1994 verübte der Palästinenser Ammar Amarneh in Hadera einen Bombenanschlag auf einen

2 „Das Gemeinsame". Unten links Jassir Arafat, rechts der israelische Ministerpräsident Yitzhak Rabin. Karikatur 1994.

israelischen Bus. Fünf Menschen wurden getötet. Die „Frankfurter Allgemeine Zeitung" berichtete am 24. Oktober 1994 über Ammar Amarneh:

> **M5** ... Sein Tod als Märtyrer war eine Ehre für seine Familie, die ein traditionelles „Hochzeitsfest" veranstaltete, um seinen „Weg zu einer Hochzeit im Paradies" zu feiern. Die Mutter ... weinte zunächst ... doch dann sang sie. „Ich bin nicht traurig", bekannte sie und ermutigte jede andere Mutter in ihrer Lage, sich genauso zu verhalten. „Wenn ich zehn weitere Söhne hätte, würde ich sie aussenden." ...

6 Erarbeitet die Positionen, auf denen das Programm der HAMAS (M4) aufbaut.
7 Beziet M4 und M5 aufeinander. Inwiefern hat Ammar die Forderungen der Charta umgesetzt?
8 Vergleicht die Einstellung der HAMAS zu Israel mit der Position der PLO von 1967 (Q3, S. 43).
9 Beurteilt die Ziele und Aktivitäten der HAMAS vor dem Hintergrund eines möglichen Friedens zwischen Israelis und Palästinensern.

PROBLEME DES FRIEDENS IM NAHEN OSTEN

Seit 1993 scheint der Frieden greifbar nahe. Über die Anerkennung zwischen Israelis und PLO, über einige der Probleme, die noch zu lösen sind, sowie über Hürden, die dem Friedensprozeß im Wege stehen, könnt ihr euch auf den folgenden Seiten informieren.

Naher Osten und Ost-West-Konflikt

In den verschiedenen Kriegen wurde Israel von den USA, die arabischen Staaten und die Palästinenser dagegen von der Sowjetunion unterstützt. Durch die Verknüpfung mit den weltpolitischen Spannungen bestand immer die Gefahr, daß sich dieser regionale Konflikt ausweitete.

Friedensschlüsse

Ägypten war der erste arabische Staat, der Frieden mit Israel schloß. Dieser Friedensschluß war durch amerikanische Vermittlung zustande gekommen. Israel gab an Ägypten die seit 1967 besetzte Sinaihalbinsel zurück und wurde im Gegenzug als Staat anerkannt. Zum ersten Mal konnte „Land gegen Frieden" getauscht werden.
Seit über 40 Jahren hatten die Palästinenser das Existenzrecht des Staates Israel verneint. Ebenso leugnete Israel die Existenz eines palästinensischen Volkes und verweigerte der PLO das Recht, die Palästinenser zu vertreten. Erst 1993 einigten sich Israel und die PLO in Oslo über eine gegenseitige Anerkennung. Der Führer der PLO, Arafat, schrieb am 9. September an den israelischen Ministerpräsidenten Rabin:

> **M1** ... Die PLO erkennt das Recht des Staates Israel auf eine friedliche und sichere Existenz an. ... Die PLO verpflichtet sich dem Friedensprozeß im Nahen Osten und der friedlichen Lösung des Konfliktes zwischen beiden Seiten. ... Dementsprechend verzichtet die PLO auf Terrorismus und andere Formen der Gewalt. ... Angesichts des Versprechens einer neuen Ära ... versichert die PLO, daß jene Artikel der Palästinensischen Charta (von 1968), die Israel das Existenzrecht verweigern ... ungültig und nicht länger anwendbar sind ...

Im Gegenzug erkannte Israel die PLO als Repräsentantin des palästinensischen Volkes an.
Der Vertrag sieht die Rückgabe des Gaza-Streifens und der Stadt Jericho an die Palästinenser vor. Während einer Übergangszeit von fünf Jahren sollen diese in den Bereichen Bildung und Kultur, Gesundheits- und Sozialwesen sowie Fremdenverkehr allein zuständig sein. Die öffentliche Ordnung soll eine palästinensische Polizei sichern. Fragen wie die Zukunft Jerusalems, die Heimkehr der Flüchtlinge oder der Abzug der israelischen Truppen, sollen später verhandelt werden. Außerdem heißt es: „Beide Seiten betrachten das Westjordanland und den Gaza-Streifen als eine einzige territoriale Einheit."
1994 beendeten auch Israel und Jordanien ihren seit 1948 andauernden Kriegszustand. Ungeklärt bleibt das Verhältnis zu Syrien. Seit 1967 hält Israel die Golanhöhen besetzt, deren Rückgabe Syrien verlangt. Bisher konnten sich beide Staaten nicht einigen.

Der Gaza-Jericho-Plan 1993.

1 Erarbeitet aus M1 die Zugeständnisse der PLO. Zieht zum Vergleich auch die Charta (Q4, S. 43) mit heran.
2 Klärt mit Text und Karte, welche Gebiete als „territoriale Einheit" bezeichnet werden.
3 Schätzt die Bedeutung jener Bereiche, die erst später verhandelt werden sollen, ein.
4 Erläutert das Prinzip „Land gegen Frieden".

Feinde begegnen sich

Frieden ist Frieden zwischen Menschen

In den Häusern und auf den Ländereien der in den Jahren 1948/49 vertriebenen oder geflohenen arabischen Familien siedelten eingewanderte Juden. Sie bebauten das Land oder arbeiteten in der Industrie. Ihre Kinder gingen zur Schule. Es war jetzt ihr Land, ihr Haus, es wurde ihre Heimat. Was aus den arabischen Familien geworden war, wußten sie meistens nicht. Selten nur kam es zu solchen Kontakten zwischen Palästinensern und Israelis, wie sie in dem folgenden Brief einer Israelin, der am 11. März 1988 in der „Frankfurter Rundschau" abgedruckt wurde, geschildert werden:

M2 ... Lieber Baschir, wir lernten uns vor 20 Jahren unter ... ungewöhnlichen Umständen kennen. ... Nach dem Sechstagekrieg kamst Du ..., um das Haus zu sehen, in dem Du geboren wurdest. Dies war meine erste Begegnung mit Palästinensern. Ich hatte mit meiner Familie seit 1948 dort gelebt, kurz nachdem Deine Familie zum Weggehen gezwungen worden war. Du warst damals sechs, ich gerade ein Jahr alt. ... [Meine Familie war] mit weiteren 50 000 bulgarischen Juden in den neuen Staat Israel gekommen, und Euer Haus wurde als „verlassener Besitz" bezeichnet.

... Im Laufe unserer stundenlangen Gespräche entwickelte sich zwischen uns ein warmer persönlicher Kontakt. Doch wurde klar, daß unsere politischen Ansichten weit auseinander lagen. Jeder von uns blickte durch die Brille, die durch das Leiden seines Volkes geschaffen worden war. Doch ein gewisser Gesinnungswandel begann sich in mir zu vollziehen. An einem mir unvergeßlichen Tag kam Dein Vater ... zu unserem Haus. Dein Vater war damals alt und blind. Er berührte die rauhen Steine des Hauses. Dann fragte er, ob der Zitronenbaum im Hinterhof noch stehe. Er wurde zu dem reichlich tragenden Baum geführt, den er viele Jahre zuvor gepflanzt hatte. Er streichelte ihn und stand still da. Tränen liefen über sein Gesicht.

Seit ich Dir begegnet war, wuchs in mir das Gefühl, daß daheim nicht nur mein Daheim ist. ... Das Haus ... verband sich jetzt mit Gesichtern. [Damals] hatte man uns alle zu glauben veranlaßt, daß die arabische Bevölkerung von Ramle und Lod 1948 vor der vorrückenden israelischen Armee davongerannt sei und in einer überstürzten und feigen Flucht alles zurückgelassen hätte. Dieser Glaube beruhigte uns. Er sollte Schuld und Gewissensbisse vermindern.

Ich höre jetzt, daß Du ausgewiesen werden sollst. Deportation ist eine Verletzung der Menschenrechte und deshalb falsch. Du, Baschir, hast bereits als Kind eine Vertreibung aus Ramle erlebt. Nun erlebst Du 40 Jahre später wieder eine Vertreibung. ... Du wirst wahrscheinlich von Deiner Frau, Deinen Kindern, von Deiner alten Mutter und vom Rest Deiner Familie getrennt werden. Wie können Deine Kinder diejenigen nicht hassen, die sie um ihren Vater gebracht haben? Wird das Erbe der Schmerzen wachsen und sich die Verbitterung noch verstärken, wenn dies von Generation zu Generation weitergegeben wird?

Es scheint mir so, Baschir, daß Du jetzt eine neue Möglichkeit hast, eine Führungsrolle zu übernehmen. ... Ich appelliere an Dich, in dieser Führungsposition gewaltlose Kampfmethoden für Eure Rechte anzuwenden und für eine Führung einzutreten, deren Ziel die Erziehung zur Anerkennung Eures Feindes und dessen relativem Recht ist.

Unsere Kindheitserinnerungen ... sind in tragischer Weise miteinander verwoben. Wenn es uns nicht gelingt, diese Tragödie in einen gemeinsamen Segen zu verwandeln, so wird unser Festhalten an der Vergangenheit unsere Zukunft zerstören ...
Dalia

5 *Schreibt auf, was ihr über das Leben Baschirs erfahrt. Beachtet die zeitliche Abfolge.*

6 *Lest auf S. 42 nach, auf welcher Rechtsgrundlage „verlassener Besitz" von Juden übernommen werden konnte.*

7 *Führt aus, was die Autorin meint mit*
- *„Leiden seines Volkes",*
- *„Erbe der Schmerzen",*
- *„Unsere Kindheitserinnerungen sind in tragischer Weise miteinander verwoben."*

8 *Die Autorin warnt vor einem „Festhalten an der Vergangenheit". Listet für beide Völker auf, was „Vergangenheit" für sie bedeutet.*

Terror gegen den Frieden

1 Israelische Siedler demonstrieren gegen die Verhandlungen zwischen Israel und der PLO. Auf dem Plakat ist Rabin als Palästinenser dargestellt. Foto 1993.

2 Mit Hetzplakaten gegen Rabin (als Palästinenser) und Arafat (mit NS-Helm) demonstrieren israelische Frauen gegen den Friedensprozeß. Foto 1995.

3 Mit Kerzen und Fackeln trauern Israelis auf dem Platz, auf dem der israelische Ministerpräsident Yitzhak Rabin am Tag zuvor ermordet wurde. Foto 1995.

Israelischer Terror gegen den Frieden
Die drei Bilder spiegeln die Entwicklung zwischen dem Herbst 1993 und dem Herbst 1995 wider. Was ist passiert? Im September 1993 hatten der israelische Ministerpräsident Yitzhak Rabin und der PLO-Chef Jassir Arafat Frieden geschlossen (vgl. S. 46). Beide fanden viele Anhänger für diesen mutigen Schritt. Beide stießen aber auch auf unversöhnliche Gegnerschaft in den eigenen Reihen. Aus Bildern und Texten dieser Seite könnt ihr erarbeiten, wie heftig Rabin in dieser Zeit angegriffen wurde.

In deutschen Zeitschriften waren im November 1995 folgende Aussagen abgedruckt:

M1 ... Wenn die Regierenden Kriminelle sind, dann ist das Gefängnis die einzige Zukunft für ehrenhafte Personen. ... Ich werde alles tun, um diese kriminelle Regierung loszuwerden, die uns unseren Staat kosten wird ... *(Mosche Feiglin, Führer der außerparlamentarischen Bewegung „Dies ist unser Land")*

... Ich schwöre bei allem, was mir heilig ist, und bei der Ehre des jüdischen Volkes, daß ich gegen die teuflische Regierung ... kämpfen werde bis zum Tod ... *(Gelöbnis bei Ejal, Vereinigung religiöser jüdischer junger Männer)*

... Wir haben einen Fluch auf Rabin herabbeschworen und unser Wunsch ist in Erfüllung gegangen ... *(jüdischer Theologe)*

... Es gab zwar nur einen Mörder, aber viele Hetzer ... *(Israelischer Umweltminister Yossi Sarid)*

1 *Beschreibt die Abbildungen und stellt Zusammenhänge zwischen ihnen her.*
2 *Bildet euch ein Urteil darüber, ob Worte und Bilder töten können.*
3 *Zieht zur Erklärung die Informationen der vorhergehenden Seiten mit heran.*

Terror gegen den Frieden

Palästinensischer Terror gegen den Frieden
In der „Süddeutschen Zeitung" vom 5. März 1996 erschien folgende Auflistung:

M2
… 6. April 1994: Ein Mitglied der Hamas stellt in der nordisraelischen Stadt Afula ein mit Sprengstoff beladenes Auto ab. Bei der Explosion werden neun Menschen getötet und 45 verletzt.
19. Oktober 1994: Bombenanschlag in Tel Aviv durch Selbstmordattentäter der Hamas: 22 Tote.
12. November 1994: Ein Terrorist der Organisation Dschihad Islami mit einer Sprengladung auf einem Fahrrad fährt in eine Gruppe israelischer Soldaten. Drei Soldaten und der Attentäter kommen ums Leben.
25. Dezember 1994: Anschlag der Hamas auf einen Bus in Jerusalem: 12 Verletzte.
22. Januar 1995: Zwei Palästinenser sprengen sich auf der Straßenkreuzung von Beit Lid selbst in die Luft – dabei werden 21 Menschen getötet.
24. Juli 1995: Ein Selbstmord-Attentäter der Hamas sprengt einen Bus in Jerusalem in die Luft: sechs Tote, mehr als 100 Verletzte.
25. Februar 1996: Anschlag auf einen Bus in Jerusalem und am gleichen Tag an einer Haltestelle in Aschkalon: 27 Tote, 85 Verletzte. Urheber: Hamas.
3. März 1996: Bombenanschlag auf einen Bus in Jerusalem: 19 Tote, zehn Verletzte. Urheber: Hamas.
4. März 1996: Bombenanschlag in Tel Aviv: 20 Tote, 80 Verletzte. Urheber: Hamas.

Die Anschläge schüren die Angst in Israel. Immer mehr Menschen fordern Schutz. Aber niemand weiß genau, wie das anzustellen sein soll. Und immer mehr Menschen fordern Rache und den Abbruch des Friedensprozesses. „Mit Arabern kann man nicht verhandeln" – alte Vorurteile tauchen wieder auf.

„Die geteilte Hölle"
Aber es gibt auch besonnene Stimmen. Am 6. März 1996 veröffentlichte der israelische Schriftsteller Amos Oz in der „Frankfurter Allgemeinen Zeitung" unter dem Titel „Die geteilte Hölle. Brief an einen arabischen Freund", folgenden Text:

M3 … Lieber Freund, Israel ist unsere Heimat, Palästina ist die eure. Jeder, der sich weigert, mit diesen beiden einfachen Tatsachen zu leben, ist entweder verblödet oder böse. Zweieinhalb Jahre nach der Unterzeichnung des Abkommens von Oslo haben wir uns mit euch noch immer nicht über die einzelnen Friedensbedingungen geeinigt. … Aber nachdem drei Generationen gegeneinander gekämpft haben, sind wir uns zumindest darin einig, daß wir die Wunde von nun an verheilen lassen wollen. …
Yitzhak Rabin war ein mutiger Mann. Er hat für seine Bemühungen mit dem Leben bezahlt. Shimon Peres ist ein mutiger Mann: Sein Leben und seine politische Zukunft stehen auf dem Spiel. Nun ist es an der Zeit, daß auch Jassir Arafat seinen Mut unter Beweis stellt – oder seinen Posten an jemanden abtritt, der mutiger ist als er.
Das Abkommen von Oslo … ist klar: Wir hören auf, euch zu verwalten und zu unterdrücken – ihr erkennt Israel an und hört auf, uns zu töten. Bisher sind nur wir unseren Verpflichtungen nachgekommen, ihr nicht. … In der Zeit nach dem Abkommen sind sogar mehr Israelis durch Palästinenser getötet worden als in der Zeit vorher. … Wenn die Palästinenser nicht aufhören, Israelis zu töten, wird das Abkommen von Oslo hinfällig. Der Zweck des Friedens besteht nicht darin, alles Leiden der Vergangenheit auszulöschen, sondern zunächst einmal darin, künftiges Leiden zu verhindern. …
Wir stehen an einem Wendepunkt. … Wo sind heute die palästinensischen Massendemonstrationen gegen den Mord und für den Frieden? … Wo sind eure Intellektuellen, eure Meinungsführer, eure Geistlichen und Dichter?

Am 5. März 1996 berichtete die „Frankfurter Rundschau", daß in Gaza-Stadt 10 000 Palästinenser gegen Gewalt und für die Forsetzung des Friedensprozesses demonstriert hatten.

4 *Schreibt aus der Sicht eines Passanten, eines Soldaten, von Eltern einen Brief über die Anschläge. Denkt dabei auch an die Angst vor weiteren Anschlägen.*
5 *Informiert euch auf der Seite 45 noch einmal über die Absichten von Hamas.*
6 *Bearbeitet den Brief von Amos Oz (M3) mit Hilfe der Methodenseite (S. 39). Klärt unklare Begriffe und Bezüge (z. B. … Abkommen von Oslo …; …drei Generationen gekämpft …; Rabin – Peres – Arafat).*
7 *Stellt Positionen von Amos Oz heraus (z. B. der Zweck des Friedens; wer soll aktiv werden?).*
8 *Diskutiert in der Klasse darüber, ob ihr für die Fortsetzung oder für die Beendigung des Friedensprozesses eintretet.*

WASSER – EIN KNAPPES GUT

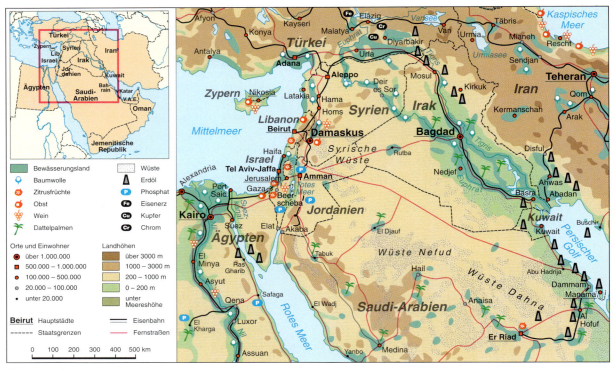

1 Der Nahe Osten.

Tel Aviv	J	F	M	A	M	J	J	A	S	O	N	D	Jahr
°C	11	13	15	19	21	25	27	27	26	23	18	14	20
mm	137	41	48	17	4	1	0	0	3	19	80	120	520

Beersheba	J	F	M	A	M	J	J	A	S	O	N	D	Jahr
°C	11	12	13	18	24	25	27	26	24	22	19	13	20
mm	47	39	32	8	3	0	0	0	0	4	27	43	204

Elat	J	F	M	A	M	J	J	A	S	O	N	D	Jahr
°C	16	17	19	24	29	30	33	34	31	27	22	17	25
mm	2	5	5	3	1	0	0	0	0	2	7	0	25

Hannover (zum Vergleich)	J	F	M	A	M	J	J	A	S	O	N	D	Jahr
°C	0	1	4	8	13	16	17	17	14	9	5	2	9
mm	48	46	38	48	52	64	84	73	54	56	52	46	661

Zur Geographie Israels

Der Staat Israel umfaßt eine Fläche von ca. 21 000 km² und ist damit ungefähr so groß wie das Bundesland Hessen. Bei seiner Gründung 1949 bestand Israel zu 65 Prozent aus Wüste oder Wüstensteppe. Die landwirtschaftliche Produktion reichte nicht aus, um die Bevölkerung zu ernähren. Obst und Gemüse mußten eingeführt werden. Seither ist die Bevölkerung kontinuierlich gewachsen (vgl. Abb. 2). Landwirtschaftliche Produkte werden heute jedoch weltweit exportiert.

1 Sucht die israelischen Städte aus den Tabellen auf der Karte. Fertigt nach den Klimadaten Klimadiagramme für diese Orte an.

2 Vergleicht die Angaben zu den einzelnen Städten (z. B. Niederschlagsverlauf, Jahresniederschläge, Temperaturverlauf).

3 Verfolgt auf der Karte oben oder in einem Atlas den Verlauf von Euphrat, Tigris, Jordan, Yarmuk und Nil. Notiert die Länder, die sie durchfließen.

Wasser – ein knappes Gut

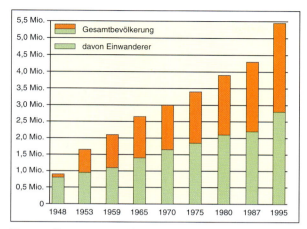

2 Bevölkerungsentwicklung Israels 1948–1995.

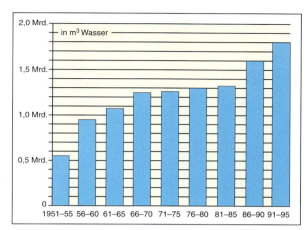

3 Entwicklung des Wasserverbrauchs 1951–1995.

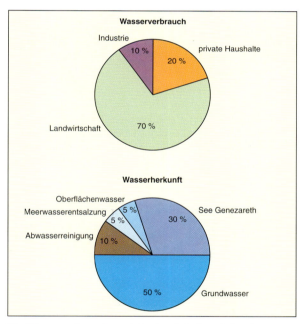

4 Wasserverbrauch und -herkunft in Israel. Stand 1994.

Frucht	Wachstum	Erträge in t/ha Tropf-	Sprinkler-bewässerung	Wasserbedarf in l/m²
Tomaten	Sept.–März	66,0	35,5	980
Melonen	Aug.–Dez.	43,0	24,0	635
Paprika	Sept.–Mai	9,0	5,0	1417
süßer Mais	Febr.–Mai	12,0	5,0	676

5 Erträge und Wasserbedarf ausgewählter Kulturpflanzen.

Wasserbedarf

Eine Deutsche erlebte 1991 die Wasserversorgung in Israel:

> **M** … Bethlehem: Das tägliche Duschbad … ist nicht möglich, da kein Wasser mehr im Tank auf dem Hausdach ist. … Sparsam ist die Familie mit dem Wasser … umgegangen. Das gebrauchte Wasser vom Spülen und Waschen wurde in Eimern und Schüsseln gesammelt, um es wiederzuverwenden für die Toilettenspülung und das Begießen des Tomaten- und Kräuterbeetes. … Jeden Tag … zu duschen, ist ein undenkbarer Luxus.
> Besuch bei einer jüdischen Bekannten in Tel Aviv. Sie duscht, wann immer ihr danach ist. Sie ist schockiert, als ich ihr (vom sparsamen Wasserverbrauch) in den besetzten Gebieten erzähle. Sie will ab sofort bewußter Wasser verbrauchen …

4 *Formuliert die Aussagen der Diagramme (Abb. 3 und 4) und beziehet sie aufeinander.*

5 *Stellt eine Liste auf über euren eigenen Wasserverbrauch. Wie oft wird in eurer Familie geduscht, was geschieht mit dem Brauchwasser? Überlegt euch Einsparmöglichkeiten.*

6 *Erläutert das untere Diagramm (Abb. 4). Erstellt eine Rangliste mit Einsparmöglichkeiten für den Waserverbrauch in Israel.*

7 *Stellt Gründe für den hohen Wasserbedarf der Landwirtschaft in Israel zusammen. Nehmt hierzu das Diagramm links oben (Abb. 2) und die Tabelle (Abb. 5) zu Hilfe.*

8 *Organisiert einen Besuch bei den Wasserwerken.*

Konfliktstoff Wasser

1 Tropfbewässerung am Straßenrand. Foto 1995.

2 Sprinklerbewässerung. Foto 1995.

Wassermanagement in Israel

Wassermanagement bedeutet Erschließung und Ausnutzung aller verfügbaren Wasserreserven, sowie Transport des Wassers dorthin, wo neue landwirtschaftliche Anbauflächen erschlossen werden sollen. Die wachsende Bevölkerung, die steigende landwirtschaftliche Produktion bei hohen Temperaturen und hoher Verdunstung, das alles erfordert mehr Wasser. Israel ist von einem Netz von Wasserkanälen durchzogen, die Wasser aus dem Norden nach dem Süden transportieren. Während die Menschen im Süden davon profitieren, sinkt der Wasserspiegel des Sees Genezareth bedrohlich ab. Gleichzeitig sinkt auch der Grundwasserspiegel der Region und verringert sich der Zufluß ins Tote Meer. Es verdunstet mehr Wasser aus dem Toten Meer, als nachfließt, der Wasserspiegel fällt, das Meer versalzt immer stärker.

Bewässerungsmethoden

Jede offene Verwendung des Wassers führt zu großen Verlusten durch Verdunstung. Daher wird jetzt häufig die „Tropfbewässerung" (vgl. Abb. 1) angewendet: Automatische Regler sorgen dafür, daß aus den Bewässerungsschläuchen nur soviel Wasser austropft, wie die Pflanze benötigt. Bei dieser Methode ist der Wasserverbrauch wesentlich geringer.

1 *Bestimmt an Hand der linken Karte (Abb. 3) die regenreichen und die regenarmen Gebiete in Israel. Zieht auch die Klimadaten auf S. 50 mit heran.*

2 *Beschreibt mit eigenen Worten die Folgen der Bewässerungsmaßnahmen für das Tote Meer.*

3 *Beschreibt Abb. 1 und 2. Nennt Vor- und Nachteile der Tropf- und der Sprinklerbewässerung.*

3 / 4 Niederschlag und Wasserleitungen in Israel.

Konfliktstoff Wasser

Wasser ist Leben
Aus einem Bericht der „Süddeutschen Zeitung" vom 22. Februar 1990:

> **M1** ... Legt man die gegenwärtigen Zuwachsraten zugrunde, wird die Bevölkerung der Region (einschließlich Israels, des Irans, der Türkei, der Maghreb*-Staaten und des Tschad) von jetzt etwa 300 Millionen bis zum Jahr 2100 auf mehr als 900 Millionen anwachsen. Jordaniens relativ kleine Bevölkerung von knapp 4 Millionen wird sich in zwei Jahrzehnten verdoppelt haben. ... Sie zu ernähren, wird das Problem des nächsten Jahrhunderts sein. Für die Produktion der Lebensmittel braucht man Wasser, kein Öl ...

Die Menschen des Nahen Ostens sind unterirdisch miteinander verbunden: Tiefliegende Grundwasservorkommen erstrecken sich von Libyen über die Ägyptische Wüste und den Sinai in die Negev-Wüste und dann weiter halbmondförmig in die Arabische Wüste. Aber diese Wasservorräte nehmen ständig ab, weil mehr entnommen wird, als durch Regenfälle wieder hinzufließt. „Der nächste Krieg im Nahen Osten wird um das Wasser geführt werden", prophezeite einst der jordanische Kronprinz. Der Wassermangel zwingt daher die Länder entweder zur Zusammenarbeit oder in den Krieg.

Friedensvertrag zwischen Israel und Jordanien
Im israelisch-jordanischen Friedensvertrag von 1994 wurde festgelegt:

> **M2** ...
> 1. Jordanien hat das Recht auf den größten Teil des Wassers im Yarmuk.
> 2. Israel hat das Recht auf den größten Teil des Wassers im Jordan.
> 3. Beide Länder setzen eine gemeinsame Kommission ein, welche die Einhaltung der Bestimmungen überwacht.
> 4. Jordanien errichtet einen Staudamm am Yarmuk ...

In Israel und Jordanien hat man inzwischen erkannt, daß das Wasserproblem nur gemeinsam gelöst werden kann.
Dies ist ein erster Schritt. Ein Problem bleibt, daß die berechtigten Ansprüche der Syrer, der Palästinenser und der Libanesen in diesen Regelungen nicht berücksichtigt sind.

5 Bau einer **Wasserpipeline in Israel.** Foto 1990.

Projekte
In der Türkei entsteht ein riesiges Staudamm-System am Euphrat. Von hier aus soll die Hälfte des türkischen Energieverbrauches gedeckt und ausgedehnte Flächen sollen bewässert werden. Anstatt einer Ernte im Jahr soll es hier künftig zwei bis drei Ernten geben. Die Staaten aber, die flußabwärts liegen, fürchten um einen Rückgang des für sie lebensnotwendigen Flußwassers. Syrien entnimmt 50 Prozent seines Wassers aus dem Euphrat. Um die Anliegerstaaten des Euphrat zu beruhigen und mit Wasser zu versorgen, gibt es in der Türkei Pläne für eine mehr als 2000 Kilometer lange „Friedens-Pipeline". Sie soll sowohl die Menschen am Persischen Golf als auch jene in Palästina und Saudi-Arabien mit Wasser beliefern.

Um die Abhängigkeit von anderen Ländern zu vermeiden, gibt es in Israel bereits erste Meerwasserentsalzungsanlagen. Außerdem plant man, in einer riesigen Pipeline Wasser vom Mittelmeer in das Tote Meer zu pumpen. Noch aber sind die Kosten solcher Unternehmungen unverhältnismäßig hoch.

4 *Sucht auf der Karte S. 50 die Wüsten, unter denen sich Grundwasservorkommen befinden.*

5 *Überprüft auf der Karte S. 50 die Regelungen des israelisch-jordanischen Friedensvertrages (M2) und die Ansprüche der nichtberücksichtigten Nachbarn.*

6 *Erklärt den Namen „Friedens-Pipeline".*

7 *Nennt mögliche Einwände der Anliegerstaaten des Euphrat gegen das Südostanatolien-Projekt.*

Die Rolle der palästinensischen Frau verändert sich

Die arabische Tradition
Raimonda Tawil, Palästinenserin, ist in Israel aufgewachsen. Dann hatten die Kriege sie von den Freundinnen und der Familie getrennt. Sie kämpft gewaltlos für die Rechte der Palästinenser. Im folgenden Ausschnitte aus ihrem Buch „Mein Gefängnis hat viele Mauern" von 1979:

M1 … Ich war erst 18 und hatte bereits alles, was ich mir wünschen konnte: einen wohlhabenden Ehemann, ein gemütliches Heim …, eine gesicherte gesellschaftliche Stellung. … Aber mein Glück hatte seinen Preis: Ich mußte meine Freiheit aufgeben. … Ich war in eine Gesellschaft eingetreten, in der die Männer alles beherrschten. … So wollte es das Diktat einer nie in Frage gestellten Tradition …

Der Einfluß der israelischen Gesellschaft
M2 … Bei diesem ersten Aufenthalt im „wiedervereinigten" Jerusalem [1967] ging ich in die Neustadt, wo ich zur Schule gegangen war. Ich lief durch die Straßen auf der Suche nach meiner Kindheit. Ich starrte … auf das Gewimmel von Israelis, die … herbeigeströmt waren, um … die Wiedervereinigung Jerusalems zu feiern, eine fröhliche, triumphale Menge … junge und alte, Männer und Frauen; Mädchen … in den Armen hübscher Jungen in Fallschirmjäger-Uniform. Sie freuten sich in ihrer freien, ungehemmten Art, küßten sich auf den Straßen. Ich schaute in diese fremden Gesichter: Israelis jeder Farbe, jeden Typs, europäische Juden und Neuankömmlinge aus arabischen Ländern. … Ich beobachtete sie, wie sie sangen … und ich entsann mich … unserer hebräischen Lieder; ich dachte an meine jüdischen Freundinnen, … die der Judenvernichtung entkommen waren und nichts anderes wollten als in Frieden leben …

Eine neue Frauenrolle
M3 … Früher sah ich die Männer dominierend und mächtig; aber die Niederlage von 1967 war eine Niederlage der arabischen Männer. Nun hatte die arabische Niederlage unsere Männer ihrer Macht entkleidet und damit manche Barriere zwischen den Geschlechtern niedergerissen. Unter dem Schock der Besatzung schüttelten junge Mädchen … die Zurückhaltung und Unterwürfigkeit ab, die der Konvention* nach die Tugenden der arabischen Frau sind. Indem sie gegen Israel zu den Waffen griffen, standen sie gleichzeitig gegen die eigene Gesellschaft und ihre unterdrückerischen Traditionen auf. … Ohne es zu wollen, brachten uns … die israelischen Besatzer einen beträchtlichen Fortschritt. Den sprunghaften Wandel ihres Status verdankten die Araberinnen vor allem der hervorragenden Rolle, die sie in den Widerstandsorganisationen spielten – aber man darf auch nicht die Frauen vergessen, die in israelischen Fabriken arbeiten gingen. Die Palästinenserinnen hatten nicht dieselben vollen Rechte, die israelischen Arbeiterinnen zustanden; sie arbeiteten hart für geringen Lohn. … Immerhin, sie arbeiteten in einer Gesellschaft, die der Arbeit keine Geringschätzung entgegenbrachte. … Jetzt aber, so sagten mir viele dieser Frauen, schenke ihnen die Arbeit in den israelischen Fabriken ein ganz neues Gefühl des eigenen Wertes. Vielfach waren sie die einzigen Lohnempfänger der Familie, und genau diese neue Rolle des Ernährers übertrug ihnen große Verantwortung und damit einen Rang, der zu den alten Klischees von der männlichen Herrschaft und der weiblichen Demut überhaupt nicht mehr paßte.

Die Kultur und Tradition, die wir mit der übrigen arabischen Welt teilten, wurde mit der israelischen Kultur konfrontiert, die wir als fremd ablehnten, die uns aber … beeinflußte. Unsere Mädchen folgten zwar nicht sofort dem Beispiel der Israelinnen, die in Miniröcken durch unsere Straßen flanierten, doch hinterließ das freie, unbeschwerte Auftreten der jungen Israelis, Männer und Frauen, auf die Dauer in unseren sozialen Beziehungen einen tiefen und nachhaltigen Eindruck …

1 *Formuliert nach M1 und M2 die unterschiedliche Position, welche die Frau in den beiden Gesellschaften einnimmt.*

2 *Listet mit Hilfe von M3 auf, worin Raimonda Tawil die Ursachen für das neue Selbstbewußtsein der palästinensischen Frau sieht.*

3 *Erklärt, warum die Schriftstellerin diesen Buchtitel wählte.*

4 *Erläutert, in welch unterschiedlicher Weise Leila Chalid (S. 43), die Mutter des Märtyrers (S. 45) und die Mütter in der Intifada (S. 44) dieser neuen Frauenrolle entsprechen.*

Zusammenfassung

1 „Der erste Schritt". Karikatur 1993.

Die Chancen des Friedens

Sollte ein Friedensvertrag nicht das Ende einer Auseinandersetzung markieren? In der Auseinandersetzung zwischen Israel und den Palästinensern aber wird weiter getötet, als ob es keinen Friedensvertrag gegeben hätte. Die Belastung der Gegenwart durch Ereignisse der Vergangenheit scheint übergroß. Zorn und Haß haben eine Verhärtung bewirkt, deren Blutspur wir in den Medien verfolgen können. Die Unsicherheit über den Frieden schlägt sich auch in den Karikaturen nieder.

1 *Erfindet Sprechblasen für einzelne Figuren der Karikaturen.*

2 *Benennt in der Abbildung 1 weitere Stolpersteine für einen Frieden.*

3 *Vergleicht die Karikaturen und erarbeitet, wie die Zeichner die Belastung des Friedens durch die Ereignisse der Vergangenheit darstellen. Erläutert auch, worin sie die Schwierigkeiten des Friedensprozesses sehen.*

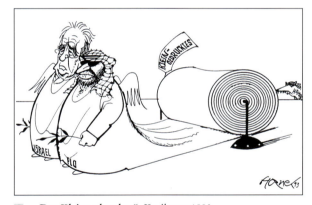

2 „Das Kleingedruckte". Karikatur 1993.

3 „Der Friedensvertrag". Karikatur 1993.

2.1 WAS ZUSAMMENGEHÖRT, MUSS ZUSAMMENWACHSEN

Der frühere Bundeskanzler und SPD-Vorsitzende Willy Brandt sagte nach der Öffnung der Mauer im November 1989: „Jetzt wächst zusammen, was zusammengehört." Auch mehr als fünf Jahre nach der Vereinigung beider deutscher Staaten ist die frühere Trennlinie immer noch zu spüren.
In diesem Kapitel erfahrt ihr zunächst, wie Jugendliche die unterschiedlichen Lebensverhältnisse und die Probleme der Vereinigung erleben. Ein zweiter längerer Untersuchungsstrang spürt der Frage nach, wie es zur Teilung Deutschlands kam und wie die Deutschen jeweils ihren Staat politisch und wirtschaftlich gestalteten.
Schließlich könnt ihr euch die unterschiedlichen Formen des Wandels der Wirtschafts- und Lebensverhältnisse am Beispiel der Region Halle und des Ruhrgebietes erarbeiten. Wächst wirklich zusammen, was zusammengehört …?

PROBLEME DER WIEDERVEREINIGUNG

1 Junge Pioniere in der DDR. Foto 1988.

2 Jugendliche in den neuen Bundesländern. Foto 1996.

In den alten Bundesländern hat die Wiedervereinigung der bis 1990 geteilten Teile Deutschlands das tägliche persönliche Leben kaum verändert.
Ganz anders erlebten die Menschen in den neuen Bundesländern, in der ehemaligen DDR, den Veränderungsprozeß.
Auf den nächsten Seiten könnt ihr den Veränderungsprozeß in Ost und West untersuchen. Ihr werdet auf Seite 60 angeregt, zu diesem Thema ein Projekt zu gestalten, um in eurer Umgebung herauszufinden, was sich alles veränderte. Auf dieser Doppelseite kommen Jugendliche aus den neuen Bundesländern zu Wort.

Von Ost- nach Westdeutschland

1 *Beschreibt die Bilder auf dieser Seite. Stellt die Vorstellungen, die ihr mit den Jugendlichen auf den Bildern verbindet, gegenüber.*

Wie hunderttausend andere ihrer Generation haben Mandy Reim und Jana Dietrich nach dem Fall der Mauer die neuen Länder verlassen, um sich im Westen eine Existenz aufzubauen. Im März 1996 berichteten Mandy und Jana der „Politischen Zeitung" über ihre Erfahrungen:

M1 ... Als die Mauer fiel, mußten die Menschen ihr Leben neu einrichten. Die Freiheit brachte nicht mehr Lehrstellen, und die Chancen für eine feste Stelle nach der Ausbildung standen in Sachsen schlecht, berichten die beiden. Sie orientierten sich nach Westen. Mandy Reim geht als erste. Sie beginnt 1991 als 16jährige eine Lehre beim Friseurmeister Erwin Schütz in Bielefeld – 450 Kilometer weit weg von zu Hause.
Jana fängt ein Jahr später im gleichen Salon eine Ausbildung an. Doch der Anfang ist hart, Kontakte nach Feierabend findet Jana nicht. „Ganz kraß habe ich den Unterschied gemerkt. Die Menschen sind nicht so zugänglich wie bei uns", erzählt Jana. ... Der ‚Kulturschock' kam vor allem in der Berufsschule. „Wir waren keine Engel", sagt Jana über ihre Schulzeit in der DDR. „Doch wie kann man mitten in der Stunde einfach aufstehen und Kaffee holen?" Der Respekt vor den Lehrern, der fehle völlig im Westen, hat Mandy beobachtet.
Die zwei Sächsinnen haben ihren Schritt in den Westen nicht bereut. Selbstbewußter seien sie geworden, hätten gelernt, ihr eigenes Leben zu organisieren. Dennoch wollen Mandy und Jana nicht auf Dauer in Bielefeld bleiben. Eines Tages möchten sie wieder zurück ...

Anpassungsprobleme Jugendlicher

2 *Stellt aus M1 zusammen, welche Unterschiede Mandy und Jana aus Sachsen zwischen ihrer Heimat und ihrem Leben in Bielefeld festgestellt haben.*

Jugend in der DDR

Fünf Jahre nach der Wiedervereinigung besuchte der Journalist Tom Schimmeck die Jahn-Schule in Salzwedel (Sachsen-Anhalt). In der Zeitung „Die Woche" schrieb er am 29. September 1995 über ein Gespräch mit 18jährigen Schülerinnen und deren Erinnerungen an die Zeit vor der Wiedervereinigung:

M2 ... Der Westen, das war ein anderer Planet, von dem fremde Bilder kamen und kleine Genüsse: „Ritter Sport" zum Beispiel, zu Weihnachten von Verwandten aus Westdeutschland geschickt, erzählt Sina. Ulrike erinnert sich an ganz genau an Cornflakes, Matchbox-Autos und die erste „Bravo", die jemand aus einem Kuhdorf gleich hinter der Grenze mitbrachte. „Ich habe gedacht, was muß das für ein wunderbarer Ort sein. Aber ich habe nie gelitten, ich war Pionier* und stolz darauf. ... Der Westen hatte seine Reize, aber er war nicht real. Das Leben fand hier statt, in der Familie, der Schule, und es war voll von Regeln und Ritualen*. Sie alle haben respektvoll zu Hammer und Sichel* aufgeschaut, dazu das „Seid bereit! Immer bereit!" der Pioniere gerufen. Sie hielten Brieffreundschaften mit dem russischen Brudervolk. Und natürlich hatten sie alle Abkürzungen drauf: von DSF (Deutsch-Sowjetische-Freundschaft) bis ODF (Opfer des Faschismus) ...

Ost-Jugend heute

Weiter berichtete der Journalist Tom Schimmeck am 29. 9. 1995 über seinen Besuch in Salzwedel:

M3 ... Ob sich die Jugendlichen die Regeln von einst heute noch bieten lassen würden? Wer heute die Jahn-Schule betritt, hat Mühe, den Osten zu erkennen. An der Kleidung sind sie nicht zu unterscheiden. Je jünger die Schüler sind, desto westlicher wirken sie. Die Kleinen, schimpfen Claudia und Ulrike (beide 18), seien frech, hätten nur Klamotten und PS-Zahlen im Kopf. Die stellten riesige Ansprüche, würden alles als selbstverständlich ansehen. „Klassenzusammenhalt kennen die gar nicht mehr." Die 18jährigen, zwölf Jahre sozialistisch, sechs Jahre kapitalistisch erzogen, hängen zwischen den Welten. ... Die Jungs, die von Westen in unsere Dorfdisco kommen, glaubt Claudia, hätten eine „total andere Einstellung". Die seien es nicht gewohnt, daß Mädchen selbständig und mutig sind und einen Mopedführerschein haben. „Ach nee", widerspricht Steffi, „politisch sind wir viel weniger mutig." „Aber wir planen mehr", meint Sina, „die da drüben leben doch in den Tag hinein." „Stimmt", sagt Claudia, „wir sind realistischer. Ick bin halt'n Ossi, und dit ist doch ooch cool." ...

Politische Aussagen von Jugendlichen

Wodurch sich Jugendliche aus Ost-Deutschland von West-Jugendlichen unterscheiden, ließ die Zeitschrift „Spiegel Special" im Sommer 1994 untersuchen. Unter anderem fanden die Meinungsforscher bei den Befragten zwischen 14 und 29 Jahren heraus:

M4 ... Jugendliche aus Ostdeutschland unterscheiden sich dadurch, daß sie häufiger ...
– stolz sind, Deutsche zu sein,
– finden, Deutschland sei heute (1994) in besserer Verfassung als kurz nach der Vereinigung,
– keinen Ausländer persönlich kennen,
– mit dem Begriff „Deutschland" die Wörter „Arbeitslosigkeit" und „Auschwitz" verbinden,
– die Mitgliedschaft in einer politischen Partei grundsätzlich ausschließen ...

3 *Spielt ein Gespräch in einer Bielefelder Disco zwischen einem Jugendlichen aus Bielefeld und Mandy nach deren Ankunft aus Sachsen. Lest dazu noch einmal M1 und M2.*

4 *Beschreibt die Veränderungen, die von den 18jährigen Schülerinnen bei ihren jüngeren Mitschülerinnen und Mitschülern festgestellt wurden. Lest dazu M3.*

5 *Viele Menschen behaupten, daß Jugendliche, die fast ihre ganze Kindheit in der DDR verbrachten, größere Schwierigkeiten mit dem Umstellungsprozeß nach der Wiedervereinigung im Jahre 1990 hätten. Diskutiert diese Behauptung mit Hilfe von M3.*

6 *Lest die Materialien dieser Seite und versucht, Erklärungen für die Standpunkte ostdeutscher Jugendlicher in M4 zu finden.*

Methode: Ein Projekt gestalten

Intensives Arbeiten: Projekt

Bei einem Projekt arbeitet eine Arbeitsgruppe selbständig an einem Problem mit unterschiedlichen Fragestellungen. In der Schule führen „Projektarbeiten" in der Regel dazu, daß die Stunden verschiedener Fächer für ein Projekt zusammengelegt werden und daß man dann mit den unterschiedlichen Fragestellungen dieser Fächer einer Sache nachgeht. Dabei arbeiten die Schülerinnen und Schüler weitgehend selbständig und teilen untereinander Bereiche und Teilthemen auf. Jede und jeder ordnet sich im Projekt den Fragen zu, die ihm besonders liegen.

Projekte benötigen längere und intensivere Arbeitsphasen. Am Ende eines Projektes steht als Ergebnis ein Produkt, das ihr gemeinsam in eigener Verantwortung erstellt habt. Der folgende Leitfaden hilft euch bei der Durchführung.

1. Vorbereitung

■ **Themen sammeln**

Was könnte untersucht werden? Welcher Einzelaspekt interessiert uns besonders?
Ziel und Thema des Projekts: Auf welches Thema kann sich die Gruppe festlegen, so daß alle engagiert mitarbeiten?

■ **Teilnehmer des Projekts festlegen**

Häufig möchten sich auch Lehrerinnen und Lehrer anderer Fächer an einem Projekt beteiligen, um ein intensiveres Arbeiten am Thema zu ermöglichen. Fragt z. B. eure Deutsch-, Kunst-, Musik- oder Fremdsprachenlehrerinnen und -lehrer, ob sie Lust haben, mit euch gemeinsam an eurem Projekt zu arbeiten.

■ **Zeitplan des Projekts bestimmen**

Projekte dauern mindestens eine, zumeist zwei bis drei Wochen. Erstellt vor Beginn des Projekts einen genauen Arbeitsplan, um die Arbeit besser überschauen zu können.

■ **Vorstellung der Arbeitsergebnisse**

Macht euch vor Beginn des Projekts Gedanken, wie ihr eure Arbeitsergebnisse präsentieren wollt. Ihr könnt z. B. eine Wandzeitung erstellen, eine Dokumentation oder eine Ausstellung anfertigen, um auch anderen Schülerinnen und Schülern eure Ergebnisse vorzustellen.

2. Durchführung

■ **Arbeitsgruppen einteilen**

Legt fest, wer mit wem arbeitet und verteilt die Arbeit auf die einzelnen Gruppen. Auch innerhalb der Arbeitsgruppen solltet ihr genau klären, wer wofür verantwortlich ist, so daß es immer einen Ansprechpartner für die einzelnen Aufgabenstellungen gibt.

■ **Material besorgen**

Material findet ihr in Tageszeitungen, Illustrierten und Büchern. Vielleicht könnt ihr auch Videoaufzeichnungen auswerten oder im Rahmen eurer Präsentation Ausschnitte daraus vorstellen.

■ **Arbeitsergebnisse überprüfen**

Zwischendurch solltet ihr euch immer wieder in der ganzen Klasse zusammensetzen und eure Zwischenergebnisse vorstellen. Verständnisfragen und Nachfragen anderer Schüler, die das Gruppenthema nicht bearbeiten, helfen euch, Schwachpunkte der Arbeit zu erkennen. Diese Kritik innerhalb der Arbeitsphase ist sehr wichtig, weil dadurch das von der einzelnen Gruppe zu verantwortende Arbeitsergebnis immer wieder hinterfragt wird und verbessert werden kann.

3. Vorstellung der Ergebnisse

■ **Präsentation**

Bevor ihr die Arbeitsergebnisse vorstellt, heißt es aus den einzelnen Gruppenbeiträgen ein Gesamtwerk zu erstellen. Diese Phase sollte in der ganzen Klasse besprochen werden, so daß die einzelnen Gruppenbeiträge aufeinander abgestimmt werden können. Sie leidet häufig darunter, daß der Elan zwischenzeitlich durch die arbeitsintensive Gruppenarbeit ein wenig nachgelassen hat. Dennoch solltet ihr versuchen, hier noch einmal konzentriert gemeinsam zu arbeiten.

■ **Ankündigung**

Oft sind die Projektergebnisse nicht nur für die Schule interessant, sondern auch für eine breitere Öffentlichkeit. Überlegt daher, ob es nicht sinnvoll ist, die Lokalzeitung zu informieren, damit sie über eure Arbeit berichten kann.

4. Auswertung der Projektwoche

Nachdem ihr die Ergebnisse präsentiert habt, solltet ihr in der Klasse die gemeinsame Arbeit auswerten. Sprecht darüber, was gut lief, wo es zu Spannungen kam und was ihr besser hättet machen können.

Material für ein Projekt: Probleme der deutschen Vereinigung

Auf dieser und den beiden nächsten Seiten findet ihr Materialien, mit denen ihr die Arbeit für ein Projekt „Probleme der Vereinigung" starten könnt. Weitere Materialien müßtet ihr euch suchen, je nach der Fragestellung, die euch interessiert.
Wenn ihr kein Projekt machen wollt, könnt ihr diese Materialien auch für eine Gruppenarbeit zum selben Thema benutzen.

1 *Erarbeitet aus der Grafik die regionale Einkommensverteilung in Deutschland. Vergleicht dabei die neuen und die alten Bundesländer.*
2 *Benennt Regionen mit den höchsten und den geringsten Einkommen je Einwohner.*
3 *Informiert euch in einem Atlas über die wichtigsten Industriestandorte in Deutschland und vergleicht die Kaufkraft der Industrieregionen.*
4 *Erstellt aus den Daten der Statistik Säulendiagramme und hängt die Ergebnisse im Klassenraum aus.*

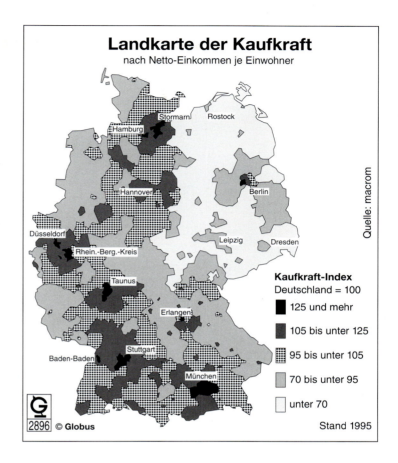

Deutschland 1994:	Ost	West
Bruttoinlandsprodukt* je Einwohner (in DM)	22 100	45 200
Wachstumsrate des Bruttoinlandsprodukts (in Prozent)	9,2	2,3
Anlageinvestitionen je Einwohner (in DM)	11 500	8 600
durchschnittliche Bruttomonatsverdienste (in Mark) (Industrie)	3 222	4 733
(Handel, Kreditwesen)	3 307	4 539
verfügbares Jahreseinkommen je Einwohner (in DM)	19 100	28 600
Geldvermögen je Einwohner (in DM)	17 500	61 500
Steueraufkommen je Einwohner (in DM)	3 100	10 600

Material für ein Projekt: Probleme der deutschen Vereinigung

1 Zeitschriften-Titelbilder 1995.

Veränderungen durch die deutsche Vereinigung

Die Zeitschrift „Die Woche" befragte im September 1995 Menschen in Ost- und Westdeutschland nach Verbesserungen und Verschlechterungen seit der Wiedervereinigung 1990. Darüber berichtete sie am 29. September 1995:

M1

■ Was ist seit der Wiedervereinigung im Osten besser geworden?

	Ost
Lebensbedingungen	39%
Warenangebot	26%
Reisemöglichkeiten	21%
Freiheit, Meinungsfreiheit	19%
Verkehrswege	13%
Ost-West-Verhältnisse	3%
Zwischenmenschliche Beziehungen	1%

■ Was war in der DDR besser?

Soziales System	60%
Sicherheit des Arbeitsplatzes	38%
Kinderfreundlichkeit	19%
Kindergartenplätze	18%
Verhältnis der Menschen untereinander	15%

■ Was ist seit der Wiedervereinigung schlechter geworden?

	Ost	West
Lage am Arbeitsmarkt	44%	27%
Soziale Situation	39%	8%
Finanzielle Belastungen	30%	46%
Ausmaß der Kriminalität	12%	5%
Zwischenmenschliche Beziehungen	7%	9%
Wirtschaftliche Lage	5%	16%
Situation auf dem Wohnungsmarkt	2%	5%

1 *Analysiert die Umfrage (M1) und faßt die Ergebnisse in Thesen zusammen.*

Die Einheit verändert die Menschen

In einer Rede zum Tag der Deutschen Einheit am 3. Oktober 1990 sagte der damalige Bundespräsident Richard von Weizsäcker:

M2 ... Für die Deutschen in der ehemaligen DDR ist die Vereinigung ein täglicher, sie ganz unmittelbar und persönlich berührender Prozeß der Umstellung. Das bringt oft übermenschliche Anforderungen mit sich. Eine Frau schrieb mir, sie seien tief dankbar für die Freiheit und hätten doch nicht gewußt, wie sehr die Veränderung an die Nerven gehe, wenn sie geradezu einen Abschied von sich selbst verlange. Sie wollten ja nichts sehnlicher als ihr Regime* loswerden. Aber damit zugleich fast alle Elemente des eigenen Lebens von heute auf morgen durch etwas Neues, Unbekanntes ersetzen zu sollen, übersteigt das menschliche Maß. Bei den Menschen im Westen war die Freude über den Fall der Mauer unendlich groß. Daß aber die Vereinigung etwas mit ihrem persönlichen Leben zu tun haben soll, ist vielen nicht klar oder sogar höchst unwillkommen ...

2 *Nennt die Veränderungen im Leben der Frau in M2 und stellt Vermutungen an, welche Auswirkungen diese Veränderungen konkret für Menschen in Ostdeutschland bedeuteten.*

3 *Befragt Eltern, Lehrerinnen und Lehrer zu ihren Erfahrungen mit der deutschen Vereinigung.*

Material für ein Projekt: Probleme der deutschen Vereinigung

2 Neue Leipziger Messe: Tag der offenen Tür. Foto 23.3.1996.

Fehler nach der Vereinigung?
Der brandenburgische Ministerpräsident Manfred Stolpe (SPD) schrieb 1995 in der Zeitschrift „Zeit-Punkte":

M3 ... Ich selbst habe die deutsche Einheit als ein Geschenk empfunden und als ein Wunder zugleich. Vorhergesehen hat sie niemand – weder in Ost noch in West. Leider aber konnte die Begeisterung des Anfangs nicht umgemünzt werden in ein sachliches, konstruktives Zusammenwachsen. Sätze wie: „Es wird niemandem schlechter gehen als vor der Einheit" empfanden viele Betroffene als Hohn. Der Ausspruch des ehemaligen Berliner Bürgermeisters Walter Momper: „Jetzt sind wir das glücklichste Volk der Welt" wurde ... vergessen oder von den Sorgen des Alltags überdeckt.
Die Deutschen waren damals bereit, wie zu keinem Zeitpunkt danach, Einschränkungen und Opfer für die Einheit in Kauf zu nehmen. Man hätte es ihnen nur ehrlich sagen müssen. Man hätte sagen sollen: Das Zusammenwachsen wird kein Spaziergang! Alle müssen die Ärmel hochkrempeln und den Gürtel enger schnallen! Ohne Steuererhöhungen wird es nicht gehen! Doch diese Chance, dieser Appell an die Solidarität* aller Deutschen wurde verpaßt ...

4 *Arbeitet aus M3 heraus, welche Fehler nach Ansicht Manfred Stolpes nach der Wiedervereinigung Deutschlands gemacht wurden.*

Umfrage zur deutschen Einheit
Im Auftrag der Zeitschrift „Die Woche" führte ein Meinungsforschungsinstitut im September 1995 in Ost- und Westdeutschland eine Umfrage zur Lebenssituation der Menschen in Deutschland durch. „Die Woche" veröffentlichte die Ergebnisse am 29. September 1995 (an 100 Prozent fehlende Angaben = „Weiß nicht"):

M4
■ „Wie haben sich die Verhältnisse in Deutschland seit der Wiedervereinigung entwickelt?"

	Ost	West
eher positiv	40%	28%
eher negativ	10%	41%
teils/teils	45%	27%

■ „Sind Ihre persönlichen Lebensverhältnisse seit der Vereinigung besser geworden?"

	Ost	West
ja	58%	16%
nein	10%	13%
genauso wie früher	29%	70%

■ „Sind die Menschen in Ost und West einander näher gekommen?"

	Ost	West
ja	30%	50%
nein	35%	19%
genauso wie früher	33%	26%

5 *Vergleicht die Umfrageergebnisse bei Ost- und Westdeutschen in M4 und verallgemeinert die Aussagen.*

6 *Führt eine Befragung mit Fragen aus M1 und M4 bei euren Eltern und deren Bekannten durch und wertet die Ergebnisse gemeinsam in der Klasse aus.*

7 *Diskutiert, ob es sinnvoll gewesen wäre, die Menschen unmittelbar nach der Wiedervereinigung über mögliche Probleme und Belastungen der Vereinigung aufzuklären.*

DIE TEILUNG ALS FOLGE DES ZWEITEN WELTKRIEGES

1 Die Aufteilung des Deutschen Reiches 1945.

Herrschaft der Besatzungsmächte

Mit der deutschen Kapitulation in der Nacht vom 8. auf den 9. Mai 1945 endete der Zweite Weltkrieg. Die vier Siegermächte (USA, Sowjetunion, Großbritannien, Frankreich) übernahmen die Regierungsgewalt in ganz Deutschland. Bereits auf einer Konferenz in Jalta im Februar 1945 hatten die USA, die Sowjetunion und Großbritannien die Aufteilung Deutschlands in vier Besatzungszonen beschlossen. Berlin sollte gemeinsam durch die Siegermächte verwaltet werden. Zugleich beschlossen sie die Festlegung einer neuen polnischen Ostgrenze und die Verwaltung deutscher Gebiete östlich der Oder-Neiße-Linie durch Polen. Auf einer Konferenz in Potsdam im August 1945 beschlossen diese Mächte gemeinsame Grundsätze für die Verwaltung des verkleinerten Deutschland in den vier Besatzungszonen.

Die Vertreibung von Millionen Deutscher aus den bisherigen deutschen Ostgebieten und dem Sudetenland wurde zur Kenntnis genommen.

Auf der Konferenz von Potsdam wurde deutlich, daß die zeitweilige Zusammenarbeit zwischen der Sowjetunion einerseits und den USA und Großbritannien andererseits mit dem Sieg über das nationalsozialistische Deutschland zu Ende ging. Die Gegensätze zwischen dem sozialistischen Gesellschaftssystem der Sowjetunion und dem demokratischen Gesellschaftssystem der USA und Großbritanniens waren ebenso unüberbrückbar, wie der Gegensatz von sozialistischer und marktwirtschaftlicher Wirtschaftsordnung.

Kalter Krieg

Mit der Zündung der ersten Atombombe im August 1945 über Japan meldeten die USA den Anspruch an, Weltmacht Nr. 1 zu sein. Den selben Anspruch erhob die Sowjetunion, die in möglichst vielen Staaten ihr Gesellschaftssystem verbreiten wollte. Die weltweite Rivalität beider Weltmächte führte zum „Kalten Krieg" und zur Teilung der Welt in zwei große Einflußzonen.

Mit Beginn des Jahres 1947 wurde deutlich, daß die Grenze zwischen diesen beiden Einflußzonen mitten durch Deutschland ging. Die Besatzungszonen der USA, Großbritanniens und Frankreichs und die

Die Folgen des Zweiten Weltkrieges

2 Zerstörtes Köln 1945. Foto.

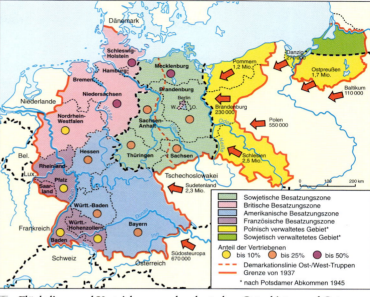

3 Flüchtlinge und Vertriebene aus den deutschen Ostgebieten und Osteuropa.

Westsektoren Berlins gehörten zum Einflußbereich der Westmächte, die Besatzungszone der Sowjetunion und der Ostsektor Berlins zum Einflußbereich der Sowjetunion. Vereinfachend sprach man vom „Westen" und vom „Osten".

Zwei deutsche Staaten

Deutsche Politiker konnten nur jeweils im Rahmen der engen Vorgaben der jeweiligen Besatzungsmacht tätig werden. Obwohl die politischen Gegensätze der Besatzungsmächte immer unüberbrückbarer wurden, erklärten sowohl der Westen wie der Osten, die Einheit Deutschlands erhalten zu wollen. Faktisch führte aber die von beiden Seiten betriebene Gründung von deutschen Staaten in ihren Besatzungszonen zwischen 1948/1949 zur Teilung Deutschlands.

Im Juli 1948 beauftragten die Außenminister der USA, Großbritanniens und Frankreichs die Ministerpräsidenten der Länder der westlichen Zonen, eine verfassungsgebende Versammlung, den Parlamentarischen Rat, einzuberufen. Dieser erarbeitete in enger Zusammenarbeit mit den Westmächten das Grundgesetz für die Bundesrepublik. Nachdem es von allen Landtagen der Länder der Westzonen mit Ausnahme Bayerns angenommen worden war, wurde es von den Westalliierten genehmigt und am 23. Mai 1949 verkündet. Am 14.8.1949 wurde der erste Deutsche Bundestag in freien Wahlen gewählt. In der Ostzone vollzog sich die Staatsgründung parallel zu der der Westzonen. Ein über eine Einheitsliste gewählter Volkskongreß, in dem die Sozialistische Einheitspartei Deutschlands (SED) die Mehrheit hatte, erarbeitete eine Verfassung.

Dieser Volkskongreß erklärte sich im Oktober 1949 zur Provisorischen Volkskammer und setzte die Verfassung in Kraft und bestimmte eine Regierung. Die politische Macht lag aber in der Hand des Zentralkomitees* der SED und der Sowjetunion.

Beide deutsche Staaten blieben bis 1955 unter direkter Oberhoheit der Besatzungsmächte, waren also nicht souverän*. Die letzten Besatzungsrechte aller vier Siegermächte über Deutschland wurden erst 1990 aufgehoben.

Politische Entwicklung der Bundesrepublik Deutschland

Auf den folgenden Seiten könnt ihr, am besten aufgeteilt in Gruppen, die unterschiedliche Entwicklung der beiden deutschen Staaten untersuchen. Ihr lernt die unterschiedlichen politischen und wirtschaftlichen Wege beider Staaten kennen, die 40 Jahre getrennt waren.
Zu folgenden Themen könnt ihr Gruppen bilden: politische Entwicklung der Bundesrepublik (S. 66–67), soziale Entwicklung der Bundesrepublik (S. 68–69), politische Entwicklung der DDR (S. 70–73), soziale Entwicklung der DDR (S. 74–75).

Frühe politische Weichenstellungen

Aus der Regierungserklärung von Bundeskanzler Konrad Adenauer (CDU) vom 20. September 1949:

> **Q1** … Zwar müssen wir uns immer bewußt sein, daß Deutschland und das deutsche Volk noch nicht frei sind, daß es noch nicht gleichberechtigt neben den anderen Völkern steht, daß es – und das ist besonders schmerzlich – in zwei Teile zerrissen ist. Aber wir erfreuen uns doch einer wenigstens relativen staatlichen Freiheit. … Wir haben vor allem wieder den Schutz der Persönlichkeitsrechte. Niemand kann bei uns wie es im nationalsozialistischen Reich der Fall war und wie es jetzt noch in weiten Teilen Deutschlands, in der Ostzone, zu unserem Bedauern der Fall ist, durch Geheime Staatspolizei, oder ähnliche Einrichtungen, der Freiheit und des Lebens beraubt werden …

Am 21. Oktober 1949 erklärte Adenauer vor dem Deutschen Bundestag:

> **Q2** … Es wird niemand behaupten können, daß die nunmehr geschaffene Organisation der Sowjetzone auf dem freien Willen der Bevölkerung dieser Zone beruht. … Sie ist zustande gekommen auf Befehl Sowjetrußlands und unter Mitwirkung einer kleinen Minderheit ihm ergebener Deutscher. …
> Ich stelle folgendes fest. In der Sowjetzone gibt es keinen freien Willen der deutschen Bevölkerung. … Das was dort geschieht wird nicht von der Bevölkerung getragen und damit legitimiert. … Die Bundesrepublik Deutschland stützt sich dagegen auf die Anerkennung durch den frei bekundeten Willen von rund 23 Millionen stimmberechtigter Deutscher. Die Bundesrepublik Deutschland ist somit bis zur Erreichung der deutschen Einheit insgesamt die alleinige legitimierte staatliche Organisation des deutschen Volkes …

1 *Erarbeitet mit Hilfe von Q1, was für Adenauer die Gründung der Bundesrepublik bedeutet.*
2 *Beschreibt mit Hilfe von Q2 Adenauers Einstellung zur DDR.*
3 *Erläutert, womit er ein Alleinvertretungsrecht der Bundesrepublik für alle Deutschen begründet.*

Wiederbewaffnung der Bundesrepublik

Vor dem Hintergrund der Verschärfung des Ost-West-Konfliktes in Asien stritten deutsche Politiker um die Rolle der Bundesrepublik.
Bundeskanzler Adenauer erklärte 1952 vor dem Bundestag:

> **Q3** … Ich glaube, daß wir die Wiedervereinigung Deutschlands nur erreichen werden mit Hilfe der drei Westalliierten, niemals mit Hilfe der Sowjetunion. … Nach meiner festen Überzeugung … gibt es … nur eine Rettung für uns alle: uns so stark zu machen, daß Sowjetrußland erkennt, ein Angriff … ist ein großes Risiko für Sowjetrußland selbst. … Wenn der Westen stark genug ist, (ist) Sowjetrußland bereit, in vernünftige Verhandlungen mit dem Westen einzutreten …

Darauf antwortete der SPD-Abgeordnete Arndt:

> **Q4** … Welche Stärke will der Westen noch abwarten und erreichen, um auf höchster Ebene der Vier-Mächte-Basis ernstliche Verhandlungen in dieser Frage zu beginnen? … Es ist ja so leicht gesagt, daß man über ein vereinigtes Europa zu einem in Freiheit einigen Deutschland kommen wolle. Aber wer verbürgt sich dafür, daß dieser Weg zum Ziel führt und die Eingliederung des westlichen Teiles der Bundesrepublik Deutschland nach Westeuropa nicht die unwiderrufliche Ausgliederung ihres östlichen Teils bewirkt? …

4 *Stellt dar, welche Argumente in Q3 und Q4 für und gegen eine Wiederbewaffnung Westdeutschlands genannt werden.*
5 *Versucht, Adenauers Politik in Q3 mit einem Schlagwort zu kennzeichnen.*

Nach langwierigen Verhandlungen wurde die Bundesrepublik Deutschland 1955 Mitglied im Nordatlantikpakt (NATO) und erlangte im Deutschlandvertrag ihre volle staatliche Souveränität*. Im Herbst 1955 wurde die Bundeswehr gegründet.

Politische Entwicklung der Bundesrepublik Deutschland

Bundeskanzler Adenauer schrieb in seinen Erinnerungen 1966:

Q5 ... Die Bundesrepublik befand sich in einer gefährlichen Lage. Ein falscher Schritt konnte uns das Vertrauen der Westmächte kosten, ein falscher Schritt, und wir waren lediglich Verhandlungsobjekt zwischen Ost und West. ... Ich war und bin fest überzeugt, daß eine gesicherte Zukunft für uns Deutsche nur im festen Anschluß an die freien Völker des Westens gegeben war und ist. Ich war und bin überzeugt, daß nur eine feste, entschlossene Politik des Anschlusses an den Westen eines Tages die Wiedervereinigung in Frieden und Freiheit bringen wird ...

6 Versucht aus damaliger Sicht und aus Sicht der 90er Jahre Adenauers Politik zu beurteilen.

Konrad Adenauer. Foto.

Willy Brandt. Foto.

Wandel der Politik

Die Politik Adenauers prägte die ersten 20 Jahre der Bundesrepublik und führte zu einer Erstarrung der Politik zwischen den beiden deutschen Staaten. Die Bundesrepublik lehnte Verhandlungen mit der DDR ab, die sie nicht anerkannte. Nach dem Bau der Mauer in Ostberlin durch die DDR im Jahre 1961 und der strikten Absperrung der Grenzen der DDR durch Stacheldraht und Minen kam der Kontakt zwischen beiden Staaten fast ganz zum Erliegen (vgl. S. 73).

Mit der Wahl von Willy Brandt zum Bundeskanzler einer SPD/FDP Bundesregierung im September 1969 begann eine neue Phase der Politik. Diese Regierung wollte im Innern „mehr Demokratie wagen" und das Verhältnis zur DDR verändern. In seiner Regierungserklärung vom 28. Oktober 1969 sagte Bundeskanzler Willy Brandt (SPD):

Q6 ... Niemand kann uns jedoch ausreden, daß die Deutschen ein Recht auf Selbstbestimmung haben, wie alle anderen Völker auch.
Aufgabe der praktischen Politik in den jetzt vor uns liegenden Jahren ist es, die Einheit der Nation dadurch zu wahren, daß das Verhältnis zwischen den Teilen Deutschlands aus der gegenwärtigen Verkrampfung gelöst wird. ...
20 Jahre nach Gründung der Bundesrepublik Deutschland und der DDR müssen wir ein weiteres Auseinanderleben der deutschen Nation verhindern, also versuchen, über ein geregeltes Nebeneinander zu einem Miteinander zu kommen.
Dies ist nicht nur ein deutsches Interesse, denn es hat seine Bedeutung auch für den Frieden in Europa und für das Ost-West-Verhältnis. ... Die Bundesregierung ... bietet dem Ministerrat der DDR erneut Verhandlungen beiderseits ohne Diskriminierung auf der Ebene der Regierungen an, die zu vertraglich vereinbarter Zusammenarbeit führen sollen. Eine völkerrechtliche Anerkennung der DDR durch die Bundesregierung kann nicht in Betracht kommen. Auch wenn zwei Staaten in Deutschland existieren, sind sie doch füreinander nicht Ausland; ihre Beziehungen zueinander können nur von besonderer Art sein.
Anknüpfend an die Politik ihrer Vorgängerin erklärt die Bundesregierung, daß die Bereitschaft zu verbindlichen Abkommen über den gegenseitigen Verzicht auf Anwendung oder Androhung von Gewalt auch gegenüber der DDR gilt ...

7 Beschreibt die politische Position, die Willy Brandt gegenüber der DDR bezieht (Q6).

8 Erkundigt euch bei euren Eltern oder Großeltern, welchen Eindruck die neue Politik bei den Menschen in beiden deutschen Staaten machte.

Im Verlauf der Jahre 1970–74 kam es nach langen Verhandlungen mit der Sowjetunion und der DDR und unter Beteiligung der Westmächte zu Verträgen, die die Grenzen für die Menschen der DDR und zur DDR durchlässiger machten und zu einem geregelten staatlichen Miteinander der beiden deutschen Staaten führten. Nach der friedlichen Revolution der DDR-Bürger im November 1989 war der Weg zur Wiedervereinigung beider deutscher Staaten frei.

Wirtschafts- und Sozialpolitik in der Bundesrepublik

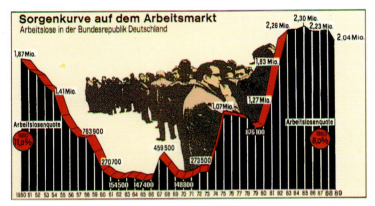

1 Die Entwicklung der Arbeitslosigkeit 1950–1990 in den alten Bundesländern.

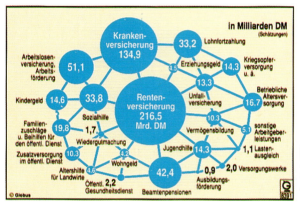

2 Bereiche der sozialen Absicherung 1990.

3 Wohnungsbau um 1955. Foto.

Das „Wirtschaftswunder"

Die Weichen in der Wirtschaftspolitik wurden im Westen bereits 1948 noch vor der Gründung der Bundesrepublik gestellt. CDU/CSU und FDP einigten sich auf das Programm der Sozialen Marktwirtschaft. In diesem System sollte der Wettbewerb und das Streben nach Gewinn und Privatbesitz die Wirtschaft anregen. In den Wahlen zum 1. Deutschen Bundestag 1949 errangen CDU/CSU und FDP nach heftigen Auseinandersetzungen um dieses Wirtschaftsprogramm eine knappe Mehrheit.
Sozial sollte die Marktwirtschaft sein, indem sie
– alle Bürger am wirtschaftlichen Wohlstand teilhaben ließ,
– allen Bürgern Eigentum ermöglichte und
– die soziale Absicherung im Alter, bei Krankheit oder Unfall und bei Arbeitslosigkeit gewährleistete.
Im Ausland bezeichnete man den schnell einsetzenden Wirtschaftsaufschwung als „Wirtschaftswunder". Dieses „Wunder" hatte ganz reale Ursachen:
– Der bereits begonnene Wirtschaftsaufbau wurde durch westliche Wirtschaftshilfe verstärkt.
– Neue Produktionsanlagen waren der Konkurrenz aus dem Ausland überlegen.
– Es gab ein großes Angebot leistungswilliger und gut ausgebildeter Arbeitskräfte.
– Die Qualität der Waren und der große Nachholbedarf nach dem Zweiten Weltkrieg und während des Koreakrieges* ließen den Export schnell ansteigen.
Der Wirtschaftsaufschwung wurde aber auch durch den starken Konsum der Bevölkerung mitgetragen: der „Freßwelle" in den fünfziger Jahren folgte in den sechziger Jahren die „Wohn- (vgl. Abb. 3), Möbel- und Automobilwelle". In Zeiten der Vollbeschäftigung konnten sich die meisten Bürgerinnen und Bürger der Bundesrepublik langgehegte Wünsche erfüllen.

1 *Untersucht die Grafik links oben (Abb. 1) und stellt fest, für welche Zeit der Begriff „Wirtschaftswunder" gelten könnte.*
2 *Beschreibt mit Hilfe der Grafik (Abb. 2) und der Übersicht auf Seite 69 den Ausbau des Sozialstaates.*

Wirtschafts- und Sozialpolitik in der Bundesrepublik

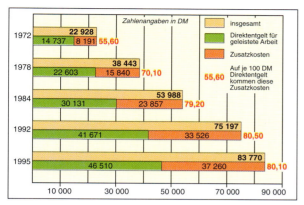

4 Personalkosten je Arbeitnehmer in der Industrie in den alten Bundesländern 1972–1992.

1946 Wiederzulassung von Betriebsräten durch die alliierten* Siegermächte.
1949 Tarifvertragsgesetz: Arbeitgeber und Gewerkschaften handeln miteinander Löhne und Arbeitszeit aus, Regeln für den Arbeitskampf werden vorgeschrieben.
1950 Bundesversorgungsgesetz: Versorgung der Kriegsbeschädigten und Hinterbliebenen.
1951 Montanmitbestimmungsgesetz: Im Bergbau und in der Stahlindustrie erhalten Arbeitnehmer und Arbeitgeber im Aufsichtsrat je die Hälfte der Sitze.
1952 Betriebsverfassungsgesetz: Die Rechte der Arbeitnehmervertretungen in den Betrieben werden geregelt; im Aufsichtsrat erhalten die Arbeitnehmervertreter ein Drittel der Sitze.
1957 Lohnfortzahlung im Krankheitsfall für Arbeiter.
1957 Reform der Rentenversicherung: Die Rente wird an die jeweilige Lohnentwicklung automatisch angepaßt.
1961 Vermögensbildungsgesetz: Staatliche Zulagen für Arbeitnehmer bei langfristigem Sparen.
1962 Sozialhilfegesetz: Sozialhilfe wird ein rechtlicher Anspruch.
1962 Mindesturlaub von 15 Arbeitstagen.
1967 40-Stunden-Woche.
1969 Lohnfortzahlungsgesetz: Arbeiter und Angestellte werden bei der Lohnfortzahlung im Krankheitsfall gleichgestellt.
1976 Mitbestimmungsgesetz: In Großbetrieben mit mehr als 2000 Beschäftigten wird der Aufsichtsrat je zur Hälfte aus Vertretern der Arbeitnehmer und der Arbeitgeber besetzt.
1979 Mutterschaftsurlaub: Verlängerung des Schwangerschaftsurlaubs ohne Bezüge, aber mit Sicherung des Arbeitsplatzes.
1981 Berufsbildungsförderungsgesetz: Finanzielle Förderung von Umschulung und Weiterbildung durch die Bundesanstalt für Arbeit.
1984 Vorruhestandsgesetz: Vorgezogene Rente bzw. Pension.
1985/86 Beschäftigungsförderungsgesetz.
1985/86 Erziehungsgeld.

Der Ausbau des Sozialstaates

Der wirtschaftliche Aufschwung wurde seit 1949 von einer großen Zahl sozialpolitischer Gesetze begleitet. Wichtige Anstöße zu diesen Gesetzen kamen immer wieder von den zahlreichen Verbänden und Interessengruppen, vor allem von den Arbeitgeberverbänden und den Gewerkschaften.
Rückblickend sah es der damalige Vorsitzende der Gewerkschaft IG Metall, Otto Brenner, 1969 so:

> **Q** ... Es kam nur zu stückchenweisen Verbesserungen, meist als „Wahlgeschenke" für die Arbeitnehmer, widerwillig und unter Druck der organisierten Arbeitnehmer.
> Im Bereich der Krankenversicherung führte der große Metallarbeiterstreik an der Jahreswende 1956/57 in Schleswig-Holstein zur Verabschiedung des ersten Lohnfortzahlungsgesetzes* für Arbeiter. ... Die endgültige Gleichstellung mit den Angestellten ist nach jahrelangem Drängen der Gewerkschaften und gegen den hinhaltenden Widerstand der Arbeitgeber nunmehr durch das Lohnfortzahlungsgesetz vom Juni 1969 erfolgt ...

3 *Zeigt auf, welche Mittel Otto Brenner für die Erreichung gewerkschaftlicher Ziele nennt.*

Wegen ihrer Bedeutung für die sozialpolitische Entwicklung wurden Arbeitgeberverbände und Gewerkschaften auch „Sozialpartner" genannt. Sie handeln untereinander Löhne und Gehälter für Arbeiter und Angestellte aus. Eine große Bedeutung hatte auch immer die Auseinandersetzung um die wöchentliche Arbeitszeit. In langen Auseinandersetzungen gelang es den Gewerkschaften zunächst die 40 Stundenwoche und dann im Metallbereich eine wöchentliche Arbeitszeit von 35 Stunden pro Woche durchzusetzen. Die soziale Absicherung der Bürgerinnen und Bürger wurde jeweils zur Hälfte durch die Arbeitgeber und die Arbeitnehmer finanziert, in vielen Bereichen kamen noch staatliche Zuschüsse hinzu.

4 *Untersucht mit Hilfe der Grafik (Abb. 4) die „Zusatzkosten" und überlegt, was diese Kosten für die Preise deutscher Waren bedeuten.*

5 *Ladet Vertreter der Tarifparteien ein und informiert euch über aktuelle Konflikte.*

Politische Entwicklung der Deutschen Demokratischen Republik

1 Werbung für den Volksentscheid über die Verstaatlichung der Industrie in Sachsen. Foto 1946.

Während in den westlichen Besatzungszonen das Wirtschaftssystem und die demokratische Ordnung, wie sie die Deutschen aus der Zeit der Weimarer Republik (1918–1933) kannten, weitergeführt wurden, kam es in der sowjetisch besetzten Ostzone zu großen Veränderungen. Ihr könnt sie erarbeiten und mit der Entwicklung in den Westzonen vergleichen.

Ostorientierung der Sowjetischen Besatzungszone (SBZ)

Bereits frühzeitig hatte die Sowjetunion in ihrer Besatzungszone Maßnahmen getroffen, die auf die Übernahme der sozialistischen Gesellschaftsordnung abzielten. Noch vor Kriegsende war eine Gruppe von deutschen Kommunisten unter der Leitung des früheren KPD-Reichstagsabgeordneten Walter Ulbricht in Moskau auf die Übernahme der Macht vorbereitet worden.

Der Verwaltungsaufbau und das Parteiensystem der SBZ wurden ab Mai 1945 nach sowjetischem Muster unter direkter Kontrolle der Sowjetunion umgestaltet. Die bestimmende Kraft wurde dabei die 1946 gegründete Sozialistische Einheitspartei (SED), ein erzwungener Zusammenschluß aus Sozialdemokraten und Kommunisten in der SBZ. Deren Politik wurde von Moskau aus kontrolliert und weitgehend bestimmt.

Bodenreform* in der SBZ

Auf wirtschaftlichem Gebiet drängten die Kommunisten schnell auf Änderungen der bisherigen Wirtschaftsordnung im Gegensatz zur Politik der Westmächte in deren Besatzungszonen.

Aus einer Verordnung der Provinz Sachsen vom 3. September 1945:

> **Q1** Folgender Grundbesitz wird ... unabhängig von der Größe der Wirtschaft enteignet:
> a) der Grundbesitz der Kriegsverbrecher und Kriegsschuldigen. ...
> b) der Grundbesitz ..., der den Naziführern ... sowie den führenden Personen des Hitlerstaates gehörte. ...
> ... Gleichfalls wird der gesamte ... Großgrundbesitz über 100 Hektar enteignet ...

Das enteignete Land wurde anschließend neu verteilt als privates, vererbbares Eigentum. An Ackerland erhielten 119 121 landlose Bauern und Landarbeiter im Durchschnitt 7,8 Hektar, 82 483 landarme Bauern 3,3 Hektar, 91 155 Umsiedler 8,4 Hektar. Auf einem Drittel des enteigneten Landes entstanden „volkseigene Güter" (VEG).

Industriereform

Im Oktober 1945 führte ein Befehl der Sowjetischen Militärregierung zur Beschlagnahmung allen Eigentums des deutschen Staates, der NSDAP und der Wehrmacht. Einen Teil der schwerindustriellen Betriebe nahm die Sowjetunion in Besitz, den übrigen Teil stellte die Militärregierung der deutschen Verwaltung zur Verfügung. Insgesamt wurden acht Prozent der Industriebetriebe enteignet. Diese lieferten aber fast die Hälfte der gesamten Industrieproduktion.

Im Sommer 1946 wurde in Sachsen auf Initiative der SED ein Volksentscheid über die „Überführung der Betriebe von Kriegs- und Naziverbrechern in das Eigentum des Volkes" durchgeführt. 77 Prozent stimmten mit Ja, 16 Prozent mit nein.

1 *Beschreibt mit Hilfe von Q1 und des Textes die politischen und wirtschaftlichen Maßnahmen der Sowjetunion in der SBZ.*

2 *Untersucht das Bild und versucht zu erklären, warum so viele Menschen dem Volksentscheid zustimmten.*

Politische Entwicklung der Deutschen Demokratischen Republik

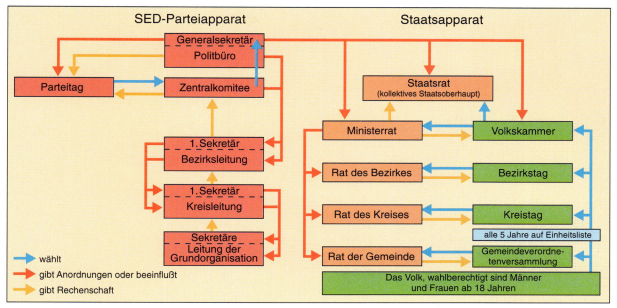

2 Staatsaufbau und Herrschaftsverhältnisse in der DDR bis Ende 1989.

Aufbau des Sozialismus

Aus der Erklärung von Ministerpräsident Otto Grotewohl (SED) am 12. Oktober 1949 vor der Provisorischen Volkskammer der DDR:

Q2 ... Die Regierung wird sich niemals damit abfinden, daß in den westlichen Besatzungszonen Deutschlands ein jeder Rechtsgrundlagen entbehrendes Besatzungsstatut* benutzt wird, um einen Teil unseres Vaterlandes in eine Kolonie zu verwandeln. Wir werden den Weg des deutschen Volkes zu einem einheitlichen, demokratischen und friedliebenden Deutschland zu finden wissen. ...

Wir wissen, daß wir in unserem Kampf um die Einheit Deutschlands, der ein Bestandteil des Kampfes um den Frieden ist, nicht allein stehen. Wir haben das Glück, uns in diesem Kampf auf das große Lager des Friedens in der Welt stützen zu können, dessen ständig zunehmende Stärke die imperialistischen* Kriegsinteressenten Schritt um Schritt zurückdrängt. Diese Kräfte des Friedens in der ganzen Welt werden geführt von der Sowjetunion, die eine andere Politik als die Politik des Friedens weder kennt noch kennen kann ...

3 *Untersucht in Q2, wie der Ministerpräsident der DDR die Situation in der Bundesrepublik im Vergleich zur DDR beurteilt.*

4 *Beschreibt die Beziehungen der DDR zur Sowjetunion nach den Worten von Grotewohl.*

Nach dem Vorbild der Sowjetunion errichtete die SED eine sozialistische Gesellschaftsordnung. Die wichtigen Entscheidungen in Staat und Wirtschaft und allen kulturellen Bereichen lagen in der Hand des Zentralkomitees* der SED, die beanspruchte, im Namen der Arbeiter- und Bauernklasse eine neue und gerechte Gesellschaftsordnung aufzubauen. Bewußt wollte man ein Gegenmodell zum Westen errichten. Zur Durchsetzung ihres Machtanspruchs setzte die SED die Androhung von Terror oder direkten Terror ein. Dabei stützte sie sich auf die sowjetische Truppen und einen eigenen Polizeiapparat. Wahlen wurden nur auf Einheitslisten durchgeführt, die wiederum die Mehrheit der SED garantierten. Ergebnisse von 98 Prozent für diese Einheitsliste galten bei Wahlen als normal.

5 *Untersucht die Grafik und erläutert die Einflußmöglichkeiten der SED auf politische Entscheidungen. Erläutert die Unterschiede zum parlamentarischen System der Bundesrepublik.*

Politische Entwicklung der Deutschen Demokratischen Republik

1 Aufmarsch der Massenorganisationen am 7. Oktober 1989, dem 40. Jahrestag der Gründung der DDR. Foto.

Die Massenorganisationen

Die SED als herrschende Partei hatte bis zu 2,2 Millionen Mitglieder. Eine wichtige Rolle in der Gesellschaft spielten auch die Massenorganisationen, die von der SED gelenkt wurden. Sie sollten die Partei beim Aufbau einer sozialistischen Gesellschaft unterstützen.
Dazu gehörten unter anderem:
– Der Freie Deutsche Gewerkschaftsbund (FDGB). In ihm waren 9 Millionen Arbeiter zwangsorganisiert. Der FDGB sorgte vor allem dafür, daß in den Betrieben die Planziele erreicht wurden. Er verwaltete die Sozialversicherung, organisierte die Freizeitgestaltung und vermittelte verbilligte Ferienreisen für die Werktätigen.
– Der Demokratische Frauenbund Deutschlands. Er organisierte die Frauen.
– Die Freie Deutsche Jugend (FDJ). Ihr gehörten etwa drei Viertel aller Jugendlichen zwischen 14 und 25 Jahren an.
1 *Beschreibt die Rolle der Massenorganisationen in der DDR und vergleicht sie mit den Gewerkschaften und Vereinen in der Bundesrepublik.*

Der 17. Juni 1953

1952 wurde beim Aufbau des Sozialismus die Schwerindustrie besonders stark gefördert. Dies ging zu Lasten der Konsumgüterindustrie und der Landwirtschaft. Im Frühjahr 1953 kam es zu Engpässen bei der Versorgung der Bevölkerung mit Lebensmitteln. Im Mai erhöhte die SED die Arbeitsnormen* in den volkseigenen Betrieben bei gleichbleibendem Lohn. Das bedeutete für die Arbeiter praktisch erhebliche Lohnkürzungen.
Am 16. Juni 1953 formierten sich 3000 Bauarbeiter auf der Stalinallee in Berlin zu einem Demonstrationszug. Bald war der Zug auf 10 000 Menschen angewachsen. Am Haus der Ministerien forderte die Menge zunächst das Erscheinen des 1. Sekretärs des Zentralkomitees der SED, Walter Ulbricht, und des Ministerpräsidenten, Otto Grotewohl, am Ende aber den Rücktritt der Regierung und freie und geheime Wahlen.
Für den 17. Juni wurde der Generalstreik ausgerufen. In ca. 250 Orten der DDR wurde gestreikt und demonstriert. Parteibüros der SED gingen in Flammen auf, die Regierung verkündete den Ausnahmezustand. Die Volkspolizei war nicht mehr Herr der Lage. Da griff die Sowjetarmee ein. Mit Panzern warf sie die Unruhen nieder. In der Folge ging die SED-Führung mit aller Härte gegen „Schuldige" vor, es gab sogar Todesurteile. Die Normenerhöhungen wurden aber zurückgenommen, die Preise gesenkt und die Renten erhöht.
Die politischen Forderungen der Arbeiterschaft wurden von der SED als Ergebnis der Propaganda westlicher Radiosender, besonders des RIAS*, gewertet. Sie waren aber spontan entstanden und Ausdruck der Unzufriedenheit der Arbeiter mit den politischen und wirtschaftlichen Verhältnissen in der DDR. Die harte Reaktion der Sowjetarmee und der SED auf den Aufstand löste eine große Fluchtwelle von DDR-Bürgern in den Westen aus.
2 *Untersucht mit Hilfe des Textes, was die Ereignisse am 17. Juni 1953 über den Charakter der SED-Herrschaft deutlich machen.*

Der Stasi*-Staat

Um ihre Macht zu erhalten, schuf die SED das Ministerium für Staatssicherheit (MfS). Zuständiger Minister war seit 1957 Erich Mielke. Unter seiner Führung wurde das Bespitzelungssystem in der gesamten DDR immer weiter ausgebaut. Zuletzt arbeiteten 80 000 festangestellte und weit über 100 000 inoffizielle, getarnte Mitarbeiter für die Staatssicherheit. In der Zentralen Personen-Datenbank wurden Angaben über 6 Millionen DDR-Bürger gespeichert.

Politische Entwicklung der Deutschen Demokratischen Republik

Die Spitzel des MfS unterwanderten Kirchen und Sportvereine und waren in Jugendverbänden, Krankenhäusern, Schulen und Betrieben tätig.
Bedeutsam konnte jede Beobachtung werden. Aufstieg im Beruf, die Zulassung zum Universitätsstudium oder die Ausstellung eines Gewerbescheins war in der Regel nur mit Zustimmung des MfS möglich.

3 *Folgert, welche Folgen das Spitzelsystem für das Verhalten der Bürgerinnen und Bürger haben mußte.*

Der Bau der Mauer am 13.8.1961

Flüchtlinge aus der DDR 1948/49–13.8.1961:	
Jahr	Personen
1948/49	732 100
1949	129 245
1950	197 788
1951	165 648
1952	182 393
1953	331 390
1954	184 198
1955	252 870
1956	279 189
1957	261 622
1958	204 092
1959	143 917
1960	199 188
bis 13.8.1961	155 402

4 *Addiert die Zahl der Flüchtlinge von 1949–1961 und setzt sie in Beziehung zur Zahl der Einwohner der DDR (17 Millionen).*

Um die ständige Flucht, besonders auch zahlreicher junger Menschen, aus der DDR zu unterbinden, errichtete die DDR am 13. August 1961 mit Billigung der Sowjetunion eine Mauer entlang der Grenze des

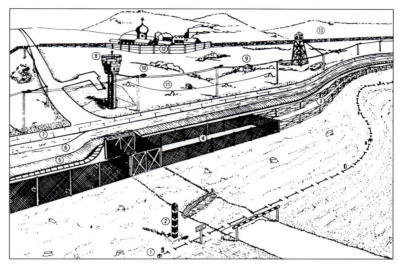

2 Die innderdeutsche Grenze. ① Eigentlicher Grenzverlauf; ② DDR-Markierungssäule; ③ Stacheldraht, zweireihig; ④ Metallgitterzaun (mit Selbstschußanlage bis 1984); ⑤ Spuren-Sicherungsstreifen 6 m; ⑥ Kolonnenweg; ⑦ Kfz-Sperrgraben; ⑧ betonierter Beobachtungsturm; ⑨ Beton-Beobachtungsbunker; ⑩ Lautsprecher und Lichtanlagen; ⑪ Hundelaufanlage; ⑫ Betonsperrmauer/Sichtblende; ⑬ Sperrgebiet (15 km tief).

Ostsektors von Berlin und später entlang ihrer Grenze zum Westen. Sie unterbrach damit alle Verbindungen und Kontakte zwischen den beiden Teilen der Stadt.
Joachim Gauk, bis 1989 Pfarrer in Rostock und Mitglied der Bürgerrechtsbewegung* der DDR, schrieb 1991:

> **Q** … Mit dem Bau der Mauer wurde gleichsam die Leibeigenschaft zur Staatsdoktrin erhoben, denn von da an konnte nur derjenige diesem System noch entgehen, der bereit war, sein eigenes Leben aufs Spiel zu setzen. … Die Vorstellung der SED, im Besitz der absoluten Wahrheit zu sein, ihr Anspruch auf die absolute Macht bestimmten von nun an das Leben der DDR-Bürger buchstäblich von der Wiege bis zur Bahre. … In dieser Situation wirkte die Angst gleichsam als ein Signalsystem, das ein unauffälliges Alltagsleben durch Anpassung gewährleistete. Sie wurde für mehrere Generationen zum ständigen Ratgeber, ja geradezu zum Motor, der vieles in Gang setzte: Angst bewirkte Anpassung oder sogar Überanpassung. … Sehr selten bewirkte die Angst auch Protest …

5 *Beschreibt die Folgen des Mauerbaus für die Bürgerinnen und Bürger der DDR.*

Der Bau der Mauer löste bei den Menschen in Ost und West einen Schock aus. Insbesondere das Verhalten der DDR-Grenzsoldaten, die mit Waffengewalt alle Fluchtversuche unterbanden und Flüchtlinge an der Mauer verbluten ließen, erregte die Menschen. Erst nach 1970 gelang es im Zuge der neuen Ostpolitik, die Grenze durchlässiger und weniger gefährlich zu machen (vgl. S. 67).

Die Wirtschaft der DDR

1 Werbung für den Trabant 1965.

	1955	1966	1970	1978	
PKW	0,2 %	9 %	15 %	34 %	(62 %)
Fernseher	1,0 %	54 %	69 %	87 %	(94 %)
Waschmaschine	0,5 %	32 %	53 %	79 %	(82 %)
Kühlschrank	0,4 %	31 %	56 %	99 %	(98 %)

(In Klammern die Zahlen für die Bundesrepublik Deutschland 1978)

2 Verteilung wichtiger Konsumgüter auf die Haushalte der DDR.

Von je 100 DDR-Mark Kosten wurden durch staatliche Zuschüsse gedeckt:	
bei Nahrungsmitteln	46 Mark
Verkehrsleistungen	65 Mark
Wohnungsmieten	70 Mark
Verschuldung der DDR gegenüber dem Ausland in DM:	
1976	5 Milliarden
1980	30 Milliarden
1989	49 Milliarden

Sozialistische Planwirtschaft

Die Startbedingungen für die Wirtschaftsentwicklung in der DDR waren besonders schlecht: Die DDR mußte etwa dreimal so viel Kriegsentschädigung an die Sowjetunion zahlen wie die Bundesrepublik Deutschland an die westlichen Siegermächte.

Schon in der sowjetisch besetzten Zone waren die Weichen für eine sozialistische Planwirtschaft nach sowjetischem Vorbild gestellt worden (vgl. S. 70). An die Stelle des privaten Eigentums der Unternehmer trat im Laufe der Jahre das „gesellschaftliche Eigentum" der Genossenschaften und des Staates. Jedem Betrieb wurde von zentralen staatlichen Planungsbehörden genau vorgeschrieben, was er zu produzieren hatte. Dadurch reagierten Betriebe nur sehr schwerfällig auf veränderte wirtschaftliche Erfordernisse.

Im Wettbewerb mit den anderen sozialistischen Staaten im Rahmen des Rates für gegenseitige Wirtschaftshilfe* (COMECON), dem die DDR 1950 beigetreten war, fiel dieser Nachteil zunächst nicht ins Gewicht. Im Gegenteil war es der DDR bis 1966 gelungen, zum zweitgrößten Industriestaat der Staaten des Ostblocks aufzusteigen, im Lebensstandard stand sie in sogar an der Spitze. Die Bürger der DDR verglichen ihren Lebensstandard aber mit dem der Bundesrepublik. Dagegen fiel die DDR immer weiter zurück.

1 *Betrachtet das Werbeplakat der DDR und vergleicht es mit Autowerbung, die ihr kennt.*

2 *Beschreibt mit Hilfe der Übersichten und des Textes Grundprobleme der Wirtschaft der DDR.*

Probleme der Planwirtschaft

Wirtschaftliche Entscheidungen wurden nicht in erster Linie nach wirtschaftlichen Gesichtspunkten (Kosten-Nutzen, Angebot-Nachfrage) gefällt. Bestimmend war die politische Entscheidung der SED. Ein Überblick über die wahren Kosten war durch die Planwirtschaft und besonders durch die staatlichen Zuschüsse bei den Preisen verlorengegangen. In Unkenntnis ihrer Kosten mußten die Betriebe zwangsläufig unwirtschaftlich produzieren. Deutlich wurden die Probleme nur im Vergleich zum Westen. Um im Export eine West-Mark einzuhandeln, mußte die DDR 1980 etwa 2,50 Ost-Mark aufwenden, Anfang 1990 aber 4,40 Ost-Mark.

Auch die Preise wurden vom Staat festgesetzt. Sie richteten sich oft nicht nach den tatsächlichen Kosten. So waren die Preise z. B. für Wohnungs-

Die Wirtschaft der DDR

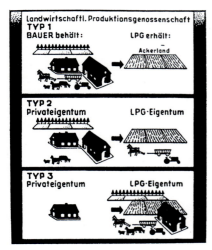

3 Etappen der Umwandlung von Bauernhöfen in LPG's.

4 Neubausiedlung in Berlin-Marzahn. Foto 1993.

mieten, Brot, Strom oder Fahrtkosten der öffentlichen Transportmittel deutlich niedriger als die Kosten und konnten nur mit erheblichen Zuschüssen des Staates aufrechterhalten werden.
Nach 1970 wurde der große Wohnungsmangel durch riesige Wohnsiedlungen aus Fertigteilen auf der grünen Wiese (vgl. Abb. 4) weitgehend beseitigt. Die Altbauten in den Städten verfielen aber weiterhin.
Da die DDR-Wirtschaft im Vergleich mit der Weltwirtschaft immer stärker zurückblieb, fehlten ihr auch Mittel zur Erneuerung der Betriebe und Geld für Investitionen* in den Umweltschutz. So produzierten viele DDR-Betriebe unter übergroßem Energieaufwand mit zerstörerischen Folgen für die Umwelt (vgl. S. 82).
Mitte der 80er Jahre verschlechterte sich die wirtschaftliche Situation auch für die Bevölkerung spürbar und trug zur wachsenden Unzufriedenheit bei.

3 *Beschreibt die Methoden und die Folgen der sozialistischen Planwirtschaft.*

Zwangskollektivierung*

Zusammen mit dem Aufbau des Sozialismus beschloß die SED 1952 die Bildung Landwirtschaftlicher Produktionsgenossenschaften (LPG). Dabei wurde versichert, daß die Bauern nicht zum Eintritt gezwungen werden sollten. Allerdings genossen LPG-Bauern deutliche Vorteile. Sie erhielten Kredite und Steuerermäßigungen. Trotzdem vollzog sich die Kollektivierung* nur zögernd, nach dem 17. Juni 1953 ließ der Druck auf die selbständigen Bauern vorübergehend sogar nach. Ende 1959 entschloß sich die SED aber, die Kollektivierung vollständig durchzuführen (vgl. Abb. 3).
Ein Bauer berichtete 1960:

> **Q1** ... Täglich kamen 6–8 Mann und verlangten ... den Eintritt in die LPG. Oft kamen sie täglich zwei- bis dreimal oder blieben bis nachts zwei Uhr. Unter den Werbern befanden sich Polizei, SED-Funktionäre. ... Mein Sohn studierte an der Technischen Hochschule (TH) in Dresden, und sie äußerten sich dahingehend, daß mein Sohn im Falle einer Weigerung von der TH entlassen würde ...

Die Volkskammer erklärte im April 1960:

> **Q2** ... Mit dem Zusammenschluß der Bauern werden alle Schranken der einzelbäuerlichen Wirtschaft überwunden, die Ausbeutung der Menschen durch den Menschen auf dem Lande ein für allemal beseitigt. ... Damit sind auch die Voraussetzungen geschaffen, daß die Bäuerinnen und Bauern ihre Fähigkeiten ... frei entfalten ...

4 *Erklärt, worin die Volkskammer die Vorteile der Kollektivierung sah und wie die Bauern reagierten.*

Viele Bauern flüchteten vor der Kollektivierung in den Westen. Mitte April 1960 gab es in der DDR keine selbständigen Bauern mehr.

Frauen in beiden deutschen Staaten

1 Familie in den 50er Jahren. Foto.

	1950	1960	1970	1980	1989
Hauptschüler	49,3	49,3	49,0	47,7	45,3
Realschüler	54,1	61,9	52,9	53,6	52,4
Gymnasiasten	40,5	44,2	43,9	50,0	51,0
Abiturienten	32,4	35,9	40,3	45,0	49,8
Studienanfänger	18,0	27,4	40,6	40,1	40,3
Staats-/ Diplomprüfung	15,8	20,5	30,5	40,1	41,4*
Doktoranden	16,8	15,9	16,5	18,5	26,3*

* Zahlen für 1988

2 Mädchen- bzw. Frauenanteil in der Bundesrepublik nach Schulformen und Bildungsabschlüssen 1950–1989 (in %).

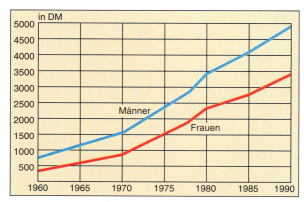

3 Durchschnittliche Bruttomonatsverdienste der Angestellten in Industrie und Handel in den alten Bundesländern.

Auf den folgenden Seiten ist es euch möglich, die Entwicklung der Lebensverhältnisse für Frauen und Jugendliche beispielhaft in beiden Staaten zu untersuchen. Ihr könnt die Lebensverhältnisse von damals mit den heutigen vergleichen und die Unterschiede dokumentieren.

Frauen in der Bundesrepublik Deutschland

Die Herausgeberin einer Frauenzeitschrift, Alice Schwarzer, gab 1977 folgende Empfehlungen:

> **Q1** ... Auch Frauen, die noch ans Haus gebunden sind, weil sie kleine Kinder haben, sollten langfristig ihre Rückkehr in den Beruf vorbereiten. Zur Beratung und Unterstützung gibt es verschiedene Institutionen und Initiativen. Das geht von Arbeitsämtern über Familienberatung bis zu den unabhängigen Frauenzentren. ... Denn nur die Berufstätigkeit gewährt der Frau eine gewisse Unabhängigkeit vom eigenen Mann; nur die Berufsarbeit lindert die soziale Isolation und hebt das Selbstwertgefühl von Frauen; nur die Berufsarbeit bricht zumindest partiell die traditionelle Frauenrolle auf.
> Vollhausfrauen sollten auf jeden Fall auch das Gespräch mit anderen Frauen in ihrer Situation suchen und Aufgaben wie Kinderbeaufsichtigung oder Einkauf zunehmend gemeinsam lösen ...

In ihrem Bericht „Frauen in der Bundesrepublik Deutschland" erklärte die Bundesregierung 1984:

> **Q2** ... Frauen müssen an der Gestaltung des politischen, wirtschaftlichen und gesellschaftlichen Lebens vollen Anteil haben. Frauen müssen gleichen Lohn für gleiche Arbeit erhalten und die gleichen Aufstiegschancen haben wie die Männer. Frauen müssen frei entscheiden können, ob sie ihre Aufgabe in der Familie oder im Beruf oder in der Verbindung von beidem sehen wollen.
> Die Gleichberechtigung der Frau im Arbeitsleben ist in der Bundesrepublik zwar rechtlich verwirklicht, sie muß aber in der Praxis des Arbeitslebens in vielen Fällen noch durchgesetzt werden ...

1 *Betrachtet die Abbildung. Welche Rollen sind den einzelnen Familienmitgliedern zugewiesen?*
2 *Bewertet die Empfehlungen von Q1.*
3 *Untersucht die Tabelle und Grafik. Versucht Ursachen für die unterschiedlichen Werte zu benennen.*
4 *Vergleicht die Aussagen der Tabelle und Grafik mit Q2.*

Frauen in beiden deutschen Staaten

Frauen in der DDR

Das Buch „Die Frau in der DDR" beschrieb 1979, wie die neue gesellschaftliche Rolle der Frau in den Schulbüchern der DDR berücksichtigt wurde:

> **Q3** … Hier wird von der Fibel an in den Texten und Bildern sehr eindeutig die gesellschaftliche Stellung der Frau sowie die neuen Beziehungen von Mann und Frau in der Familie einschließlich der Arbeitsteilung bei der Lösung der familiären Aufgaben widergespiegelt. Der Prototyp* der Frau in den Lesebüchern unserer Schulen ist die berufstätige Frau. … Ebenso wird in den neuen Lesestücken auch die neue Stellung des Mannes in der Familie deutlich. Er nimmt gemeinsam mit der Frau die Pflichten wahr, die sich aus dem Zusammenleben in Ehe und Familie, bei der Haushaltsführung und Kindererziehung ergeben …

1979 ergab in der DDR eine Befragung von verheirateten Frauen und Männern im Alter von 18 bis 28 Jahren:

> **Q4** … Die Hauptlast der Hausarbeit wird auch in den meisten jungen Ehen von der Frau, die überwiegend voll berufstätig ist, bewältigt. Nur etwa 1/3 der jungen Frauen bestätigte z. B. die regelmäßige Hilfe des Ehemanns im Haushalt. … Weiterhin qualifizierten sich nach der Eheschließung weniger Frauen als Männer und bekunden auch in geringerem Maße die Absicht, sich zu qualifizieren …

5 *Vergleicht die Aussagen von Q3 und Q4.*
6 *Untersucht die Grafik (Abb. 4). Was bedeutet sie für die Berufstätigkeit von Frauen?*

Zum System der Kinderbetreuung in der DDR nahm 1990 die Ost-Berliner Frauenvertreterin Ina Merkel Stellung:

> **Q5** … Wir haben damit bei den Eltern eine Art „Abgabementalität" erzeugt, die Generationen einander entfremdet. … Die Mütter oder Väter stehen morgens zwischen fünf und sechs auf, bringen ihre Kinder weg und holen sie nach acht bis zehn Stunden wieder ab. Dann bleiben nur noch wenige Stunden, die gemeinsam verbracht werden. … Ich denke, alle sollten weniger arbeiten. Die tägliche Arbeitszeit müßte systematisch verkürzt und der Urlaub verlängert werden.

7 *Nehmt Stellung zu dem in Q5 angesprochenen Problemen.*

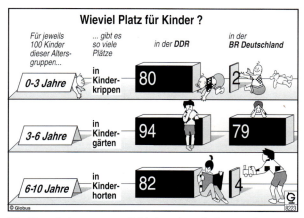

4 Unterbringungsmöglichkeiten für Kinder. Stand 1988.

Quotenregelung

Für beide deutsche Staaten galt, daß Frauen in den Führungspositionen in Wirtschaft und Politik selten vertreten waren. In den späten 80er Jahren versuchten Frauen in der Bundesrepublik, über eine „Quotenregelung*" in Verbänden und Parteien bei der Vergabe von Führungspositionen in gleichem Maße wie Männer bedacht zu werden. Die CDU empfahl 1988, Frauen entsprechend ihrem Prozentsatz bei den Mitgliedern für Ämter und Mandate aufzustellen. Die SPD beschloß 1988, daß bei den Parteiämtern und Mandaten Frauen mindestens zu 40 Prozent vertreten sein sollen. Die FDP lehnte eine Quotierung ab und versuchte eine Gleichstellung der Frauen durch freiwillige Verpflichtung zu erreichen. Die GRÜNEN haben in ihrer Parteisatzung festgeschrieben, daß in den Gremien und Organen der Partei Frauen zu 50 Prozent vertreten sein müssen.

8 *Beurteilt aus eurer Sicht die verschiedenen Regelungen der Parteien zur Förderung der Frauen.*
9 *Tragt Beobachtungen darüber zusammen, wie Frauen in der Politik und in euch bekannten Institutionen und Verbänden (auch in der Schule) an Führungspositionen beteiligt sind.*
10 *Äußert Vorstellungen, wie Frauen weiter für Gleichberechtigung kämpfen können.*

Jugend in beiden deutschen Staaten

1 FDJ-Kundgebung. Foto 1985.

Jugend in der DDR
1 *Beschreibt die Abbildung. Welche Empfindungen habt ihr bei der Betrachtung?*

Die einzige in der DDR zugelassene Jugendorganisation war die FDJ, die Freie Deutsche Jugend.

Aus offiziellen FDJ-Berichten:
> **Q1** … Unsere FDJ-Mitglieder mit den besten Leistungen in einzelnen Unterrichtsfächern … übernehmen … Patenschaften über Freunde mit unzureichenden Lernergebnissen. Sie berichten in der Mitgliederversammlung darüber, wie sie mit den Freunden arbeiten, welche Probleme auftreten, wo Fortschritte erkennbar sind. … In den Lernzirkeln arbeiten 5 bis 6 Freunde, gute Schüler und Freunde mit weniger guten Leistungen …
>
> **Q2** … In allen Kollektiven begann die ideologische Auseinandersetzung über die Machenschaften des Imperialismus [gemeint sind die kapitalistischen Länder], um die Pioniere und FDJ-Mitglieder zu Überzeugungen und einer klassenmäßigen Haltung, zur antiimperialistischen Solidarität zu führen. … Die FDJ-Leitung und der Freundschaftsrat [Leitung aller Pioniergruppen] hatten alle Fäden in der Hand. Ständige Kontrollen der einzelnen Arbeitsgruppen und Kollektive halfen, mögliche Pannen und Unklarheiten zu vermeiden …

Ein Schüler berichtete 1980 über seine Erfahrungen:
> **Q3** … Im Alter von vierzehn Jahren, im Januar 1971, mußte ich in die Freie Deutsche Jugend, in die FDJ, eintreten. Als die Versetzung in die 8. Klasse feststand, betrat mein damaliger Klassenlehrer eines Morgens die Klasse mit einem ganzen Stapel von Aufnahmeanträgen. Er legte jedem meiner Mitschüler und mir einen davon auf die Bank und ging dann nach vorn zum Pult und erklärte: „Wie Ihr wißt, werdet Ihr jetzt bald in die FDJ, in unsere sozialistische Jugendorganisation aufgenommen. Ich habe Euch heute die Antragsformulare für die Aufnahme mitgebracht und wir wollen sie nun gemeinsam ausfüllen." … Am Ende der Stunde sammelte er sie wieder ein. Aus unserer Klasse weigerten sich damals von 25 Schülern drei, in die FDJ einzutreten. Von diesen drei trat einer Monate später doch noch in die FDJ ein. Er hatte dem Druck der Lehrer nicht standhalten können …

Die FDJ begleitete Kinder und Jugendliche während ihrer Schulzeit und Lehre. Zugleich verstand sie sich als Nachwuchsorganisation für die SED. Bereits im Kindergarten wurden die Mädchen und Jungen auf diese Organisation vorbereitet. Vom 1. bis 4. Schuljahr waren sie Mitglied der Jungen Pioniere, der Kinderorganisation der FDJ, anschließend vom 4. bis 7. Schuljahr bei den Thälmannpionieren. Jugendliche zwischen 14 und 25 Jahren kamen dann in die eigentliche FDJ. 1979 waren 88 Prozent der Schüler Mitglied bei den Pionierorganisationen, 70 Prozent der älteren Jugendlichen bei der FDJ.

Die FDJ organisierte u.a. die Freizeit (Spiel, Sport, musischer Bereich) der Jugendlichen und Möglichkeiten zur Feriengestaltung und das kulturelle Leben. Großen Einfluß hatte sie im politischen Bereich und die Mitgliedschaft war wichtig für die Berufswahlmöglichkeiten der Jugendlichen.

2 *Stellt anhand von Q1–Q3 und des Textes zusammen, welche Aufgaben die FDJ-Organisationen übernahmen.*

3 *Bewertet, welche Vor- und Nachteile dieses System für die Jugendlichen in der DDR hatte.*

Jugend in beiden deutschen Staaten

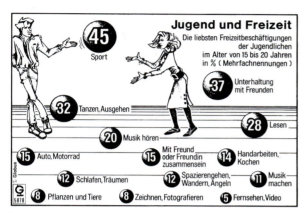

2 Freizeitaktivitäten Jugendlicher. Stand 1989.

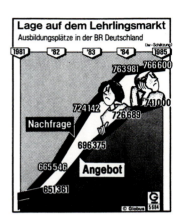

3 Lehrstellenmarkt in der Bundesrepublik in den achtziger Jahren.

Jugend in der BRD

Das Nachrichtenmagazin „Der Spiegel" berichtete 1990 über die Freizeit von Jugendlichen:

Q4 … Acht- bis Zwölfjährige … gaben zu Protokoll, daß sie sich „selten" oder „fast nie" auf der Straße oder dem Spielplatz in der Nachbarschaft treffen – gespielt wird zu Hause oder im Jugendzentrum, im Verein. … Der 14jährigen Julia … bliebe neben allerlei Kursen durchaus noch Zeit für Freizeit im Grünen. Aber die Freundin aus der Nachbarschaft hat dazu keine Lust. … Selbst wenn es dem Aktiv-Teenager gelingen würde, die träge Altersgenossin in die freie Natur zu locken, scheitern würde das Projekt ohnehin: Der Terminkalender der beiden läßt sich im seltensten Fall vereinbaren. … Freundschaft nach Plan: Für das Unerwartete, Unvorhergesehene bleibt kein Raum. Treffs müssen arrangiert werden, unangemeldet steht kein Spielkamerad vor der Tür. … Für fast zwei Drittel der Kinder … ist „Langeweile" das größte Problem …

4 *Untersucht die Grafik und Q4 und überlegt, ob die Darstellung auch auf euch zutrifft.*

5 *Vergleicht eure Situation mit der der Jugendlichen in der ehemaligen DDR.*

Berufswahl

Aus dem Grundgesetz der Bundesrepublik:

Q5 … Artikel 12 (1) Alle Deutschen haben das Recht, Beruf, Arbeitsplatz und Ausbildungsstätte frei zu wählen. …
(2) Niemand darf zu einer bestimmten Arbeit gezwungen werden …

Aus der Verfassung der DDR von 1974:

Q6 … Artikel 24 (1) Jeder Bürger der Deutschen Demokratischen Republik hat das Recht auf Arbeit. Er hat das Recht auf einen Arbeitsplatz und dessen freie Wahl entsprechend den gesellschaftlichen Erfordernissen und der persönlichen Qualifikation. …
Artikel 25 (4) Alle Jugendlichen haben das Recht und die Pflicht, einen Beruf zu erlernen …

Eine Schulabgängerin aus der DDR berichtete 1983:

Q7 … Vorige Woche habe ich endlich meinen Beruf gekriegt. Ich wollte später mal was machen, wo man mit Menschen zusammenkommt und wo ich auch merke, daß ich gebraucht werde, geachtet bin und Ratschläge geben kann. Krankenschwester zum Beispiel. Aber nun bin ich Fachverkäufer für Möbel und Polsterwaren geworden. Ich hoffe, in diesem Beruf einen Teil meiner Erfüllungen vom Leben zu finden. Ich verspreche mir in jedem Falle sehr viel davon. Ist zwar nichts besonderes, macht aber wenigstens Spaß, zumal ich in eine schöne moderne Möbelhalle nach Rostock komme.

6 *Vergleicht die gesetzlichen Bestimmungen in beiden deutschen Staaten für die berufliche Zukunft von Jugendlichen.*

7 *Nehmt dazu Stellung, wie die Schulabgängerin reagiert hat (Q 7).*

8 *Untersucht die Grafik über das Lehrstellenangebot. Informiert euch beim Arbeitsamt über die aktuelle Lage auf dem Lehrstellenmarkt.*

STRUKTURWANDEL IN OST UND WEST

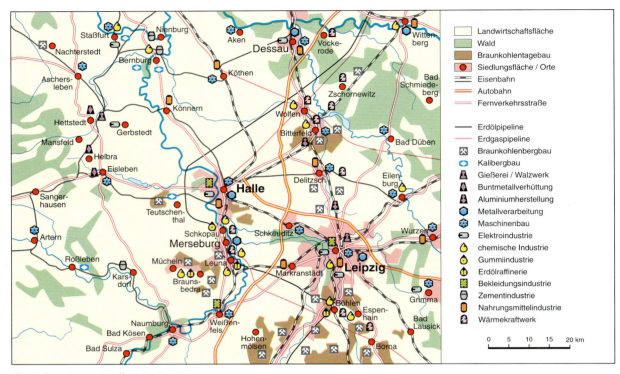

1 Industrieraum Halle Leipzig 1990.

Auf den folgenden Seiten könnt ihr, am besten aufgeteilt in Gruppen, die Auswirkungen des Strukturwandels in zwei Regionen Deutschlands untersuchen. Erarbeitet am Beispiel des Großraums Halle und des Ruhrgebiets, welche Ursachen der Wandel hatte und was ihn auslöste. Weiter könnt ihr untersuchen, wie die Menschen mit der Natur und der Landschaft umgingen und welche Folgen der Strukturwandel für die Menschen selbst hatte. Schließlich könnt ihr beschreiben, welche politische Maßnahmen den Strukturwandel in beiden Räumen begleiteten. Wenn ihr diese Fragen an die Materialien stellt, seid ihr am Ende eurer Arbeit in der Lage, den Strukturwandel in Ost und West zu vergleichen.

Wandel im Rekordtempo

1 *Beschreibt anhand der Karte die Industriestruktur im Großraum Halle-Leipzig 1990.*

Die Vereinigung der DDR mit der Bundesrepublik Deutschland im Oktober 1990 löste eine tiefgreifende Veränderung der bisherigen Industriestruktur im Großraum Halle aus.

Das Nachrichtenmagazin „Der Spiegel" schrieb im September 1995:

> **M** ... Spätestens im Jahr 2002 soll die Grube von Mücheln, derzeit das größte Sanierungsprojekt in Ostdeutschland, in den Fluten versinken. Wo Bergmänner seit fast 300 Jahren Kohle aus der Erde kratzten, wo bis zur Wende* Baggerketten kreischten, täglich Hunderte von Güterzügen entlangrumpelten und Brikettfabriken ihren braunen Qualm in den Himmel bliesen, soll in 25 Jahren das zwölftgrößte Gewässer Deutschlands plätschern: der Geiseltal See, Sachsen-Anhalts schönstes Bade- und Segelrevier, wie die Sanierer versprechen. ... Noch nie ist in Deutschland eine Region derart radikal umgebaut worden wie der Landstrich zwischen Harz und Elbe.
> Was die Kumpel im Ruhrgebiet in Jahrzehnten nicht geschafft haben, sollen ihre ostdeutschen Kollegen nun im Rekordtempo erledigen: Geht es nach dem Willen der Politiker, wird Ostdeutschlands größtes und am schlimmsten belastetes

Beispiel: Großraum Halle

Industrierevier ein Öko-Modell für ganz Europa. In den Industriewüsten um Bitterfeld, Merseburg und Mansfeld sind Tausende von Arbeitern damit beschäftigt, ganze Fabrikstädte einzuebnen. Allein in den einstigen Großkombinaten* Buna und Leuna rissen die Sanierer bis heute über 500 Gebäude ab. Und noch immer winden sich rostige Rohre über die Gelände, ragen Backsteinruinen und stillgelegte Schornsteine in den Himmel ...

Anfänge der Industrie

Seit langem verwendeten Bauern die Braunkohle in der Umgebung von Bitterfeld zum Heizen. Nachdem Bitterfeld 1815 an Preußen gekommen war, erhielt die Stadt durch den Bau der Chaussee von Berlin nach Halle und Kassel bzw. Leipzig erheblich verbesserte Transportmöglichkeiten. So erschlossen bis 1890 ansässige Grundbesitzer 18 kleine Gruben. Wirtschaftliche Bedeutung bekam die Braunkohle durch den Eisenbahnbau und die Erfindung des Briketts. Sie konnte nun kostengünstig transportiert werden. Bald verwendeten die Tuchfabriken in Luckenwalde, Gewerbe und Haushalte in Berlin, Halle, Dessau, Köthen und Leipzig, Kohle für die Heizung und zum Befeuern der Dampfmaschinen.
Bereits gegen Ende des Jahrhunderts wurde mit der Mechanisierung der Tagebaue die Förderung der Kohle derart gesteigert, daß sich energieintensive Betriebe der chemischen Industrie ansiedeln konnten.

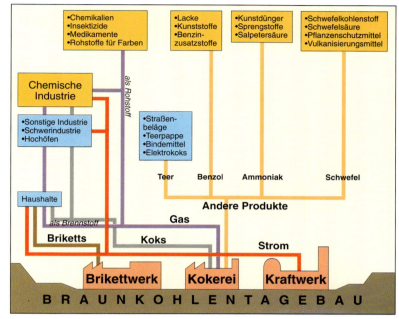

2 Verwendung der Braunkohle im Gebiet Bitterfeld.

High-tech-Standort Bitterfeld

1904: Der Bau von Luftschiffen wird nach Bitterfeld verlegt, da hier der notwendige Wasserstoff in der Elektrolyse anfällt.
1909: Die erste Magnesiumlegierung „Elektron" kommt auf den Markt. Weltbekannt werden die Legierungen „Elektron" und „Hydronalium".
1915: Erste Versuche zur Herstellung von Polyvinylchlorid (PVC).
1936: In der Filmfabrik Agfa beginnt die Produktion des ersten Farbfilms der Welt unter dem Namen „Agfacolor".
1937/38: Errichtung einer Großanlage in Wolfen zur Herstellung von Schwefelsäure aus Gips.
1938: Errichtung einer großtechnischen Anlage zur Erzeugung von PVC. Ein neuer Produktionszweig, die Herstellung von Kunststoffen, nimmt in Bitterfeld seinen Anfang.
1938: Die Farbenfabrik Wolfen bringt unter dem Namen „Wolfatit" die ersten Kunststoffionenaustauscher auf den Markt.

---

2 Beschreibt mit Hilfe der Informationen der Doppelseite die Entwicklung der Industrieregion Halle-Bitterfeld bis in die 1930er Jahre.
3 Listet auf, welche Produkte aus dem Rohstoff Braunkohle hergestellt wurden.
4 Informiert euch im Chemieunterricht oder in einem Lexikon über einige der „High-tech-Produkte" aus Bitterfeld.

Beispiel: Großraum Halle

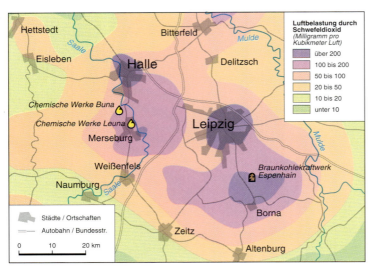

1 Luftbelastung im mitteldeutschen Revier. Stand 1989.

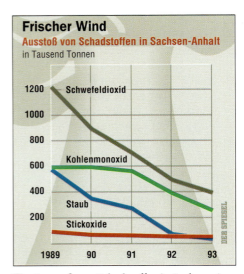

2 Ausstoß von Schadstoffen in Sachsen-Anhalt 1989–1993.

Das Erbe

1 *Fragt im Umweltamt eurer Gemeinde/Stadt nach den Werten für die Luftbelastung durch Schwefeldioxid. Vergleicht mit den Werten in Abb. 1.*

„Der Spiegel" schrieb im September 1995:

> **M1** ... Schlacken, Staub und Gifte sind das traurige Erbe von zwei Jahrhunderten Industriegeschichte in einem der wichtigsten Reviere Deutschlands. ... Den Aufschwung in den zwanziger und dreißiger Jahren dieses Jahrhunderts verdankt die Gegend vor allem den Kriegsstrategen*. Die Nazis wollten Deutschland autark* machen, koste es, was es wolle. Chemiker sollten die Materialien entwickeln, die das Reich unbesiegbar machen würden. Salpeter aus den Leuna-Werken steckte in deutschen Granaten, die Braunkohleschwelereien versorgten Panzer mit Öl und Treibstoff ...
> Später übernahm die DDR die „Kinder des Krieges". ... „Chemie gibt Brot, Wohlstand und Schönheit" lautete die Losung der Propaganda-Poeten* der SED*. ... Bis 1989 köchelten Bitterfelder Chemiker in hoffnungslos zerschlissenen Chlorbaracken, als hantierten sie in einem Heimlabor. Einige Hallen etwa die Aluminiumschmelze, waren nur unter Lebensgefahr zu betreten – und dennoch ließen die Sozialisten* in Berlin die Giftküchen weiter betreiben. „Annähernd die Hälfte der im Kombinat beschäftigten Werktätigen ist gesundheitlichen Schädigungen ausgesetzt", berichtete die Stasi* 1987 in einem erst kürzlich entdeckten Geheimpapier an das Politbüro. 4000 Arbeiter würden unter „gesundheitsgefährdenden Bedingungen" an Maschinen eingesetzt, „die bereits im gesetzlosen Zustand weiterbetrieben werden" ...

Umweltbelastungen

Die Braunkohleförderung im Tagebaubetrieb führte zu erheblichen Landschaftszerstörungen. Maßnahmen zur Rekultivierung wurden während der Zeit der DDR kaum ausgeführt.
Eine der Hauptquellen der Luftverunreinigung war die Verbrennung der Braunkohle zur Stromerzeugung. Die Kraftwerke waren unzureichend mit Entstaubungsanlagen ausgerüstet, Entschwefelungsanlagen fehlten. So kam es in den Wäldern großflächig zu Rauchschäden.
Die Menschen in Bitterfeld und Umgebung mußten die giftige Flugasche ertragen. Obendrein ergaben sich aus der Chemieproduktion besonders zur DDR-Zeit im Raum Bitterfeld zunehmend Verunreinigungen von Luft, Wasser und Boden.

2 *Beurteilt die Entwicklung (M1) aus der Sicht der Menschen, die in der genannten Zeit im Großraum Halle lebten.*

Beispiel: Großraum Halle

Schwierige Umgestaltung

Über den Umgestaltungsprozeß des Großraumes Halle schrieb der Ministerpräsident des Landes Sachsen-Anhalt, Reinhard Höppner, am 12. Dezember 1995 in einer Zeitung:

M2 ... An der im südlichen Sachsen-Anhalt gelegenen Region Halle–Merseburg–Bitterfeld lassen sich die Hoffnungen und Chancen, aber auch die schmerzhaften Umbrüche, die mit dem Wandel von der Planwirtschaft zur sozialen Marktwirtschaft einhergegangen sind, besonders gut ablesen. ... Die früheren Chemiegiganten schrumpfen auf Kerngeschäfte. Veraltete Anlagen wurden stillgelegt, neue und ausgegründete Firmen, besonders aus dem mittelständischen Sektor, angesiedelt. Meilenstein ist dabei der mehr als vier Milliarden DM teure Neubau der Mitteldeutschen Erdölraffinerie „Leuna 2000". Die größte Einzelinvestition in den neuen Bundesländern ist zugleich ein Beispiel für das Zusammenwachsen Europas. Das deutsch-französische Konsortium mit russischer Beteiligung unter Führung der Elf Aquitaine soll ab 1997 jährlich bis zu neun Millionen Tonnen Rohöl zu Kraftstoffen, Heizöl und Rohstoffen für die chemische Industrie verarbeiten. Der Bau der Raffinerie ist deshalb unter industriepolitischen Gesichtspunkten das Schlüsselprojekt für die Zukunftsperspektiven der Region und eine wesentliche Voraussetzung für ihre gesunde wirtschaftliche Weiterentwicklung. Aber auch in ökologischer Hinsicht wird die neue Raffinerie Maßstäbe setzen, werden hier doch moderne, umweltschonende Produktionsverfahren angewandt. ...

Aber der Umbauprozeß hatte auch seinen Preis. Der schmerzlichste war der drastische Arbeitsplatzabbau. Von 100 000 Arbeitnehmerinnen und Arbeitnehmern in der Chemie Sachsen-Anhalts blieben nur 19 000 übrig ...

Die größte Entlastung für die Umwelt ergab sich bisher durch die Stillegung von Produktionsanlagen. Im Raum Bitterfeld waren von 160 Anlagen aus dem Jahre 1990 Anfang 1995 nur noch 40 in Betrieb. Stillgelegt wurden z.B. die Salpetersäureproduktion und zahlreiche veraltete Kraftwerke, so das zweitälteste deutsche Braunkohlekraftwerk, das seit 1894 in Betrieb war. Insgesamt konnten die Schadstoffbelastungen bis 1995 um 90 Prozent gesenkt werden.

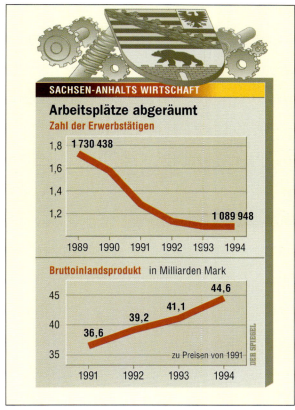

3 Veränderung der Wirtschaft in Sachsen-Anhalt.

Ein neues Gemeinschaftsklärwerk löste die Abwasserprobleme. Schwierigkeiten bereiten noch die verseuchten Böden.

3 *Erläutert den in M2 genannten Umwandlungsprozeß des Raumes Halle.*

4 *Schreibt aus M2 heraus, was nach der Meinung von Ministerpräsident Höppner die Zukunft der Region ausmachen wird.*

5 *Beschreibt mit Hilfe der Abbildung 2 die Entwicklung des Schadstoffausstoßes seit 1989.*

6 *Verdeutlicht den Umwandlungsprozeß der Industrieregion Halle anhand der Abbildung 3.*

7 *Fertigt eine Wandzeitung mit der Überschrift: „Strukturwandel im Raum Halle" an und listet Stichworte zu Ursachen und Folgen dieser Veränderung auf.*

Beispiel: Ruhrgebiet

1 Landschaft im Ruhrgebiet. Foto 1992.

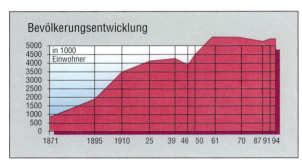

2 – 4 Das Ruhrgebiet in Zahlen.

Veränderungen im Ruhrgebiet
1 Beschreibt Abbildung 1.
2 Untersucht die Grafiken links. Faßt eure Ergebnisse über die Veränderungen im Ruhrgebiet zusammen.

Vor rund 150 Jahren war das Gebiet zwischen Ruhr und Lippe ein dünn besiedelter und landwirtschaftlich genutzter Raum. Nur am Hellweg, einer alten Handelsstraße von Duisburg über Dortmund nach Paderborn, gab es einige kleine Städte.
Schon im Mittelalter hatte man im Ruhrtal in offenen Gruben und später in Stollen Steinkohle abgebaut und diese zum Schmieden verwendet. Doch zum Verhütten von Erzen war diese Kohle ungeeignet. Die dazu erforderliche Fettkohle lag weiter im Norden unter einer mächtigen Deckschicht. 1839 gelang es in Essen, eine Zeche bis unter diese Deckschicht abzuteufen* und das Grundwasser mit Dampfmaschinen abzupumpen. 1849 wurde in Mülheim der erste Kokshochofen in Betrieb genommen. Das war der Anstoß für die Entwicklung der Eisen- und Stahlindustrie in der Hellwegzone. Man brauchte damals zur Verhüttung wesentlich mehr Kokskohle als Erz: Noch 1870 war das Verhältnis 3:1 (heute 1:2). Deshalb „wanderte" das Erz, z. B. aus Lothringen oder aus dem Siegerland, zur Kohle an die Ruhr.
In der zweiten Hälfte des 19. Jahrhunderts wuchs die Nachfrage nach Eisen und Stahl sprunghaft. Im Eisenbahnbau und in der neuen Dampfschiffahrt wurden große Mengen Stahl gebraucht. Die Militärmächte Europas bestellten Kanonen an der Ruhr. Unternehmer, die über eigene Bergwerke und Hüt-

Beispiel: Ruhrgebiet

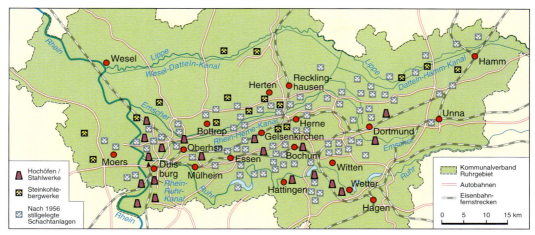

5 Steinkohlebergwerke und Stahlindustrie 1956 und 1995.

ten verfügten und Eisen und Stahl in eigenen Fabriken zu Fertigprodukten weiterverarbeiten konnten, machten große Gewinne. So entwickelten sich Familienunternehmen wie Krupp, Hoesch oder Thyssen zu Konzernen der Montanindustrie (Kohle und Stahl). Gegen Ende des 19. Jahrhunderts breiteten sich der Bergbau und die Eisen- und Stahlindustrie bis in die Emscherzone aus. Das Ruhrgebiet wurde zum größten industriellen Ballungsraum in Europa.

Arbeit für Millionen Menschen

Der „Kohlenpott" lockte mit Arbeit. Für Hunderttausende, die in ländlichen Gegenden als Tagelöhner oder Knechte ein ärmliches Leben führten, war das Ruhrgebiet wie ein Magnet. Zuerst kamen die Zuwanderer aus der Nähe, dann aus Hessen, Sachsen und Thüringen, schließlich aus Oberschlesien und aus Polen. 1912 zählte man rund 450 000 Menschen polnischer Abstammung im Ruhrgebiet. Sie hatten ihre eigenen Vereine und Gottesdienste, sogar eine Tageszeitung und eine eigene Bank. Das Ruhrgebiet wurde zum „Schmelztiegel" von Millionen Menschen verschiedener Herkunft (vgl. auch Kap. 1.1).

Monostruktur

Nach dem Ersten Weltkrieg entstanden in der Lippezone neue Schachtanlagen. In diesen Großzechen konnte Kohle maschinell abgebaut werden. Die Eisen- und Stahlindustrie aber blieb an ihren alten Standorten, so daß die Siedlungen zwischen Emscher und Lippe nicht zu großen Städten heranwuchsen. Durch die einseitige Ausrichtung auf die Montanindustrie entstand im Ruhrgebiet eine Monostruktur*.

Die Krise

Da nach 1960 preiswertere Energieträger (Erdöl, Erdgas, Importkohle) mehr und mehr die einheimische Steinkohle ersetzten, geriet der Steinkohlenbergbau in eine Absatzkrise. Die Förderung von Steinkohle ging stark zurück, Zechen mußten schließen, viele Menschen wurden arbeitslos.
Aber auch die Stahlindustrie hatte ab 1970 mit Absatzproblemen zu kämpfen. Überkapazitäten auf dem Weltmarkt und Subventionen einiger Länder für ihre Stahlindustrie ließen den Weltmarktpreis für Roheisen und Stahl sinken, so daß eine Produktion in Deutschland zu teuer wurde. Die Folge war, daß viele Stahlbetriebe schließen mußten. Da das Ruhrgebiet aber einseitig auf Kohle und Stahl ausgerichtet war, ergaben sich aus dieser Bergbau- und Stahlkrise für das Ruhrgebiet große Probleme: Die Arbeitslosigkeit veranlaßte viele Menschen, das Ruhrgebiet zu verlassen. Auch stellten die nicht genutzten Industrieflächen, die Industriebrachen, ein Umweltproblem dar. Viele Produktionsmittel in den noch tätigen Betrieben waren überaltert, man konnte mit ihnen nicht mehr kostengünstig produzieren, und sie belasteten als Altlasten die Umwelt.

3 *Nennt mit Hilfe der Texte die Ursachen für den Aufstieg des Ruhrgebietes.*
4 *Erläutert an Hand der Karte (Abb. 5) und der Texte Gründe für die Krise des Ruhrgebietes ab 1960.*
5 *Führt aus, warum aus einer Strukturkrise der Montanindustrie eine Regionalkrise des Ruhrgebietes wurde.*

Beispiel: Ruhrgebiet

1 Moderne Industrieansiedlung im Ruhrgebiet. Foto 1995.

Maßnahmen gegen die Krise im Ruhrgebiet
1 *Nennt vermutliche Produkte der in der Abb. 1 genannten Firmen.*

Ein Geograph berichtete 1996:

> **M1** IBA Emscher Park
> Die Emscherzone galt lange als „Hinterhof" des Ruhrgebiets. Anlagen der Montan- und Chemieindustrie, Kraftwerke und Zechenhalden formten die Landschaft. Viele Altlasten auf den Geländen stillgelegter Werke, mangelnder Wohn- und Freizeitwert kennzeichnen noch heute die Städte dieser Zone. 1988 beschloß die Landesregierung, diesen Zustand durchgreifend zu ändern. In Zusammenarbeit mit den Städten und Kreisen, der Emschergenossenschaft und dem Kommunalverband Ruhr (KVR) wurde die Internationale Bauausstellung Emscher Park (IBA) ins Leben gerufen. In den nächsten 20 bis 30 Jahren soll die Landschaft völlig umgestaltet und das Ruhrgebiet zur grünsten Industrieregion der Welt gemacht werden. Damit will man folgende Ziele verwirklichen:
> – Errichtung eines parallel zur Emscher verlaufenden Landschaftsparks von 320 km² Fläche mit Biotopen, Rad- und Wanderwegen und ökologischer Landwirtschaft,
> – Wiederherstellung eines naturnahen Emscher- Flußbettes,
> – Erschließung der Kanäle für Sport und Freizeit, Umwandlung der Häfen für Wassersport,
> – Erhaltung von Industriedenkmälern,
> – Gewinnung neuer Arbeitsplätze in Gewerbe- und Technologieparks, die auf Industriebrachen entstehen sollen,
> – Neubau und Modernisierung von Wohnungen unter Beachtung sozialer und ökologischer Belange, Wohnumfeldverbesserung,
> – Förderung sozialer und kultureller Aktivitäten …

Die Zeitschrift „Thema Wirtschaft" meldete im August 1994:

> **M2** … Die Inbetriebnahme des Technologiezentrums Eurotec in Moers hat einen erfreulich positiven Verlauf genommen: Auch der zuletzt fertiggestellte zweite Bauabschnitt ist weitgehend vermietet. Bisher haben elf technologieorientierte Unternehmen ihren Geschäftsbetrieb dort aufgenommen …

2 *Erläutert die Ziele der in M1 und M2 dargestellten Projekte.*

Der Wandel eines Industrielreviers

Bodenschätze, Verkehrslage und eine unerschöpfliche Anzahl von Arbeitskräften waren die wichtigsten Standortfaktoren, die das Ruhrgebiet einst groß gemacht haben. Sie haben inzwischen viel von ihrer Bedeutung verloren. Wer heute ein Unternehmen gründet oder seinen Betrieb verlagert, fragt nach der Nähe zu Forschungseinrichtungen, nach dem Ausbildungsstand der Arbeitnehmer, sucht günstige Umweltbedingungen und ein gutes Kultur- und Freizeitangebot.

In diesen Bereichen ist seit den Krisen der Montanindustrie im Ruhrgebiet viel geschehen. Bis 1962 gab es im größten Verdichtungsraum Deutschlands keine einzige Universität und nur wenige wissenschaftliche Einrichtungen. Seit dieser Zeit wurden die Ruhr-Universität in Bochum und weitere

Beispiel: Ruhrgebiet

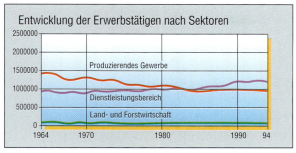

2 Entwicklung der Zahl der Erwerbstätigen nach Wirtschaftssektoren im Ruhrgebiet 1964–1994.

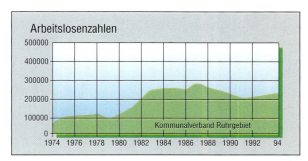

3 Entwicklung der Arbeitslosenzahlen im Ruhrgebiet 1974–1994.

Hochschulen in Essen, Duisburg, Dortmund, Hagen und Witten gegründet. Heute gibt es weltweit keinen vergleichbar großen Raum mit so vielen Universitäten, Fachhochschulen und Forschungsinstituten. Allein in Bochum studieren 30 000 Studentinnen und Studenten. Die Forschungsergebnisse werden in den benachbarten Technologiezentren und -parks genutzt, und umgekehrt führen Fragen aus der Wirtschaft zu neuen Forschungsaufträgen. An kulturellen Angeboten herrscht längst kein Mangel mehr, denn mit 12 Theatern und zahlreichen Museen gehört das Ruhrgebiet zu den bedeutendsten Kulturzentren Europas.

Ein unveränderter Vorteil des Ruhrgebiets ist seine Marktnähe. 5,4 Mio Einwohner, die jährlich über 115 Mrd. DM Einkommen verfügen, bilden einen riesigen Absatzmarkt, und in einem Umkreis von 250 km wohnen 60 Mio Menschen, ein Fünftel der Einwohner der Europäischen Union.

Neue Firmen kommen in die Region

Die Änderung der Wirtschaftsstruktur im Ruhrgebiet begann mit der Ansiedlung von Werken, die nicht mehr zur Montanindustrie zählen. Schon 1960 konnten mit dem Bau eines Opel-Werkes auf einem ehemaligen Zechengelände in Bochum 17000 neue Arbeitsplätze geschaffen werden. Heute ist das Revier Standort für zahlreiche Chemiebetriebe, bedeutende Werke der Glasindustrie sowie der Nahrungsmittel- und Getränkeerzeugung.

Der eigentliche Strukturwandel vollzog sich mit der ständigen Verstärkung des Dienstleistungsbereiches. Selbst die ehemals reinen Montankonzerne* wie Thyssen und Krupp-Hoesch haben ihre Monostruktur* aufgegeben und machen ihren Hauptumsatz im Handels- und Dienstleistungsbereich. Inzwischen verdient mehr als die Hälfte aller Beschäftigten im Ruhrgebiet ihr Geld mit Dienstleistungen, in Essen sind es bereits 72 %. In dieser „Ruhrmetropole" haben auch große Unternehmen wie RWE, Ruhrgas und Ruhrkohle ihre Hauptverwaltungen.

Staatliche Maßnahmen

Zahlreiche Programme des Landes Nordrhein-Westfalen, des Bundes und der Europäischen Union unterstützen den Strukturwandel des Ruhrgebietes von der Montanindustrie hin zu Dienstleistungsbetrieben. So werden z.B. die Errichtung von Gewerbe- und Industrieparks und der Aufbau von Technologiezentren (vgl. M2) gefördert.

3 *Diskutiert Vor- und Nachteile, die sich einem Betrieb bei der Ansiedlung im Ruhrgebiet bieten.*

4 *Berichtet mit Hilfe der Abbildung 2 und der Texte über den Strukturwandel im Ruhrgebiet seit 1960.*

5 *Beschreibt die Entwicklung der Arbeitslosenzahlen im Ruhrgebiet an Hand der Grafik (Abb. 3).*

6 *Bewertet vor dem Hintergrund der Grafik (Abb. 3) die bisherigen Maßnahmen zur Unterstützung des Strukturwandels im Ruhrgebiet (vgl. dazu M1, M2)*

7 *Tragt Stichworte für eine Wandzeitung „Strukturwandel im Ruhrgebiet" aus dieser und der vorherigen Doppelseite zusammen.*

Werkstatt: Plakate des Kalten Krieges

1 Plakat der SED 1952.

2 Westliches Plakat um 1952.

Plakate im Kalten Krieg

Das Leben eurer Großeltern und Eltern ist über vier Jahrzehnte durch den Kalten Krieg geprägt worden. Alle Bereiche der Politik, des gesellschaftlichen Lebens und der Kultur waren von ihm geprägt. Nur Minderheiten konnten sich auf beiden Seiten des „Eisernen Vorhangs" von den Denkschablonen des Kalten Krieges freihalten.

1 *Untersucht die Plakate aus der Zeit des Kalten Krieges:*
– *Stellt fest, welche künstlerischen Mittel im Westen und Osten eingesetzt wurden,*
– *welches der Plakate euch eher anspricht, welches lehnt ihr eher ab.*
– *Gibt es Gemeinsamkeiten und Unterschiede bei den Plakaten?*
2 *Beschreibt in Stichworten die Mittel des Kalten Krieges, um Meinungen zu beeinflussen.*
3 *Befragt Großeltern und Eltern, ob sie sich noch an bestimmte Aktionen oder Plakate erinnern. Sammelt ihre Berichte für eine Dokumentation. Oft findet ihr auch ähnliche Plakate in Heimatmuseen oder in alten Zeitungen.*

Zusammenfassung

Menschen in Deutschland. Fotos 1990–1996.

Menschen wirken an politischen Entscheidungen mit

2.2 EUROPA – WIRTSCHAFTSRIESE OHNE DEMOKRATIE?

Eine Meinung: „Ich meine, es gibt kein vereintes Europa. Ich will überhaupt gar kein vereintes Europa." – Was wollt ihr? Versucht, euch zunächst einmal klarzumachen, was für euch Europa ist: Ein geographischer Begriff – ein Reiseland – ein Kulturraum – eine Wirtschaftsmacht – ein Staat der Zukunft? Vergegenwärtigt euch in Gruppenarbeit und Referaten die Vielfalt Europas einerseits, das Entstehen und Wachsen der europäischen Einigung andererseits. Indem ihr schließlich die Probleme der europäischen Einigung untersucht könnt ihr nicht zuletzt eure eigene Einstellung überprüfen und euch klar werden, wie ihr an dieser politischen Aufgabe mitgestalten wollt.

VIELFÄLTIGES EUROPA

1 Schüleraustausch der Georg-Christoph-Lichtenberg Gesamtschule, Göttingen, mit anderen Schulen in Europa 1996.

Auf den folgenden Seiten könnt ihr die vielfältigen Beziehungen, die zwischen den Menschen und Staaten in Europa bestehen, erarbeiten. Besonders könnt ihr untersuchen, welche Gemeinsamkeiten es gibt, welche Unterschiede bestehen und worauf diese zurückzuführen sind.

1 Tragt in eine Faustskizze von Europa die Beziehungen eurer Schule zu anderen Schulen in Europa ein.

2 Tragt mit einer anderen Farbe eure Ferienreisen der letzten drei Jahre in die Faustskizze ein.

3 Skizziert mit Pfeilen, welche Länder ihr kennenlernen wollt, wenn ihr genügend Zeit und Geld für Reisen in Europa hättet.

4 Erkundigt euch nach den europäischen Partnerstädten eurer Stadt oder Gemeinde. Tragt zusammen, was ihr über diese Städte erfahren könnt.

Meinungen zu Europa

2 Jugendliche demonstrieren für Europa. Foto 1950.

3 Deutsche und französische Jugendliche pflegen einen Soldatenfriedhof. Foto 1983.

„Europabilder" von Jugendlichen

Aus Umfragen unter deutschen Jugendlichen zum Thema „Europa" (um 1990):

M1 … Wir haben einen Schüleraustausch mit Holland gemacht. Da wurde mir – im Vergleich – so richtig bewußt, wer ich – als Deutscher meine ich jetzt – eigentlich bin. Ich habe ständig Vergleiche gezogen, zur Lebensart, zur Kleidung, zum Baustil, beim Wohnen …

M2 … Ich glaube, man orientiert sich immer dahin, was einem am nächsten liegt. Wenn ich einen Europäer und einen von irgendeinem anderen Erdteil habe und ich soll mich irgendwie mit dem auseinandersetzen, reden, Kontakte schließen, dann glaube ich, ist der Europäer, egal aus welcher Nation in Europa, immer näherliegender als irgendeiner aus einem anderen Erdteil. Der Mensch orientiert sich immer daran, was für ihn am naheliegendsten ist. Am günstigsten für den Menschen ist es im engsten Kreis, da wo er groß geworden ist, z. B. im Ruhrgebiet. Dann kann er sich – wenn die Sache größer wird – als Deutscher identifizieren, das nächstgrößere wäre dann schon Europa …

M3 … Wir hatten Projektwoche, eine Fotoexpedition, und dann denkt man nicht an Politik. Aber in Straßburg war dann erst mal der Empfang beim Bürgermeister. … Und dann waren wir im Europäischen Parlament in Straßburg und haben uns das angeguckt. Wir haben eine Führung mitgemacht, und dann wurde erstmal das Interesse ein bißchen geweckt. Da waren auch so ein paar junge Leute, die haben die Referenten völlig ausgequetscht, und die haben dann in unserem Stil geantwortet, daß man es auch versteht und nicht mit so riesigen Worten, wo man sowieso nicht weiß, was das ist. Und das war halt interessant …

M4 … Ich meine, es gibt kein vereintes Europa. Ich will überhaupt gar kein vereintes Europa. Die sozialen Unterschiede zwischen den einzelnen Ländern sind viel zu groß. Es gäbe wieder Reibereien …

5 *Nehmt zu den Meinungen von Jugendlichen über Europa Stellung (M1–M4).*

6 *Bereitet eine eigene Umfrage unter Jugendlichen und älteren Menschen zum Thema „Europa" vor. Fragt dabei auch, welche Länder nach Meinung der Befragten zu Europa gehören. Zeichnet die Interviews auf Toncassette oder Video auf und wertet sie aus.*

7 *Diskutiert an Hand der Abbildungen, M1 und M2 über die dargestellten Aktivitäten für den Europa-Gedanken.*

Unterschiede in Europa

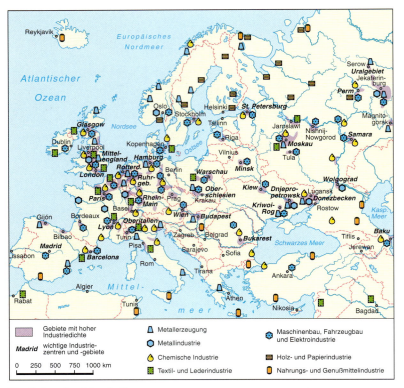

1 Industriegebiete in Europa.

Bruttosozialprodukt* (BSP) pro Einwohner in US $ 1993:					
Europäische Union (EU)					
Belgien	21650	Griechenland	7390	Niederlande	20950
Dänemark	26730	Großbritannien	18060	Österreich	23510
Deutschland	23560	Irland	13000	Portugal	9130
Finnland	19300	Italien	19840	Schweden	24740
Frankreich	22490	Luxemburg	37320	Spanien	13590
Weitere europäische Staaten					
Albanien	340	Lettland	2010	Rußland	2340
Bosnien-Herzegowina	ca. 500	Liechtenstein (1991)	30270	Schweiz	35760
Bulgarien	1140	Litauen	1320	Slowakei	1950
Estland	3080	Moldawien	1060	Slowenien	6490
Island	24950	Norwegen	25970	Tschechien	2710
Jugoslawien	500	Polen	2260	Ukraine	2210
Kroatien	1900	Rumänien	1140	Ungarn	3350
				Weißrußland	2870

Bearbeitet die folgenden Aufgaben in Gruppen oder allein. Teilt sie unter euch auf und berichtet dann in der Klasse über eure Arbeitsergebnisse.

Reichtum und Armut

1 *Beschreibt die Lage der großen Industriegebiete in Europa an Hand der Karte (Abb. 1).*
– Markiert in einer Faustskizze von Europa Länder oder Regionen, in denen sich Industriestandorte häufen.

2 *Erarbeitet mit Hilfe der Karte rechts (Abb. 2) die Lage der überwiegend landwirtschaftlich genutzten Gebiete Europas.*
– Markiert in eurer Faustskizze Länder oder Regionen, in denen es besonders große landwirtschaftlich genutzte Gebiete gibt.

3 *Erstellt mit Hilfe der Übersicht über das Bruttosozialprodukt (BSP) pro Einwohner eine Rangfolge der reichsten Staaten der Europäischen Union (EU) und eine Rangliste der reichsten Staaten, die nicht zur EU gehören.*

4 *Ordnet alle europäischen Staaten folgenden Gruppen zu: sehr reich (über 18 000 US $ pro Einwohner), reich (über 10 000 US $ pro Einwohner), arm (über 2000– 10 000 US $ pro Einwohner), sehr arm (unter 2000 US $ pro Einwohner). Setzt eure Ergebnisse mit dem BSP pro Einwohner der „Entwicklungsländer" (200–600 US $ pro Einwohner) in Beziehung und formuliert Aussagen zur Verteilung von Reichtum und Armut in der Welt.*

5 *Untersucht die Höhe der Arbeitslosigkeit in den Ländern Europas (Übersicht) und erstellt eine Rangfolge der EU-Länder mit hoher Arbeitslosigkeit.*

Unterschiede in Europa

Auf der Suche nach Arbeit

Seit 1993 können Bürgerinnen und Bürger der EU-Länder in jedem Land der EU ohne besondere Genehmigung arbeiten. Die Bürger der anderen Staaten benötigen für die Arbeitsaufnahme in den EU-Ländern eine besondere Genehmigung, die nicht einfach zu erhalten ist.

Ein portugiesischer Gastarbeiter berichtete 1995, warum er in Deutschland arbeitet:

M ... Mein Name ist Jose Olivera. Ich komme aus einem kleinen Dorf in der Nähe von Porto in Portugal. Meine Eltern haben dort eine kleine Landwirtschaft und betreiben Obstbau. Da ich in der Landwirtschaft für mich keine Zukunft sah, bin ich, wie viele meiner etwa gleichaltrigen Freunde von zu Hause weg, um im Ausland zu arbeiten. Lieber wäre ich in meiner Heimat geblieben, um dort zu arbeiten. Einige meiner Bekannten meinten, daß ich doch in der Hafenstadt Porto, also in Portugal, Arbeit finden könnte. Aber in einem riesigen Elendsviertel in der Nähe der Kathedrale von Porto leben sehr viele Menschen, die ebenfalls Brot und Arbeit wollen. Meine Freunde haben zumeist in Frankreich Arbeit gefunden. Mich hat es nach Baden-Württemberg, also noch weiter nach Norden, zu einem bekannten Automobilkonzern verschlagen. An dem Schlagwort vom „reichen Norden und dem armen Süden" ist schon etwas dran ...

6 *Befragt ausländische Arbeiterinnen und Arbeiter, warum sie in Deutschland und nicht in ihrer Heimat arbeiten (vgl. Kap. 1.1).*

2 Landwirtschaft in Europa.

Arbeitslosenquote in Prozent der Erwerbstätigen 1993:

Europäische Union (EU)

Belgien	10,3	Griechenland	9,7	Niederlande	6,7
Dänemark	10,7	Großbritannien	10,2	Österreich	4,2
Deutschland	8,8	Irland	15,7	Portugal	5,5
Finnland	17,7	Italien	10,8	Schweden	8,2
Frankreich	11,6	Luxemburg	1,2	Spanien	22,4

Weitere europäische Staaten

Albanien	19,5	Lettland	6,5	Schweiz	4,7
Bosnien-Herzegowina (1989)	19,8	Liechtenstein	1,0	Slowakei	14,8
		Litauen	3,7	Slowenien	14,2
Bulgarien	20,0	Moldawien	15,0	Tschechien	3,2
Estland	1,4	Norwegen	5,4	Ukraine	25,0
Island	4,7	Polen	16,0	Ungarn	10,9
Jugoslawien	24,6	Rumänien	10,9	Weißrußland	8,0
Kroatien	18,3	Rußland	13,5		

Werkstatt

Ein europäisches Land erkunden
Europa besteht aus zahlreichen Ländern, die überaus unterschiedlich sind. Da selbst die wichtigsten europäischen Länder nicht gemeinsam im Unterricht behandelt werden können, ist es sinnvoll, einzelne Länder in Gruppen zu untersuchen, um sie dann der Klasse in der Form eines Referates, eines Vortrages oder in einer Dokumentation vorzustellen.

Bei der Erkundung eines europäischen Landes könnt ihr folgende Fragen stellen:

1. Wahl des Landes
Zunächst sollte sich eure Arbeitsgruppe auf ein Land einigen, etwa ein Land, das ihr aus dem Urlaub kennt, ein Land mit dem eure Heimatgemeinde eine Städtepartnerschaft pflegt, oder ein Land, von dem ihr schon viel gehört habt, aber doch nichts Genaues wißt.

2. Wahl der Themenbereiche
Wichtig ist, daß eure Arbeitsgruppe Themenbereiche bestimmt, die sie genauer bearbeiten will. Dabei solltet ihr die Themen entsprechend der Zeit, die ihr für diese Arbeit habt, einschränken. Mögliche Themen sind:
- Geographische Grundorientierung: Suchen einer Karte im Atlas, Anlegen einer Karte mit wichtigen Daten: Flüsse, Gebirge, Verkehrswege, Wirtschaftszentren, Nutzungsformen.
- Politik und Gesellschaft: Regierungssystem, Ergebnis der letzten Wahlen, Einfluß des Landes in der internationalen Politik, Beziehungen zu Deutschland und zur Europäischen Union (EU), Zusammensetzung der Bevölkerung, Einkommensverhältnisse, Hauptzweige der Wirtschaft.
- Geschichte des Landes: Geschichte der letzten 50 Jahre, Beziehungen zu Deutschland, wichtige Stationen seiner gesamten Geschichte.
- Reisen und Urlaubsmöglichkeiten im Land, landestypische Gerichte, Zentren des Tourismus.
- Sport: Beliebte Sportarten, berühmte Sportlerinnen und Sportler.
- Kulturelle Leistungen des Landes: Kunst und Musik, berühmte Museen, Baudenkmäler.

3. Informationen sammeln und auswerten
- Allgemeine Lexika, Länderlexika, Atlanten, Reiseführer, länderkundliche Bücher, Zeitschriften (z. B. „Geo" und „Merian") nach Berichten zum Land oder Themenheften in einer Bibliothek sichten, aktuelle Sendungen und Berichte in den Medien mitschneiden oder ausschneiden.

4. Vortrag vorbereiten
- Informationen gliedern und zusammenschreiben, Sprechzettel für Referat oder Vortrag anlegen, Bilder aufkleben, Plakat gestalten.

Beispiel: Polen
Am Beispiel Polen geben wir euch Hinweise, wie ihr das Land vor der Klasse vorstellen könnt:

zu 2:
Mit Hilfe der Karte auf Seite 97 könnt ihr euch über die Lage Polens und seine wichtigsten Nachbarn informieren. Die Analyse der Karte ergibt weitere wichtige Grundinformationen: Industriezentren, Bodenschatzvorkommen, landwirtschaftliche Anbaugebiete.

zu 3:
Knappe Informationen zu Polen enthält z. B.:
- das „Harenberg Kompaktlexikon" oder
- „Meyers Taschenlexikon".

Beide findet ihr in Bibliotheken.
Aktuelle Informationen gibt es z. B.:
- im „Harenberg Länderlexikon" oder
- im „Fischer Weltalmanach".

Über die Geschichte Polens informiert knapp:
- Rainer W. Fuhrmann: „Geschichte, Politik, Wirtschaft", Fackelträger Verlag, Hannover 1990.

Über die Zusammenarbeit von Polen und Deutschland schreibt u. a.:
- Hans Henning Hahn: „Polen und Deutschland, Nachbarn in Europa", Hannover 1995 (erhältlich bei der Landeszentrale für Politische Bildung, Hohenzollernstr. 46, 30161 Hannover oder Landeszentrale für Politische Bildung, 40190 Düsseldorf).

Die Stichwortkataloge in Bibliotheken helfen euch bei der Suche nach Literatur zur Geschichte Polens weiter.
Literatur zu Polen könnt ihr auch anfordern bei:
- Bundeszentrale für Politische Bildung, Berliner Freiheit 7, 53111 Bonn.
- Botschaft der Republik Polen, Lindenallee 7, 50968 Köln.

Werkstatt

Republik Polen.

Polen in Zahlen 1993:		Religion:	
Fläche:	312 683 km²	Katholiken	93,5 %
		Andere	6,5 %
Einwohner:	38,5 Mio.		
davon:		Bruttosozialprodukt*	
0–14 Jahre:	24,8 %	pro Einwohner:	2260 US $
15–64 Jahre:	65,7 %	Hauptabnahmeländer der Exportgüter:	
über 64 Jahre:	9,5 %	Europäische Union	61,0 %
Städte:		andere europäische Staaten	16,0 %
Warszawa	1 655 100 Einw.	Anteil bestimmter Waren	
Lodz	851 700 Einw.	am Gesamterlös des Exports:	
Krakow	748 000 Einw.	Elektromaschinenbau	26,0 %
Einwohner pro Arzt:	490	Leichtindustrie	15,0 %

ANFÄNGE DER EINIGUNG WESTEUROPAS

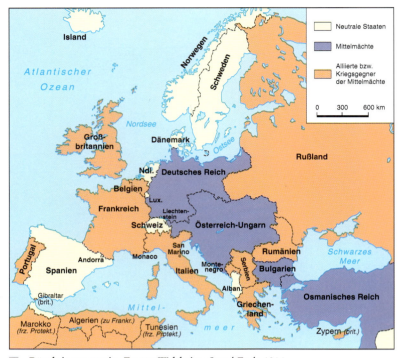

1 Bündnissysteme im Ersten Weltkrieg. Stand Ende 1914.

2 Politische und militärische Bündnisse in Europa um 1960.

Untersucht im folgenden Abschnitt an einigen Beispielen Vorstellungen über eine Einigung Europas und erarbeitet dann, wie die Einigung von Westeuropa in Gang kam.

Ideen und Pläne für ein vereintes Europa

Warum Europa? Unter dieser Fragestellung hielt Bundespräsident Roman Herzog am 10. Oktober 1995 eine Rede vor dem Europäischen Parlament in Straßburg:

> M ... Ich höre gelegentlich die These, nach dem Ende des Kalten Krieges* sei der äußere Feind und damit der Anreiz zur inneren Integration Europas entfallen. ... Außerdem ist schon die Annahme, seit dem Ende des Kalten Krieges gebe es keine Bedrohung mehr, falsch. ... Das Gemisch neuer Sicherheitsrisiken ist instabil* und daher möglicherweise gefährlich: Bevölkerungsexplosion, Klimaveränderungen, Armutswanderungen, Atomschmuggel, Drogenhandel. ... Viele dieser Risiken wirken transnational*. Die Machtlosigkeit der Nationalstaaten gegen sie wird täglich augenfälliger. ... Gewiß, Europa ist die Weltregion mit der höchsten Vielfalt unterschiedlicher Sprachen, Kulturen und Lebensformen. Und doch hat es sich von der Antike* bis heute stets als Einheit verstanden, die mehr als ein bloßer geographischer Begriff ist. ... Franzosen und Deutsche, Briten und Italiener, Spanier und Schweden, Dänen und Griechen denken unbewußt schon sehr viel europäischer als manche nationale Politik es wahrhaben will. Ihr

Idee Europa

tägliches Leben ist ja auch schon lange europäisch geprägt. Das zeigt sich in den Reisen, die sie unternehmen, in den Touristen, die sie empfangen, im Warenangebot der Geschäfte, in den Eßgewohnheiten und Moden, in der Kunst und in der Wissenschaft. Vor allem zeigt es sich in den Jugendkontakten. ... Auf die Frage, „Warum Europa?" gibt es also auch die Antwort: Weil die gemeinsame europäische Kultur schon da ist ...

Sehnsucht nach „Europa"
Überlegungen und Pläne, die europäischen Nationen politisch und wirtschaftlich zusammenzuschließen, hat es im Laufe der Jahrhunderte immer wieder gegeben. Sie drückten vor allem die Sehnsucht nach Frieden aus. Erst die beiden Weltkriege (1914–18; 1939–45) mit ihren unzähligen Opfern und verheerenden Zerstörungen führten zu konkreten Plänen und politischen Bewegungen, die „Idee Europa" zu verwirklichen. Dabei spielten die Vereinigten Staaten von Amerika als Vorbild für künftige „Vereinigte Staaten von Europa" eine wichtige Rolle.
Die Paneuropäische Union – 1923 mit dem Ziel gegründet, einen europäischen Staatenbund zu schaffen – erließ den folgenden Aufruf im September 1939 kurz nach der Entfesselung des Zweiten Weltkrieges durch Deutschland:

> **Q** An alle Europäer! Die unaussprechlichen Opfer dieses grausamen Krieges fordern die Errichtung eines Dauerfriedens, der künftige Kriege zwischen Europäern unmöglich machen soll. Nach dem Zusammenbruch des weltumfassenden Völkerbundes*, des hemmungslosen Nationalismus* und des bolschewistischen Internationalismus* bleibt nur eine einzige Lösung übrig zur Sicherung einer langen Epoche des Friedens, des Wohlstandes und der Freiheit: die Vereinigten Staaten von Europa! Dieser Bund soll zur Sicherung folgender Ziele errichtet werden:
> 1. Europäische Solidarität in der Außen- und Militärpolitik, der Wirtschaft und der Währung. ...
> 3. Alle europäischen Staaten verpflichten sich, ... die Menschenrechte zu achten sowie die Gleichberechtigung ihrer nationalen und religiösen Minderheiten. ...
> 4. Friedliche Schlichtung aller Konflikte, die zwischen europäischen Staaten entstehen können, durch einen Gerichtshof. ...
> 6. Abbau der Binnenzölle, die den europäischen Markt zugrunde richten. ... In dieser tragischen Schicksalsstunde der Menschheit appellieren wir an Sie alle: Kämpft für die Europäische Föderation*! EUROPÄER, rettet EUROPA!

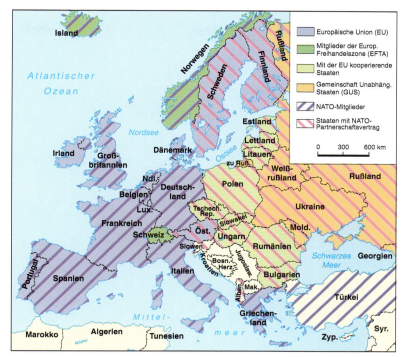

3 Politische und militärische Bündnisse in Europa 1996.

1 Arbeitet aus M heraus, welche Gründe Bundespräsident Herzog für eine Einigung Europas sieht.
2 Erarbeitet die Motive für die europäische Einheit an Hand von Q und vergleicht mit den Gründen aus M.
3 Beschreibt an Hand der Karten 1–3 die machtpolitische Entwicklung in Europa zwischen 1914 und der Gegenwart und haltet fest, welche Einigungsentwicklungen bis heute zu erkennen sind.

Deutschland und Frankreich

1 Grenzpfahlverbrennung 1950. Foto.

Der Zweite Weltkrieg (1939–1945) und seine Folgen weckten besonders bei jungen Leuten Kräfte, sich für eine Überwindung der Grenzen in Europa einzusetzen, um einen erneuten Krieg zu vermeiden. In Osteuropa verhinderte die Vorherrschaft der Sowjetunion gesamteuropäische Einigungsbemühungen mit demokratischen Zielen. Wie die politische Einigung Westeuropas in Gang kam, könnt ihr auf den folgenden Seiten 100–103 erarbeiten.

Eine Demonstration

Am 7. August 1950 trafen sich 300 Studenten aus acht Ländern an der deutsch-französischen Grenze bei St. Germannshof und Weißenburg. Darüber hieß es in einer Reportage eines Nachrichtenmagazins vom 10. August 1950:

Q1 … Der französische Zöllner René Rieffel im Zollhaus von Weiler-Weißenburg an der elsässisch-pfälzischen Grenze schwankte zwischen Bestürzung und Entzücken: Am Sonntag nachmittag, kurz vor 17 Uhr, fiel ihm die 23jährige Berner Studentin Jeanette Luthi ohnmächtig in die Arme. Er kümmerte sich um sie. Erst später merkte er, daß Jeanettes schwache Stunde als Ablenkungsmanöver nur Punkt 1 des strategischen Planes der von Westen anrückenden jungen Grenzschrankenstürmer war. Draußen riß unterdes die erste Stoßgruppe der Europa-Einheits-Verfechter die französischen Grenzpfähle und -schranken aus. Auf der deutschen Seite geschah zur gleichen Minute etwas Ähnliches. … „Zum ersten Mal in der Geschichte marschieren Europäer nicht an die Grenze, um sich gegenseitig zu töten, sondern um die Beseitigung der Grenzen zu verlangen" stand in der Europa-Proklamation der 300 grenzstürmerischen Studenten von hüben und drüben. … Europäisches Parlament, europäische Regierung und europäische Kennkarten wurden gefordert …

1 *Erläutert an Hand der Abbildung 1 und der Reportage (Q1) die Forderungen der Studenten nach einem „Europa ohne Grenzen". Stellt die Motive für ihr Handeln dar.*
2 *Schreibt einen Bericht aus der Sicht der Zöllner.*

Der erste Schritt: Deutschland und Frankreich

Unter dem Eindruck der Bedrohung Westeuropas durch die Sowjetunion im beginnenden Ost-West-Konflikt* (vgl. S. 64/65) und der Überlegung, sich gegenüber den einflußreichen Vereinigten Staaten von Amerika besser behaupten zu können, kam der westeuropäische „Einigungszug" in Gang.

Deutschland und Frankreich

In einer Rede sagte der britische Premierminister Winston Churchill am 19. September 1946 in Zürich:

Q2 ... Ich spreche jetzt etwas aus, das Sie in Erstaunen setzen wird. Der erste Schritt bei der Neuordnung der europäischen Familie muß eine Partnerschaft zwischen Frankreich und Deutschland sein. Nur auf diese Weise kann Frankreich die moralische Führung Europas wiedererlangen. Es gibt kein Wiederaufleben Europas ohne ein geistig großes Frankreich und ein geistig großes Deutschland ...

3 *Untersucht, wie Churchill in Q2 ein Zusammengehen Frankreichs und Deutschlands begründet.*

Der Schuman-Plan – Die Montanunion

Der Außenminister Frankreichs, Robert Schuman, verkündete am 9. Mai 1950 einen Vorschlag der französischen Regierung:

Q3 ... Europa läßt sich nicht mit einem Schlage herstellen und auch nicht durch eine einfache Zusammenfassung: es wird durch konkrete Tatsachen entstehen, die zunächst eine Solidarität der Tat schaffen. Die Vereinigung der europäischen Nationen erfordert, daß der Jahrhunderte alte Gegensatz zwischen Frankreich und Deutschland ausgelöscht wird. Das begonnene Werk muß in erster Linie Deutschland und Frankreich erfassen. ... Die französische Regierung schlägt vor, die Gesamtheit der französisch-deutschen Kohle- und Stahlproduktion unter eine gemeinsame oberste Aufsichtsbehörde ... zu stellen, in einer Organisation, die den anderen europäischen Ländern zum Beitritt offensteht. ... Die Solidarität der Produktion ... wird bekunden, daß jeder Krieg zwischen Frankreich und Deutschland nicht nur undenkbar, sondern materiell unmöglich ist ...

Der Berater des deutschen Bundeskanzlers Adenauer, Hans Schäffer, notierte am 3. Juni 1950 in sein Tagebuch:

Q4 ... Der Bundeskanzler erklärt, ... daß aus politischen Gründen der Gegensatz zwischen Deutschland und Frankreich beseitigt werden müßte, um eine Festigung Europas zu erreichen, die gegenüber der Gefahr von Osten unbedingt notwendig sei. ... Aus dieser tiefen Überzeugung von der unbedingten Notwendigkeit einer Einigung Deutschlands und Frankreichs heraus habe er den Schuman-Plan von Herzen begrüßt.

2 Das „Gemeinschaftsunternehmen" Schuman (französischer Außenminister) – Adenauer (deutscher Bundeskanzler) Karikatur vom 11. Mai 1950.

... Ich erwidere(:) ... Die Franzosen hätten berechtigte Furcht vor der Zeit internationalen Wettbewerbs. In der Kohle hätten sie eine Reihe weniger abbauwürdiger Gruben ausgebaut, die im freien Wettbewerb nicht mit könnten. Ihre Stahlproduktion hätten sie sehr erweitert und ein Absatz der Produkte nach Deutschland würde ihnen sehr erwünscht sein ...

Dem Plan Frankreichs über die Gründung einer Gemeinschaft von Kohle und Stahl (Montanunion) stimmten die Bundesrepublik Deutschland, die Niederlande, Belgien, Luxemburg und Italien zu. Am 18. April 1951 wurde der Vertrag unterzeichnet.

4 *Erarbeitet an Hand von Q3 und Q4 die Motive der deutschen und der französischen Seite für eine Zusammenarbeit.*

5 *„Entschlüsselt" die Karikatur und setzt sie in einen Bezug zu Q3 und Q4.*

Auf dem Weg zur wirtschaftlichen Einheit

1 Werbung für Europa. Plakat von 1955.

Die Europäische Verteidigungsgemeinschaft

Nachdem der Koreakrieg* (1950–1953) den Ost-West-Konflikt weiter verschärft hatte, drängten vor allem die USA und Großbritannien auf eine Beteiligung der Bundesrepublik an der Verteidigung Europas. Der Vertrag über eine Europäische Verteidigungsgemeinschaft (EVG), verbunden mit einer Europäischen Politischen Gemeinschaft (EPG) als einem „politischen Dach", scheiterte jedoch 1954 im französischen Parlament am Mißtrauen gegenüber einer Wiederbewaffnung Deutschlands. Außerdem wollten die Gegner des Vertrages die französische Verfügungsgewalt über ihre Streitkräfte nicht aufgeben. Das „Verteidigungsvakuum" wurde jedoch dadurch beseitigt, daß die Bundesrepublik der NATO beitrat und eine Armee, die Bundeswehr, aufstellte. Der Versuch einer politischen Einigung Westeuropas war gescheitert.

1 *Erklärt, inwieweit nationale Interessen eine politische Einigung Westeuropas verhinderten.*

2 *Stellt an Hand des Plakates fest, mit welcher Zielrichtung 1955 für Europa geworben wurde.*

Die Europäische Wirtschaftsgemeinschaft entsteht

Das Scheitern einer politischen Einigung führte zu verstärkten Bemühungen der Montanunion-Staaten, die Zusammenarbeit auf wirtschaftlichem Gebiet voranzutreiben. Dabei spielten Robert Schuman und Konrad Adenauer eine führende Rolle.

Am 25. März 1957 wurde in Rom der Vertrag über eine Europäische Wirtschaftsgemeinschaft (EWG) unterzeichnet. Gründungsmitglieder waren die sechs Staaten der Montanunion. Am selben Tag unterschrieben die EWG-Länder einen Vertrag über die Europäische Atomgemeinschaft (EURATOM). Andere europäische Länder, die wie Großbritannien einen Beitritt ablehnten, schlossen sich 1960 zu einer Freihandelszone*, der EFTA, zusammen.

Über den EWG-Vertrag sagte Staatssekretär Hallstein vom Auswärtigen Amt in Bonn in einer Rede am 21. März 1957:

> **Q** ... Man kann die Verträge als die direkte Folge des Gemeinsamen Marktes* für Kohle und Stahl bezeichnen. Schon bei der Schaffung der Montangemeinschaft im Jahre 1952 waren sich die Vertragschließenden darin einig, daß die Errichtung eines wirtschaftlich und politisch geeinten Europa fortgesetzt werden müsse durch den Ausbau gemeinsamer Institutionen, die fortschreitende Verschmelzung der nationalen Volkswirtschaften, die Schaffung eines großen gemeinsamen Marktes für alle Güter und die allmähliche Hebung des Lebensstandards. ... Die tragenden Elemente ... sind ein gemeinsamer Markt und gemeinsame Organe. Hauptstück des Gemeinsamen Marktes ist die Zollunion*. ... Notwendig zum Funktionieren des Gemeinsamen Marktes ist ferner der freie Personen-, Dienstleistungs- und Kapitalverkehr. ... Wichtig ist schließlich, daß der Vertrag Grundsätze der Sozialpolitik formuliert und einen europäischen Sozialfonds* vorsieht. Eine Verbesserung und Angleichung der Lebens- und Arbeitsbedingungen der Arbeitnehmer wird ... erwartet ...

3 *Arbeitet aus der Hallstein-Rede (Q) die Veränderungen des EWG-Vertrages gegenüber der Montanunion heraus (Q3, S. 101).*

4 *Untersucht, welche wirtschaftliche und politische Entwicklung erkennbar wird.*

Auf dem Weg zur wirtschaftlichen Einheit

Die Erweiterung der Wirtschaftsgemeinschaft

5 Beschreibt an Hand der Karte die Erweiterung der EWG und führt aus, welche Gründe die Beitrittsländer und -kandidaten zur Aufnahme in die EWG bzw. EU bewegt haben könnten.

Im Jahre 1967 wurden die drei europäischen Zusammenschlüsse Montanunion, EWG und EURATOM zur Europäischen Gemeinschaft (EG) vereint. 1968 wurde die Zollunion innerhalb der EG-Staaten verwirklicht. Der wirtschaftliche Erfolg der Gemeinschaft führte dazu, daß immer mehr europäische Staaten sich der EWG anschlossen. In einer Konferenz in der holländischen Stadt Maastricht beschlossen die EG-Länder 1991 umfangreiche Reformen und die Umbenennung der Gemeinschaft in „Europäische Union" (EU). Diese Reformen traten im November 1993 in Kraft. Am 1. Januar 1995 traten weitere Länder der Union bei, so daß sie jetzt 15 Länder umfaßt. Auch osteuropäische Länder (vgl. die Karte) wollen der EU beitreten.

Über die Motive der polnischen Europapolitik hieß es in der „Frankfurter Allgemeinen Zeitung" vom 16. November 1992:

M ... Polens Mitgliedschaft in der EG wird ... nicht nur als Garantie für Wohlfahrt und dauerhafte innenpolitische Stabilität gesehen. ... (Der polnische Außenminister) Skubiszewski hatte den Gegnern einer Assoziierung* Polens mit der EG entgegengehalten, daß die Mitgliedschaft in der EG auch größere Sicherheit verbürge. Folgerichtig spricht sich die polnische Führung ... auch für die Vertiefung der wirtschaftlichen und politischen Integration in der EG aus und befürwortet die Einbeziehung der Sicherheitspolitik ... in diese Entwicklung. ... Der Nachbar (Deutschland) gilt als Bundesgenosse auf dem Weg Polens in die EG ...

6 Stellt fest, welche Motive Polens Außenminister für einen Beitritt zur EG (EU) nennt (M).

7 Schreibt an die Botschaften der Staaten, die der EU beitreten wollen (vgl. Kasten) und bittet um Informationen über ihre Beitrittsgründe.

8 Achtet auf Medien-Berichte über die Erweiterung der EU und referiert darüber in der Klasse. Fragt bei der Kommission der EU nach (Kontaktadresse: Zitelmannstaße 22, 53113 Bonn).

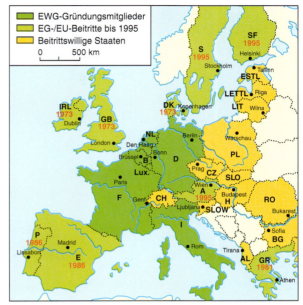

2 Die Mitgliedsstaaten der Europäischen Union (EU) und die Beitrittskandidaten 1995.

Die Europäische Union (Stand vom Januar 1995):

Wer gehört außerhalb Europas zur EU?
Zur EU gehören folgende außerhalb von Europa liegenden Gebiete, die Teile von Staaten der EU sind: Ceuta und Mellila (spanische Enklaven in Nordafrika), Kanarische Inseln (Spanien), Madeira, Azoren (Portugal), französische Übersee-Departements: Guadeloupe und Martinique (Karibik), Französisch-Guayana (Südamerika) und Réunion (Indischer Ozean).
Alle übrigen von EU-Staaten abhängigen Gebiete in Übersee (wie Falkland-Inseln, St. Helena, Französisch-Polynesien, Niederländisch-Antillen, Saint Pierre et Miquelon) sind der EU nur angeschlossen (assoziiert).

Wer gehört im Gebiet der EU nicht zur EU?
Nicht zur EU gehören folgende autonomen, halbautonomen oder abhängigen Staatsgebiete, die im EU-Bereich liegen: Andorra, Channel Islands, Färöer, Isle of Man, Monaco, San Marino, Vatikanstadt, Gibraltar.

Wer gehört (vielleicht) demnächst zur EU?
Folgende Staaten haben offiziell den Beitritt zur EU beantragt (Reihenfolge nach dem Datum des Antrags): Türkei (Antrag vorläufig zurückgestellt), Zypern, Malta, Schweiz (Antrag ruht zur Zeit), Polen, Ungarn.

PROBLEME DER EUROPÄISCHEN UNION (EU)

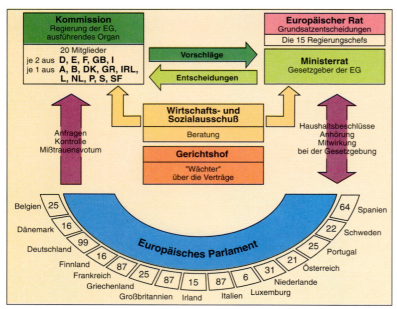

1 **So funktioniert die EU.** Stand 1995.

Mitwirkungsrechte des Europäischen Parlaments (Auswahl):

Zustimmung[1]
– Unionsbürgerrechte
– Internationale Abkommen
– Aufnahme neuer Mitglieder
– Ernennung der Europäischen Kommission

Mitentscheidung[2]
– Errichtung des Binnenmarktes
– Gesundheitswesen, Kultur, Forschung, Verbraucher- und Umweltschutz

Verfahren der Zusammenarbeit[3]
– Verkehrspolitik
– Arbeitsschutz
– Zusammenarbeit mit Entwicklungsländern
– Förderung der beruflichen Bildung

Anhörung[4]
– Zu sonstigen Fragen der europäischen Gesetzgebung

[1] Keine Beschlüsse ohne Zustimmung des Parlaments.
[2] Mitentscheidung in komplizierten Vermittlungsverfahren. Vetorecht.
[3] Möglichkeit von Änderungsvorschlägen, die der Europäische Rat durch einstimmigen Beschluß ablehnen kann.
[4] Anhören der Position, die nicht berücksichtigt werden muß.

Wie demokratisch ist die EU?
Wer hat in Europa eigentlich „das Sagen"? Diese Fragen könnt ihr zunächst untersuchen. Danach könnt ihr euch über die Situation von Frauen in Europa und die zukünftige Entwicklung Europas informieren.

Das Europaparlament
1 *Tragt eure Kenntnisse über das Europäische Parlament zusammen. Vermutet, warum der Bekanntheitsgrad so gering ist.*

Am 7. Februar 1989 schrieb Horst Zimmermann in der Zeitung „Neue Westfälische":

M1 ... Europaabgeordneter zu sein, ist keineswegs ein beneidenswerter, sondern eher ein frustreicher Job. Die Parlamentarier haben den Eindruck, in einem gleichsam luftleeren Raum eine Tätigkeit auszuüben, die kaum jemand richtig wahrnimmt. ... Die deutschen Europaabgeordneten sind durch die Bank für eine Stärkung Europas und für eine schnellere Integration. Aber die Chancen zur Verwirklichung ihres Wunsches beurteilen sie eher skeptisch oder gar resignierend. Als größtes Manko* wird die Tatsache angeführt, daß das Europaparlament nicht Gesetze verbindlich beschließen, sondern nur anregen kann. Als Hemmschuh für ein stärkeres Europa sehen die Abgeordneten besonders die nationalen Bürokratien und die EG-Kommission an ...

Probleme mit der Demokratie in der EU

Ein „Europäisches" Parlament?
Der Journalist Klaus-Peter Schmid schrieb am 3.6.1994 in „Die Zeit":

M2 ... Deutschland und die Beneluxstaaten würden ... (dem Parlament) gerne mehr Kompetenz geben, um eine echte Kontrollinstanz zu schaffen. Frankreich sieht nicht ein, warum das Europäische Parlament mehr zu sagen haben soll als die eigene Assemblée Nationale*. Großbritannien denkt nicht daran, dem Unterhaus ... irgendwelche Kompetenzen wegzunehmen, um sie an Europa zu verschachern. ... Europäische Vielfalt ist ja ganz schön, aber ist das nun eigentlich ein europäisches Parlament oder ein Parlament mit Abgeordneten aus zwölf Ländern Europas? Von seiner Organisation her ist es eindeutig europäisch. Nicht nationale Gruppen sind entscheidend, sondern die neun Fraktionen. ... Im Ernstfall aber reagieren die Deutschen wie Deutsche, die Franzosen wie Franzosen, die Briten wie Briten. ... (Als) es jetzt um die Zustimmung zur Erweiterung der Europäischen Union ging, bildeten sich plötzlich wieder nationale Blöcke: Deutsche und Briten geschlossen dafür, Italiener, Niederländer und Belgier spontan dagegen.
... Wie sollen ... vielleicht bald zwanzig oder mehr Länder ... gemeinsam die demokratische Gewaltenteilung praktizieren? ... Mit seinem Demokratiedefizit wird Europa wohl noch eine Weile leben müssen ...

2 *Nennt die wichtigsten Organe der Europäischen Union und klärt an Hand der Grafik (Abb.1), wer ihre Mitglieder bestimmt.*

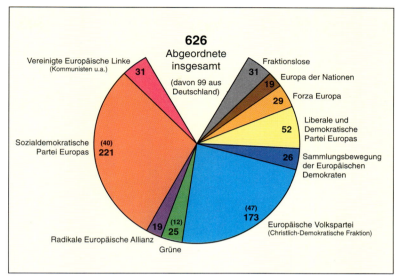

2 Die Fraktionen im Europäischen Parlament. Stand Januar 1995.

3 *Beschreibt die Aufgaben des Europäischen Rates, des Ministerrates, der Kommission und des Europäischen Parlaments mit der Grafik (Abb. 1) und der Übersicht (Kasten) auf S. 104.*
4 *Benennt die Funktionen des Europäischen Gerichtshofes und des Wirtschafts- und Sozialausschusses mit Hilfe der Grafik (Abb.1).*
5 *Erläutert an Hand der Grafik (Abb.1), wer in der Europäischen Union bei der Gesetzgebung zusammenarbeiten muß.*
6 *Stellt die Mitwirkungsrechte des Europäischen Parlaments (Übersicht, S. 104) in einen Bezug zu M1.*
7 *Benennt an Hand von M2 und der Grafik (Abb. 2) mögliche Probleme durch die übernationale Fraktionsbildung im Parlament und die nationale Zugehörigkeit der Abgeordneten.*
8 *Vergleicht die Befugnisse des Europäischen Parlaments mit denen des Bundestages.*
9 *Erläutert, woran man einen Mangel an Demokratie in der EU festmachen könnte.*
10 *Erörtert zusammenfassend die Frage: Wie demokratisch ist die EU?*
11 *Informiert euch genauer über die Tätigkeit der Europaabgeordneten und über das Europäische Parlament. Kontaktadresse: Europäisches Parlament, Informationsbüro Bonn-Center, 53113 Bonn.*

Der europäische Binnenmarkt

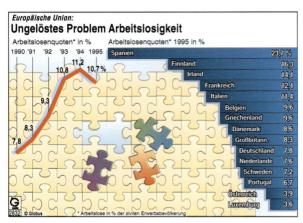

1 Arbeitslosigkeit in der Europäischen Union.

Die Verwirklichung des Binnenmarktes

Nach dem EWG-Vertrag von 1957 (vgl. S. 102) sollte 1969 der europäische Binnenmarkt verwirklicht sein. Erst 1986 aber kam es zum Beschluß über die „Einheitliche Europäische Akte", die die Vollendung des Binnenmarktes bis Ende 1992 vorsah. Am 1. Januar 1993 traten die Bestimmungen über den europäischen Binnenmarkt mit den „vier Freiheiten" in Kraft (siehe Kasten). Zu ihnen gehört auch die freie Wahl des Arbeitsplatzes in der EU.
Der Journalist Martin Wiegers schrieb dazu am 25. August 1995 in der Wochenzeitung „Das Parlament":

> **M1** ... Für die Krankengymnastin aus Oldenburg ist der europäische Arbeitsmarkt schon Wirklichkeit. Ihren neuen Job hat sie in Spanien gefunden, bei einem Hersteller orthopädischer Geräte. ... Mehr erleben auf dem Binnenmarkt: So könnte die Devise lauten, nach der die Europäische Kommission zur Wahrnehmung der vier Freiheiten ermuntert. ... Die Frage nach dem Arbeitsplatz brachte Ende Juni in Berlin 8000 Bauarbeiter auf die Straße. Für sie bedeutet der Binnenmarkt nicht das Versprechen eines neuen, sondern die Gefährdung ihres jetzigen Jobs. 130000 ihrer Kollegen in Deutschland sind schon arbeitslos und betrachten sich als Opfer der europäischen Dienstleistungsfreiheit. Denn seitdem europäische Unternehmen ihre Leistungen grenzüberschreitend anbieten können, sehen sich deutsche Baufirmen der Konkurrenz von Billiganbietern ausgesetzt. Schon mauern auf deutschen Baustellen rund 200 000 Arbeiter aus Portugal, Irland oder Großbritannien zu Löhnen wie daheim. Ihre deutschen Kollegen sind zu teuer. ... Als Jobkiller war der europäische Binnenmarkt aber nicht vorgesehen. ... (Arbeitsplätze) sind heute noch gefragter als damals schon. Denn rund 17 Millionen Europäer suchen inzwischen einen Job – zwölf Prozent der erwerbsfähigen Bevölkerung, mehr denn je. ... Es war nicht zuletzt der Druck der Gewerkschaften, der die Bundesregierung bewog, auf dem Binnenmarkt wieder eine Schranke herunterzulassen: Ausländische Bauarbeiter der niedrigsten Lohngruppe, so beschloß das Kabinett vor kurzem, müssen auf deutschen Baustellen vom ersten Tag an nach deutschen Tarifen bezahlt werden. Damit schwindet der Anreiz, solche Arbeiten auf dem europäischen Markt zu vergeben. Aber ein paar deutsche Bauarbeiter könnten wieder einen Job finden ...

Die „vier Freiheiten" des Binnenmarktes, 1993:

Keine Grenzen für Menschen:
– keine Grenzkontrollen
– Aufenthalts- und Niederlassungsfreiheit,
– freie Arbeitsplatzwahl,
– gegenseitige Anerkennung von Diplomen und Zeugnissen.

Keine Grenzen für Waren:
– keine Grenzkontrollen,
– Vereinheitlichung der technischen Normen,
– Angleichung der Mehrwert- und Verbrauchssteuer.

Keine Grenzen für Dienstleistungen:
– freier Markt für Banken und Versicherungen und Kraftverkehrsbetriebe,
– freier Markt für Kommunikationstechnik (Fernmeldewesen).

Keine Grenzen für Kapital:
– freier Geld-, Kapital- und Zahlungsverkehr.

---

1 *Erläutert die „vier Freiheiten" des europäischen Binnenmarktes (Übersicht oben).*
2 *Erörtert die Auswirkungen der einzelnen Freiheiten für Erwerbstätige, Auszubildende, Arbeitslose und Unternehmen.*
3 *Erarbeitet Absicht und Wirkungen der freien Arbeitsplatzwahl in der EU (Übersicht und M1).*
4 *Achtet auf Berichte in den Medien über Probleme des Binnenmarktes und berichtet darüber.*

Der europäische Binnenmarkt

Befragungsergebnisse
Das Institut für Demoskopie* Allensbach hat 600 wirtschaftliche und politische Führungskräfte in der Bundesrepublik im Januar 1996 zur geplanten gemeinsamen Währung befragt:

M2
■ Sind Sie für oder gegen eine einheitliche europäische Währung?

Antwort:	Dafür	77 %
	Dagegen	19 %
	Ohne Angabe	4 %

In der Bevölkerung ab 16 Jahren antworteten dagegen auf die Frage:
■ „Wie sehr sind Sie für oder gegen eine europäische Währung?":

Sehr dafür	9 %
Dafür	19 %
Unentschieden	31 %
Dagegen	18 %
Sehr dagegen	20 %
Ohne Angaben	3 %

Das Eurogeld
Nach den Beschlüssen der Konferenz von Maastricht soll es spätestens im Jahre 2002 innerhalb der EU nur noch eine gemeinsame Währung geben. Erst dann ist in der EU ein Binnenmarkt nach dem Vorbild der USA verwirklicht. Die neue Währung soll „EURO" heißen und die bisherigen 15 Währungen ersetzen. Der Journalist Christian Holzgreve schrieb am 6. Januar 1996 im „Göttinger Tageblatt":

M3 ... *Sparen beim Umrechnen:* Die Kosten für die Umrechnung bei Devisengeschäften* oder für die Absicherung des Wechselkursrisikos* entfallen in der Währungsunion. Diese Kosten werden auf 0,5 Prozent des Bruttoinlandsprodukts* der Union, rund 45 Milliarden Mark jährlich, geschätzt. Jeder einzelne kann diese Erfahrung machen. Wer mit 1000 Mark in der Tasche durch alle EU-Länder reist, das Geld in die jeweilige Währung umtauscht und keinen Pfennig ausgibt, dem bleiben am Ende höchstens 500 Mark. ...
Die einheitliche Währung ist eine logische Ergänzung des Binnenmarktes. Märkte werden überschaubarer, Unternehmen können ihre Investitionen* langfristig besser planen. Güter- und Dienstleistungspreise können über die Grenzen hinweg wirklich miteinander verglichen werden – das nutzt den Verbrauchern.

2 Euro-Geld: Vor- und Nachteile. Stand 1995.

Die gemeinsame Währung setzt eine große Annäherung der Wirtschafts- und Finanzpolitiken in den Mitgliedsstaaten voraus, damit sie nicht wie heute nationale Währungen unter Abwertungsdruck* gerät. ...
Eine stabile europäische Währung dient den Interessen Europas im globalen Wettbewerb. Das Eurogeld kann gleichberechtigt neben dem japanischen Yen und dem US-Dollar stehen und wird eine der wichtigsten Handels- und Reservewährungen* sein. Die Europäer werden ihre Einfuhren aus dem Ausland zunehmend in ihrer eigenen Währung bezahlen können.
Politische Stabilität: Schließlich ist die Währungsunion ein weiterer Baustein im europäischen Integrationsprozeß. Sie wird neben den wirtschaftlichen Vorteilen die Europäer einander näherbringen: So wird die Finanz- und Wirtschaftspolitik unter dem Druck der gemeinsamen Währung vereinheitlicht. Sie sorgt für mehr Stabilität innerhalb und außerhalb Europas – angesichts der Kriege und Konflikte auf allen Kontinenten – ein nicht zu unterschätzender Vorteil ...

5 *Listet an Hand von M3 und der Grafik (Abb. 2) Vorteile der Einführung der neuen Währung auf.*
6 *Führt aus, welche der genannten Vorteile euch direkt betreffen könnten.*
7 *Diskutiert an Hand der Grafik (Abb. 2), Nachteile der Einführung einer gemeinsamen europäischen Währung.*
8 *Führt in der Klasse eine Abstimmung über die Euro-Währung durch. Vergleicht dazu M2.*

Frauen im „Herrenhaus EU"

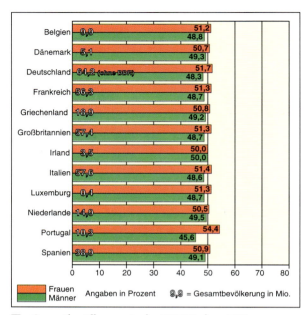

1 Gesamtbevölkerung in den EU-Ländern 1990. Angaben in Prozent.

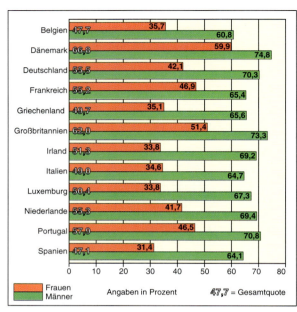

2 Erwerbsquote in den EU-Ländern 1989. Anteile der Arbeitskräfte an den über 14jährigen in Prozent.

Artikel 119 des EWG-Vertrages – Hebel für die Gleichstellung der Frauen

Die Verträge über die Gründung der EWG (vgl. S. 102) waren Wirtschaftsverträge, in denen Sozial- und auch Frauenpolitik keine eigenständigen Politikbereiche darstellten. Dennoch enthalten die Gründungsverträge von 1957 den Artikel 119, der bei gleicher Arbeit gleiche Löhne für Frauen und Männer vorschreibt. Der Artikel wurde auf Drängen der Länder aufgenommen, in denen die Lohngleichheit zumindest schon in Ansätzen verwirklicht war. Sie befürchteten Wettbewerbsnachteile gegenüber den Ländern, die noch krasse Unterschiede zwischen den Männer- und Frauenlöhnen aufwiesen. Das war zum Beispiel in der französischen Textilindustrie der Fall, in der auffallend niedrige Frauenlöhne gezahlt wurden. Als schwierig erwies sich im Laufe der Jahrzehnte jedoch die Durchsetzung der Bestimmungen zur Gleichstellung der Frauen in der Praxis. Dafür sind die einzelnen nationalen Regierungen verantwortlich. Die Frage „Gleicher Lohn für gleiche Arbeit" ist auch heute noch aktuell.

Frauen in der EU

Die Journalistin Uta Rotermund schrieb am 4. Juni 1994 in der „Frankfurter Rundschau":

> **M** ... In der Europäischen Gemeinschaft leben über 168 Millionen Frauen. Das sind mehr als die Hälfte aller EG-Bürger – aber nur 11 % der gewählten EU-Abgeordneten sind Frauen. ... Politik machen die Männer. ... Warum brauchen Frauen die Europäische Union und was können die Frauen in der Europäischen Union erreichen? ... Die formale Gleichberechtigung, erläutert Barbara Degen, Rechtsanwältin und Expertin für Verfassungs- und Arbeitsrecht in Bonn, hat an der mittelbaren Diskriminierung nichts geändert. „Unser gesamtes Arbeits- und Sozialrecht, und natürlich auch unser Familienrecht basieren auf der Vorstellung, daß der Mann, der Ehemann, der Familienernährer ist und die Frau Hausfrau und Zuverdienerin. Das zeigt sich beispielsweise an der Tatsache, daß die gesamte Sozialversicherung an der Erwerbstätigkeit anknüpft und letztlich nur die Erwerbstätigkeit honoriert. Während all das, was Frauen machen – Kindererziehung, Altenbetreuung, Betreuung von Pflegebedürftigen – sich im Recht nicht als eigene Ansprüche widerspiegelt. ... Allenfalls haben Frauen im Renten-

Frauen im „Herrenhaus EU"

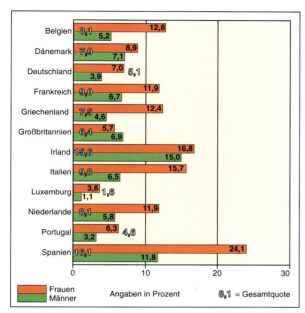

3 Arbeitslosenquote in den EU-Ländern 1990. Angaben in Prozent.

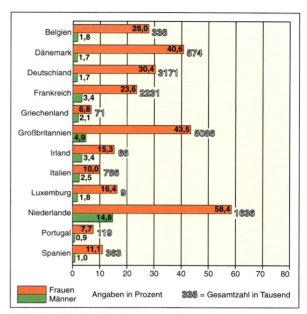

4 Teilzeitbeschäftigte Frauen und Männer 1989. Angaben in Prozent.

recht abgeleitete Ansprüche, die wiederum darauf basieren, daß der Ehemann gearbeitet hat." Die Armut ist weiblich – in ganz Europa. ... Wer oder was aber kann in Brüssel verbindlich eine Politik von und für Frauen durchsetzen? Denn für die 168 Millionen EU-Bürgerinnen gibt es kein eigenes Frauenministerium. Seit 1982 existieren das Büro für Chancengleichheit ... sowie der beratende Ausschuß für Frauenfragen. Und seit 1984 sitzt im Europäischen Parlament der ständige Ausschuß für die Rechte der Frau ...

1 *Formuliert an Hand der Grafiken auf der Doppelseite Aussagen zur sozialen und politischen Situation der Frauen in Europa. Notiert eure Überlegungen.*
2 *Überprüft eure Ergebnisse zur Aufgabe 1 an Hand der Texte.*
3 *Schätzt die politische Stellung von Frauen im Europäischen Parlament (Grafik, Abb. 5) ein.*
4 *Erörtert mit Hilfe eurer bisherigen Kenntnisse über den „Demokratie-Mangel" in der EU die Möglichkeit, die Lage der Frauen „von Europa aus" grundlegend zu verbessern.*
5 *Beschafft euch weiteres Material über „Frauen in Europa" und referiert darüber. Kontaktadressen siehe Seiten 103 und 105.*

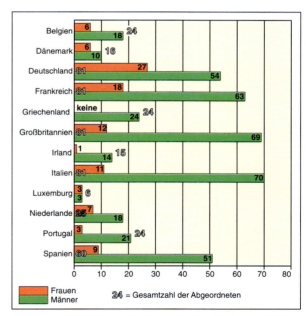

5 Frauen und Männer im Europäischen Parlament 1992.

Festung EU – Zusammenarbeit oder Abschottung

1 „Europabus". Karikatur 1991.

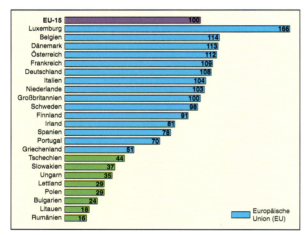

2 Pro-Kopf Einkommen in der EU und Osteuropa 1993.

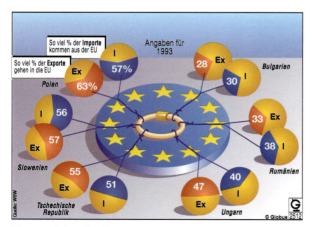

3 Handelsverbindungen EU-Osteuropa.

Osterweiterung der EU?

Seit der Auflösung des Ostblocks in den Jahren nach 1989 befinden sich die osteuropäischen Staaten in einer Phase der Modernisierung. Die neuen parlamentarischen Demokratien nach westlichem Vorbild stabilisieren sich. Die Bildung oder Ablösung von Regierungen in freien Wahlen wird Alltag. Die Einführung einer freien Marktwirtschaft macht große Fortschritte. Weiter streben die Regierungen dieser Staaten eine Mitgliedschaft in der EU an.

Zu den Problemen eines Beitritts der osteuropäischen Länder schrieb der „Informationsdienst des Instituts der deutschen Wirtschaft" im August 1995:

> **M1** ... Erstmals bemühen sich jetzt Länder um den Beitritt, die den Übergang von der Zentralverwaltungswirtschaft* zur Marktwirtschaft noch nicht vollständig bewältigt haben. Sie stehen vor der Aufgabe, zunächst einmal im eigenen Haus viele Institutionen aufzubauen, über die frühere Beitrittskandidaten schon verfügten. ... Ein zweites Problem der anstehenden Osterweiterung ist das niedrige Wohlstandsniveau der Beitrittskandidaten ...

Der polnische Politiker Jacek Kuron schrieb am 5. Juli 1995 in der „Frankfurter Rundschau":

> **M2** ... Der Beitritt Polens zur Union (EU) ist mit unvermeidlichen Kosten verbunden. Er bringt jedoch auch Vorteile, während es nur Nachteile mit sich brächte, wenn Polen auf Dauer von der Union fernbliebe. ... Deutsche Investitionen in Polen können der deutschen und der polnischen Wirtschaft Auftrieb geben. Beide Länder müssen sich den Erfordernissen des Weltmarkts anpassen. ... Deutschland möchte eine Arbeitsproduktivität* erreichen, die den hohen Lohnkosten die Waage hält, Polen dagegen eine Produktqualität, die hohen Ansprüchen genügt. ... Polen und Deutschland möchten in einem stabilisierten Europa in Sicherheit leben. Das ist ein gemeinsames Interesse ...

1 *Diskutiert die Aussage der Karikatur (Abb. 1).*

2 *Erarbeitet an Hand der Grafik (Abb. 2) und M1 die Gründe und die Probleme einer Osterweiterung der EU.*

3 *Untersucht, welche Position Kuron zum EU-Beitritt Polens vertritt (M2 und Grafik, Abb. 3)*

4 *Schreibt eine eigene kurze Stellungnahme zur Frage „Osterweiterung der EU?"*

Festung EU – Zusammenarbeit oder Abschottung

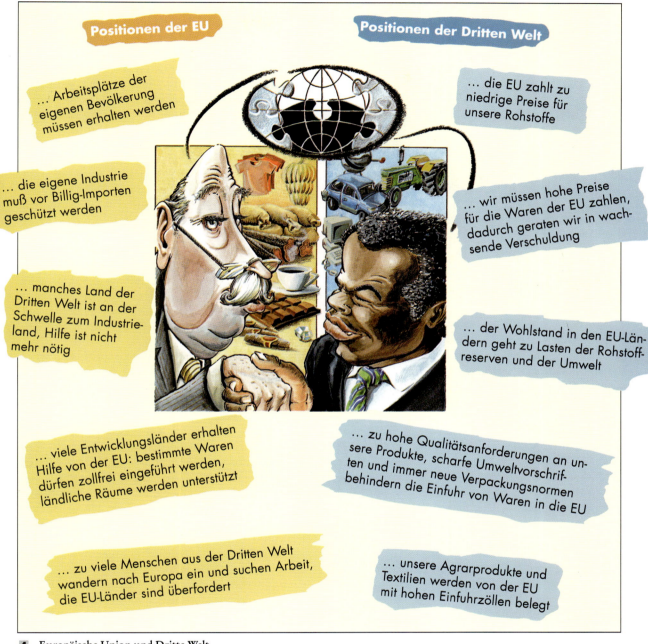

4 Europäische Union und Dritte Welt.

5 Erläutert jeweils die Position der EU und der „Dritten Welt" (Abb. 4).
6 Bildet zwei Gruppen und führt ein Streitgespräch durch: „Die EU – eine Festung?".
7 Teilt euch in Gruppen auf und entwerft Lösungsvorschläge für einen Ausgleich der unterschiedlichen Interessen zwischen EU und „Dritter Welt".
8 Sammelt Informationen zum Verhältnis EU – „Dritte Welt" und berichtet in der Klasse.

Werkstatt: Lernen und Freizeit in Europa

Deutsche Jugendliche auf dem Bahnhof von St. Nazaire/Frankreich. Foto 1995.

Sprachen lernen – wo und wie?

Mit der Bahn durch Europa fahren – gut und schön, aber ohne Sprachkenntnisse? Schul-Englisch ist schon ganz gut, Französisch oder Spanisch an der Volkshochschule sicherlich auch. Aber wo lernt man eine Fremdsprache leichter? Klar – im Land selbst. Angebote von ausländischen Sprachschulen und für Sprachreisen gibt es wie Sand am Meer. Da heißt es, aufpassen und vor allem das Kleingedruckte studieren. Wer sich über die Angebote genau informieren und sich nicht nur auf die Versprechungen im Katalog verlassen will, kann sich wenden an: Aktion Bildungsinformation (ABI) e.V., Alte Poststraße 5, 70173 Stuttgart, Tel. (07 11) 29 93 35.

ABI testet Sprachschulen und andere Bildungsangebote und vertritt die Verbraucherinteressen. Die telefonische Beratung ist kostenlos. Broschüren, zum Beispiel über Sprachreisen in England oder Französisch lernen in Frankreich, gibt es direkt von der ABI oder im Buchhandel.

Jugendaustauschprogramme

Wer zwischen 15 und 25 Jahre alt ist und Lust hat, junge Leute in einem anderen Land der EU kennenzulernen, kann mit dem Programm „Jugend für Europa" weiterkommen. Allerdings gibt es dieses Programm nur für Gruppen, und es steht meistens unter einem bestimmten Thema, zum Beispiel: Umweltschutz, Ausbildungsmöglichkeiten, Ausländerfeindlichkeit. Die Fahrten dauern mindestens sechs Tage und höchstens drei Wochen. Zuschüsse gibt es auch. Nähere Auskünfte: Jugend für Europa, Deutsches Büro beim LJAB, Hochkreuzallee 20, 53175 Bonn.

Internationaler Schüleraustausch

Hieran können Einzelpersonen und Gruppen teilnehmen (Dauer: 14 Tage bis zu zwei und drei Jahren). Die Programme werden in Europa, aber auch in den USA und anderen Ländern durchgeführt. Wer sich dafür interessiert, sollte sich zunächst an die Schule oder an das Schulamt wenden. Hier ein paar Anschriften aus der Fülle der Angebote: Gesellschaft für internationale Jugendkontakte e.V., Postfach 20 05 62, Ubierstraße 94, 53135 Bonn; Europäischer Austauschdienst e.V., Mainzer Landstraße 90, 60327 Frankfurt am Main; Rheinisch-Westfälische Auslandsgesellschaft e.V., Steinstraße 48, 44147 Dortmund; Ständige Konferenz der Kultusminister der Länder, Pädagogischer Austauschdienst, Nassestraße 8, 53113 Bonn; ASF Interkulturelle Begegnungen e.V., Friedensallee 48, 22765 Hamburg; Internationaler Christlicher Jugendaustausch, Kiefernstraße 45, 42283 Wuppertal.

Internationale Sport- und Freizeitprogramme

Statt zwei Wochen am Strand (ver-)schmoren – Freizeit und Sport mit Sprachen lernen verbinden! Zum Beispiel: Bergsteigen in Frankreich, Paddeln in England, Töpfern in Italien, Kochen in Portugal. Hier einige Anschriften (mit den Aktivitäten in Klammern): Naturfreundejugend Deutschlands, Haus Humboldtstein, OT Rolandseck, 53424 Remagen; Deutsche Gesellschaft für europäische Erziehung, Nymphenburger Straße 42, 80335 München (Natur und Umwelt in Europa); British Horse Society, Stoneleigh Park, Kenilworth, Coventry, GB-Warwickshire CV 8 2 LR (Reitschulen und Pferdeaktivitäten); Deutsch-Französisches Jugendwerk, Rhöndorfer Straße 23, 53604 Bad Honnef (deutsch-französische Jugendbegegnungen); Akademie der Diözese Hildesheim, St. Jacobushaus, Reußstraße 4, 38640 Goslar (Jugendbegegnungen in Italien); Karaburun-Tours, Obergasse 14, 34587 Felsberg (Flamenco, Reiten, Klettern, Surfen in Spanien); Türkisch-deutscher Kulturverein e.V., Obergasse 14, 34587 Felsberg (Jugendprogramme in der Türkei); Gesellschaft für kulturellen und touristischen Austausch mit den Ländern der GUS und des Baltikums e.V., Robert-Perthel-Straße 5, 50739 Köln (Jugendaustausch, Sprachkurse in Rußland und Asien).

Zusammenfassung

1 „Gigantisch! Dieses niedliche Köpfchen." Karikatur 1989.

2 Das Haus Europa. Karikatur 1992.

3 EG-Europa. Karikatur 1992.

4 „Festung Europa". Karikatur 1992.

5 „Festung Europa". Karikatur 1992.

1 *Erarbeitet die Aussagen der Karikaturen und nehmt dazu Stellung.*
2 *Stellt Beziehungen zwischen den Abbildungen und euren Kenntnissen aus diesem Kapitel her.*
3 *Entwerft eine eigene Europakarikatur.*

Menschen gestalten ihre Lebensbedingungen

3.1 DIE ALPEN – KRANKES RÜCKGRAT EUROPAS

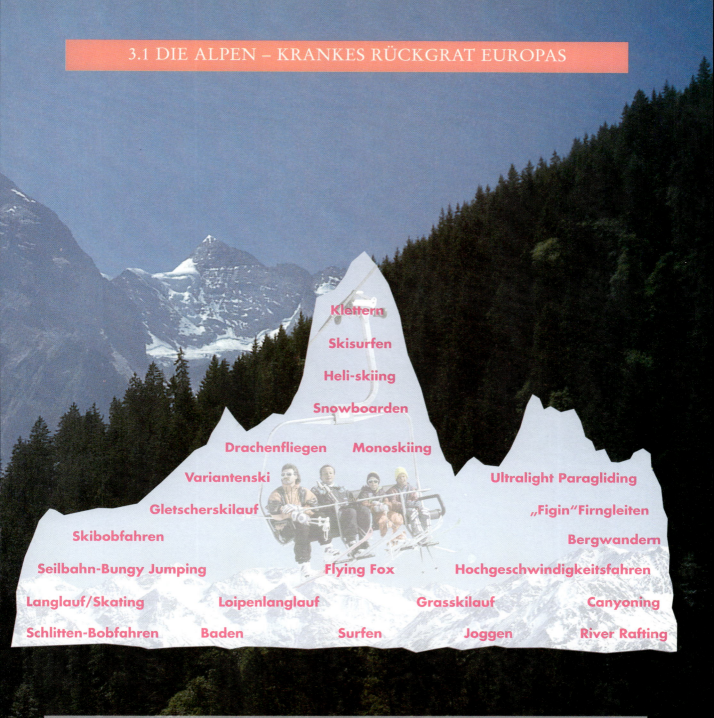

Klettern
Skisurfen
Heli-skiing
Snowboarden
Drachenfliegen   Monoskiing
Variantenski   Ultralight Paragliding
Gletscherskilauf   „Figin" Firngleiten
Skibobfahren   Bergwandern
Seilbahn-Bungy Jumping   Flying Fox   Hochgeschwindigkeitsfahren
Langlauf/Skating   Loipenlanglauf   Grasskilauf   Canyoning
Schlitten-Bobfahren   Baden   Surfen   Joggen   River Rafting

140 Millionen Besucher pro Jahr machen die Alpen zum größten Erholungsgebiet der Welt. Daneben durchqueren Millionen Autos die Alpen. Die Attraktivität der Alpen ist auch ihr Niedergang. Mit den Alpen geht es bergab!
Wie die Besucher und die Einwohner der Alpen ihren Raum als Erholungs-, Transit- und Lebensraum nutzen und zerstören, könnt ihr in diesem Kapitel erfahren. Auf folgende Fragen werdet ihr eine Antwort erarbeiten: Geht das alles spurlos an der Bevölkerung vorüber? Was können wir zum Schutz der Alpen tun?
Dabei werdet ihr die thematische Karte als Informationsquelle und das Konferenzspiel als eine Methode der Entscheidungsfindung kennenlernen.

DIE ALPEN – BEGEHRT UND GEFÄHRDET

1 Station am Gletscher „Tiefenbachferner" in Sölden. Foto 1988.

Tourismus in den Alpen

1 *Sammelt Begriffe an der Tafel, die ihr mit den Alpen verbindet. Überprüft, ob sie mit den auf den Auftaktseiten aufgeführten Freizeitaktivitäten übereinstimmen.*

Wochenende für Wochenende bilden sich kilometerlange Autokarawanen Richtung Alpen, gibt es Staus auf den Autobahnen, sind die Abfahrtspisten überfüllt. In den langen Warteschlangen an den Liften werden die Menschen aggressiv. Halb Europa kann sich nach wenigen Stunden Anfahrt inmitten der Bergwelt tummeln.

Nach nur drei Stunden Busfahrt, wenn alles gut geht, sind die Freunde Florian, Christian und Felix (16 J.) aus Stuttgart in dem interessanten Skigebiet von Sölden/Ötztal in Tirol mit seinen sicheren Schneelagen. Von München geht es noch schneller in die bayerischen Alpen. Wer möchte da schon zurückstecken? Schon frühmorgens geht es los zum Skilaufen oder Snowboarden. Bereits um 10.30 Uhr sind sie auf der Piste. Dann geht es mit viel Power und Risiko bergab, da zeigen sie, was sie können. Der Skiausflug: Eine Mordsgaudi mit einer Übernachtung und Abfahrt am Sonntag. Sind sie sich über die Folgen ihres Verhaltens im klaren?

2 *Führt in eurer Klasse eine kleine Befragung zu den Alpen durch, wertet sie aus und diskutiert die Ergebnisse. (Vorschläge für Fragen: Warst du schon einmal in den Alpen? Wie häufig? Würdest du gern deine Ferien im Gebirge verbringen? In welcher Jahreszeit? Welche Aktivitäten würden dich besonders reizen? Kennst du freizeit- und urlaubsbedingte Umweltschäden?)*

3 *Nennt Motive (Wünsche/Erwartungen) für einen Urlaub oder Tagesausflug in die Alpen, die in der Bevölkerung bestehen.*

4 *Betrachtet Abb. 1. Nennt die Eingriffe des Menschen in die Natur, die in der Abbildung 1 zu erkennen sind.*

5 *Sucht Sölden auf einer Autokarte. Informiert euch bei einem Automobilclub über häufig staugefährdete Strecken in die Alpen.*

Wintersport in Sölden

2 Skigebiet mit Pistenraupe. Foto 1995.

3 Schneekanonen im Einsatz. Foto 1995.

In einem Prospekt eines Automobilclubs hieß es 1988 über Sölden:

M1 ... Die Gemeinde Sölden, umgeben von den schneereichen Dreitausendern der Ötztaler Alpen hat mit die attraktivsten Skireviere in Österreich. Auf 330 km Pisten können die Skifahrer talwärts gleiten. „365 Skitage mit Schneegarantie", so wird geworben, und gemeint ist damit Österreichs größtes Gletscherskigebiet, zwischen dem Rettenbach- und Tiefenbachferner gelegen, die mit einem Autotunnel verbunden sind. Am späten Nachmittag trifft man/frau sich im Söldener „Après-Skiclub". Dort werden Verabredungen für den Abend getroffen: Bar oder Disco, Hüttenzauber oder nächtliche Rodelgaudi oder schick und teuer zum Dinner in einen Schlemmertempel ...

6 *Entnehmt den Abbildungen 1–3 und M1, was der Wintersportler zum Skifahren vor Ort benötigt.*

7 *Laßt euch Prospekte von verschiedenen Fremdenverkehrsgemeinden in den Alpen schicken. Stellt die dort angebotenen Freizeitaktivitäten zusammen und vergleicht die Orte miteinander.*

In dem Prospekt des Automobilclubs hieß es weiter über Sölden:

M2 ... 2100 Einwohner, 7630 Gästebetten, Liftkapazität: 37000 Pers./Std., einzelne Lifte sind durch leistungsstärkere Aufstiegshilfen ersetzt worden, Schneekanonen sichern die Abfahrt ins Tal.
Weitere Sportmöglichkeiten:
... Skilanglauf ... Tiefschneeabfahrten ... Skitouren ... Wanderwege ... Eisstadion ... Skibob, Rodelbahn ... Eisstockschießen ... Pferdeschlittenfahrten ... Drachenfliegen ... Reiten ... Hallenbad ... Sauna, Solarium ... Swingbow ... Snowsurfen ... Monoski.
Anreise: Stuttgart 337 km, Ulm 247 km, München 197 km ...

8 *Benennt, was die Zahlen in M2 (Einwohner, Gästebetten, Liftkapazität) über die Ausmaße des Wintertourismus aussagen.*

Folgen des alpinen Skisports

1 Baustelle für die Mittelstation einer Seilbahn im Stubaital, Östereich. Foto 1995.

2 Vernichteter Latschenhang. Foto 1995.

Folgen des Wintersports

Die Entwicklung des Skilaufs und seiner Varianten zum Massensport mit zwölf Millionen Skifahrern und Skifahrerinnen hat vielfältige Probleme für den ohnehin aufgrund seiner Höhenlage und Steilheit empfindlichen Naturraum Alpen mit sich gebracht. Die Skipisten der Alpen aneinandergereiht ergeben ein autobahnähnliches 40 Meter breites Band von 120 000 Kilometer Länge. Die Transportkapazität der 20 000 Skilifte wird auf 1 Mio. Skifahrer pro Stunde geschätzt.

1 *Vergleicht die Länge der Skipisten im Alpenraum mit dem Erdumfang.*
2 *Beschreibt die in Abb. 1 zu erkennenden Eingriffe in Oberflächenform und Vegetation und vermutet, wozu sie dienen sollen.*
3 *Beschreibt die Abbildung 2.*

Der Beauftragte des Bundes für Naturschutz in Südbayern hat dort 1989 über 150 Skipisten untersucht und kam zu folgendem Ergebnis:

> **M1** ...
> – 6 % der Pisten liegen in Naturschutzgebieten*.
> – 22 % in Landschaftsschutzgebieten*, 6 % in Wasserschutzgebieten*.
> – 54 % aller Skiabfahrten haben im Sommer erhebliche Erosionen*.
> – Etwa 30 % der Stickstoffimmissionen* sind auf die Autofahrten der Skifahrer zurückzuführen.
> – In 12 % der Skigebiete wird durch Lawinenbahnen und -sprengungen in den Naturhaushalt eingegriffen.
> – Müll- und Abwasserentsorgung sind unzureichend. Nur 20 % der Skigebiete verfügen über ausreichend Toiletten ...

Zu den Umweltproblemen des Skifahrens äußerte sich der Sachverständigenrat der Bundesregierung bereits 1987 in einem Gutachten:

> **M2** ... Der Wintersport, insbesondere der Alpinskilauf, zählt zu den Freizeitaktivitäten, die mit die größten Landschaftsbelastungen verursachen. Die Skipisten und die dazugehörigen Aufstiegshilfen benötigen eine beträchtliche Landschaftsfläche ..., zusätzlich werden weitere Flächen beansprucht, z. B. für Straßen, Parkplätze, Seilbahnstationen. Die größten Belastungen sind zu Beginn und gegen Ende der Wintersaison festzustellen, wenn die Schneedecke besonders dünn ist. ... Eine weitere Belastung wird durch Chemikalien ... (Schneezement und Schneefestiger) bewirkt, mit deren Hilfe Pisten und vereiste Stellen präpariert werden. Dadurch kommt es zu einer Salzanreicherung sowie zu einer Belastung der Gewässer ...

4 *Nennt die Gefahren für die Umwelt in den Alpen, die in den Gutachten M1 und M2 aufgezählt werden.*

Ski heil – Berg kaputt

Der Einsatz von Schneekanonen (vgl. Abb. 3, S. 117) wurde 1991 in einer Kampagne des BUND* mit dem Motto „Urlaub und Freizeit mit der Natur" so gesehen:

> **M3** ... Man sollte es daher grundsätzlich ablehnen, daß sich Fremdenverkehrsgemeinden und Liftbetreiber durch den Einsatz dieser Technologie über die natürlichen klimatischen Bedingungen hinwegsetzen. Der Energieverbrauch von bis zu 500 000 Kilowattstunden pro Jahr und etwa 1 000 l Wasserverbrauch pro Minute

Folgen des alpinen Skisports

3 Baumschäden durch Skifahrer. Zeichnung 1996.

4 Hangrutschung auf einer künstlich angelegten Skipiste in Valdaosta, Italien. Foto 1994.

> Schneeproduktion in einer Jahreszeit, in der die Wasservorräte in vielen Orten kaum für die Trinkwassergewinnung ausreichen, widerspricht jeglichem schonenden Umgang mit unseren natürlichen Ressourcen ...

Daneben gibt es weitere negative Auswirkungen des modernen Skitourismus in den Alpen:

– Waldrodungen zum Bau von Pisten und Liften wirken sich nachteilig auf den Wasserhaushalt der Böden aus. Es kommt zu einem vermehrten Oberflächenabfluß von Wasser, weil die gerodeten und planierten Flächen eine fünf- bis zehnmal geringere Wasserspeicherkapazität haben als Waldböden. Wildbäche werden zu reißenden Strömen, starke Erosion setzt ein, Muren- und Lawinenabgänge nehmen zu.

– Die Beschneiungsanlagen und der durch Pistenfahrzeuge und Skifahrer verdichtete und daher länger liegen bleibende Schnee läßt vielen Alpenpflanzen nicht mehr genügend Zeit zum Wachsen. Dadurch nimmt die Artenvielfalt ab. Der plattgewalzte Schnee läßt weniger Luft durch und verliert auch seine isolierende Wirkung für die Pflanzen. Folgen sind Frostschäden, Fäulnisprozesse und Pilz- und Schimmelbefall.

– Die technischen Eingriffe in den Naturhaushalt und das Verhalten der Skifahrer zerschneiden und stören die Lebensräume wildlebender Tiere. Sie ziehen sich in abgelegenere Gebiete zurück und zerstören dort durch übermäßigen Verbiß die Vegetationsdecke.

– Die Autoabgase der in der Hauptsaison im Stop-and-go-Verkehr an- und abreisenden Skifahrer führen zu großstadtähnlichen Belastungen von Luft, Boden und Wasser. Darunter leidet besonders der Bergwald.

5 Vergleicht den Stromverbrauch einer Schneekanone (M3) mit dem Verbrauch eurer Familie pro Jahr (vgl. auch S. 157).

6 Erläutert die Abbildung 3.

7 Beschreibt die in der Abbildung 4 dargestellte Situation.

8 Stellt eine Liste mit den auf dieser Doppelseite genannten negativen Folgen des Wintersports zusammen.

9 Nennt Maßnahmen gegen die negativen Folgen des Wintersports in den Alpen.

Tourismus verändert einen Ort

1 Sölden früher. Foto um 1910.

2 Sölden heute. Foto 1995.

Auf dieser Doppelseite könnt ihr erarbeiten, wie der Tourismus Sölden verändert hat. Die Auswertung von Diagrammen und die Interpretation einer thematischen Karte können euch helfen, die Entwicklung Söldens besser zu verstehen.

Die Entwicklung des Tourismus in den Alpen
1 Vergleicht die Abbildungen 1 und 2.
2 Beschreibt und erklärt die Entwicklung des Tourismus in Sölden an Hand der Grafik (Abb. 3) und der Tabellen.
3 Benennt und erläutert die Auswirkungen der Tourismusentwicklung auf den Ort Sölden an Hand der Abbildungen 1 und 2.

Der Sommer-Massentourismus setzte in den Alpen um 1955 ein. Wachsender Wohlstand, die Zunahme der Freizeit, die Verstädterung, die explosionsartige Motorisierung und der Wunsch nach einer Reise in die „heile Welt der Berge" sind wichtige Ursachen. Der Bau von technischen Anlagen für den Wintersport, von großen Hotels und Ferienwohnungen, die weitere Verbesserung der Einkommen, der hohe Prestigewert des Skiurlaubs sowie der Trend zum Zweit- und Dritturlaub ließen ab 1965 den Winter-Massentourismus sprunghaft beginnen.

Die wachsende Zahl der Einheimischen erforderte zusätzliche Bauten, z. B. Wohnhäuser und Schulen. Das hat zu einer Übernutzung der Tallagen geführt, die auch Zersiedlung genannt wird. Vielerorts wurde an Stellen gebaut, die von Überschwemmungen, Muren* und Lawinen bedroht sind.

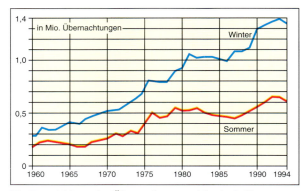

3 Entwicklung der Übernachtungszahlen in Sölden 1960–1994.

1900	1951	1961	1971	1981	1991	1995
1070	1660	1886	2372	2499	2761	3250

4 Bevölkerungsentwicklung in Sölden 1900–1995.

Bereich	1971	1991
Land- u. Forstw.	193	47
Energie- u. Wasserw.	6	5
Handwerk u. Industrie	55	89
Handel	50	113
Beherbergung/ Gaststätten	306	664
Verkehr, Seilbahn	56	123
Geldwesen	12	35
öffentliche Dienste	149	250

5 Beschäftigte in den Wirtschaftszweigen in Sölden 1971 und 1991.

Methode: Interpretation einer thematischen Karte

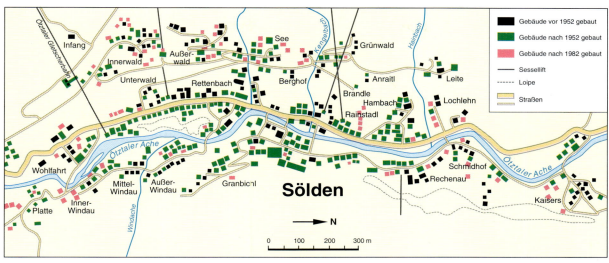

Die bauliche Entwicklung des Fremdenverkehrsortes Sölden von 1952 bis 1995.

Thematische Karten dienen der Information über spezielle Sachverhalte, z.B. Klima, Bevölkerungsdichte, Umweltbelastung. Auch können Veränderungen (z.B. früher–heute), Bewegungen (z.B. Pendlerströme) und nicht sichtbare Erscheinungen (z.B. Lärmbelastungen, Planungen) Thema sein.

Am Beispiel der Karte oben könnt ihr die Auswertung einer thematischen Karte üben:

1. Einlesen und Orientieren
■ Entnehmt dem Kartentitel, was die Karte aussagen soll, was das Thema ist.
■ Betrachtet die Legende (Zeichenerklärung) und stellt fest, welche Inhalte die Karte hat: Womit wird die Entwicklung Söldens beschrieben? (Entstehung von Gebäuden und Aufstiegshilfen in Zeitabschnitten).
■ Stellt fest, ob die Karte aktuell ist und worüber sie keine Auskunft gibt, d.h. in der Legende sind dafür keine Signaturen (Zeichen) vorgesehen (z.B. keine Angaben zur Nutzung der Gebäude).
■ Orientiert euch: Wo liegt der Ort (Atlas)? Wie groß ist der Kartenausschnitt (Maßstab)? Wo liegen die Himmelsrichtungen?

2. Beschreiben
■ Beschreibt die räumliche Gliederung, z.B.: Wie liegt der Ort im Tal (Ausdehnung)? Gibt es verschiedene Ortsteile?

■ Beschreibt die Verbreitung der in der Legende aufgeführten Karteninhalte, z.B.: Wo liegen Gebäude unterschiedlichen Alters, Durchgangsstraßen, Wege, Brücken, Seilbahnen (Talsohle, Ost-, Westhang; neue Häuser neben, abseits oder zwischen den alten)? Gibt es eine Neubausiedlung? In welchem Zeitraum wurde am meisten gebaut?
Ihr könnt auch herausfinden, wie der Ort vor dem großen Touristenansturm aussah: Gab es eine geschlossene Ortslage? Was bedeuten die Ortsbezeichnungen in diesem Zusammenhang?
■ Faßt die wichtigsten Ergebnisse eurer Beschreibung zusammen: Der Ort wuchs im Zeitraum ... besonders stark, in derselben Zeit entstanden auch die ... Heute ist das Tal fast ... bebaut.

3. Erklärung der herausgefundenen Besonderheiten
■ Überlegt, worauf sich die beschriebenen Veränderungen zurückführen lassen.
Dazu wird zusätzliches Wissen benötigt. Zum Beispiel könnt ihr die Ursachen der großen Zunahme des Gebäudebestandes in einem Zeitraum mit Hilfe des Textes und der Abb. 2 und der Tabelle (Abb. 4) auf Seite 120 herausfinden. Erklärt auch, warum zuerst in der Nähe der alten Höfe gebaut wurde und warum sich die Kopfstationen der Seilbahnen an bestimmten Stellen befinden.

Auswirkungen des Tourismus

1 Grindelwald bei Interlaken/Schweiz. Foto 1988.

2 Tourismussiedlung in den Alpen. Foto 1995.

Die Veränderung der Alpendörfer

1 *Beschreibt die zu erkennende Siedlungsstruktur in der Abbildung 1. Berücksichtigt dabei auch die unterschiedlichen Hausformen.*

Die starke Zunahme des Fremdenverkehrs führte dazu, daß Unterbringungsmöglichkeiten und andere Einrichtungen der touristischen Infrastruktur* gebaut wurden.

Der Geograph W. Bätzing schrieb 1991 in seinem Buch „Die Alpen":

M1 ... Bei solchen Verhältnissen übersteigt die Nachfrage nach Boden das Angebot weit, die Preise klettern in astronomische Höhen und erreichen in großen Touristenzentren teilweise diejenigen der Münchener Innenstadt. ... Die Einheimischen ... müssen oft abwandern, weil sie keinen bezahlbaren Wohnraum mehr finden, weder zur Miete noch Baugrundstücke ..., was für erhebliche soziale Spannung sorgt. In Bayern spricht man in diesem Zusammenhang von den „bayerischen Heimatvertriebenen". ...
Die Gemeindepolitik wird im Laufe der Zeit immer stärker auf die Erhaltung der touristischen Konkurrenzfähigkeit ausgerichtet. ... Wichtige politische Entscheidungen der Gemeinde werden ... von einflußreichen Hoteliers, Baufirmeninhabern und Seilbahndirektoren gefällt ...

Der Schriftsteller H. Haid aus dem Ötztal prangerte 1994 in der Zeitschrift „Greenpeace-Magazin" an:

M2 ... Die Scharen kommen ins Monster-Alpin-Disney-Land, die Bauern als Statisten, die Mädchen als Edelprostituierte, die Burschen als angelernte Zuhälter in den Dienst der guten Sache gestellt. Eigenständige Kultur wird verkaufsträchtig in „volksdümmliche" Musik und Schuhplattlervorführungen für die zahlende Klientel* pervertiert* ...

2 *Diskutiert über die Probleme, die in M1 und M2 angesprochen werden, und welche Auswirkungen sie auf die Einheimischen haben.*

3 *Beschreibt die in der Abbildung 2 dargestellten Tourismusanlagen. Bewertet ihren Bau vor dem Hintergrund der Auswirkungen des Tourismus, die ihr in diesem Kapitel bisher erarbeitet habt.*

Auswirkungen des Tourismus

3/4 Signets des Deutschen Alpenvereins und der Naturfreundejugend Deutschland.

Fahren nur die anderen – was können wir tun?
In einem Merkblatt der Jugendorganisation des Deutschen Alpenvereins hieß es 1990:

M3 ...
– keine Pistenabfahrten bei Schneehöhen von 40 cm oder darunter;
– keine Skigebiete mit Schneekanonen benutzen;
– Skigebiete benutzen, die nicht mehr expandieren*;
– keine „wilden" Abfahrten durch Schonungen u. ä.;
– kein Gletscherski;
– Benutzung von Zubringer- und Skibussen;
– Minimieren von (Wochenend-) Skireisen (mit langer Anreise);
– keine reinen Skireisen (es gibt noch viele andere Winterfreizeitaktivitäten) ...

In einem Merkblatt der Naturfreundejugend Deutschland konnte man 1994 lesen:

M4 ... Wir Naturfreunde fordern:
– keine weiteren Erschließungen für den Skisport;
– Verbot von Heliskiing;
– keine Orientierungsläufe querfeldein;
– keine Pistenautobahnen, sondern ökologisch angelegte „Naturpisten", insbesondere Erdarbeiten sind zu unterlassen;
– eine regelmäßige Bewertung der Umweltverträglichkeit bei den bestehenden Skipisten;
– Verzicht auf chemische oder energieaufwendige Eingriffe für Tages- oder Saisonverlängerung (Beschneiungsanlagen, Flutlichtanlagen, Schneezement, schwere mechanische Pisten- und Loipenpräparierung);
– Pistensperrung bei geringer Schneelage bzw. bei abgefahrenen Pisten;
– daß Start- und Zielgebiete viel besuchter Skigebiete von Gemeinden mit öffentlichen Verkehrsmitteln bedient werden;
– daß Wege- und Waldflächensperrungen zum Schutz gefährdeter Biotope eingeführt werden können. Sinnvolle Wegeplanung und Wegegebote sind vorzuziehen;
– daß die Besucher auf die Problematik Sport und Naturschutz hingewiesen und mit geeignetem Informationsmaterial ... versorgt werden;
– in Skigebieten einen Pistendienst einzusetzen, der die ... Maßnahmen auch tatsächlich überwacht ...;
– daß Fremdenverkehrs- und Skiführer die Probleme des Naturschutzes berücksichtigen.

Das B.A.T. Freizeit-Forschungsinstitut in Hamburg schrieb 1988, wie Jugendliche und junge Erwachsene (14–24 Jahre) auf freizeitbedingte Umweltschäden reagieren:

M5 ... 83 % nehmen ihren Abfall mit nach Hause. 63 % suchen keine abgelegenen Schutzgebiete auf. 50 % würden das Auto stehen lassen und ein öffentliches Verkehrsmittel oder Fahrrad benutzen. 22 % verzichten auf Bequemlichkeiten, wie Skilifte und Seilbahnen ...

4 *Erläutert die Tips und Forderungen in M3 und M4. Formuliert eure eigene Meinung dazu.*

5 *Stellt dar, welche erfreulichen und bedenklichen Schlüsse ihr aus der Umfrage (M5) ziehen könnt.*

Jedes Schuljahr nehmen in Bayern 110 000 Schülerinnen und Schüler und 7 000 Lehrinnen und Lehrer an Schulskikursen teil. Aber auch aus allen anderen Bundesländern kommen Jugendliche zu Schulskikursen. Meist eine Woche lang wird Alpinski überwiegend auf der Piste betrieben. Der Trend geht immer mehr von den Zielgebieten in den deutschen Alpen zu denen in Österreich und Südtirol wegen der dort vorhandenen größeren Schneesicherheit.
Die Kultusministerien unterstützen mit Empfehlungsschreiben Schulskikurse. Und das, obwohl öffentlich über die Umweltschädlichkeit des Abfahrtskifahrens diskutiert wird. Die Kurse sind bei Schülern und Lehrern sehr beliebt.

6 *Tragt Ideen zusammen für eine alternative Winterfreizeit ohne Alpinski.*

LEBENSRAUM ALPEN

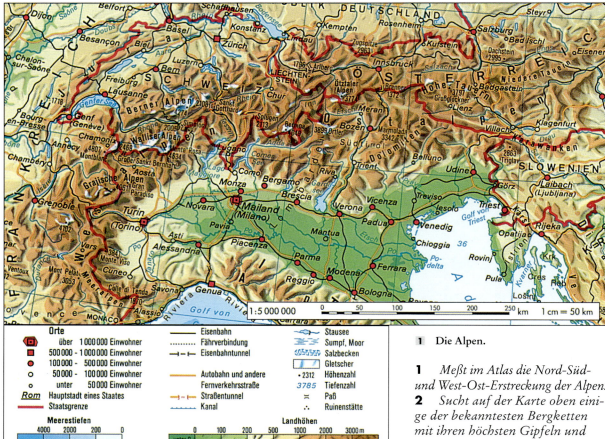

1 Die Alpen.

Auf den Seiten 124–133 könnt ihr euch über den Lebensraum Alpen, die Berglandwirtschaft und die Gefährdung der Alpen informieren.

Übersicht: Alpenstaaten 1990				
Alpen-staat	Alpen-bewohner	Anteil an den gesamten Alpen-bewohnern (in %)	Gesamt-bevölkerung	Alpen-bewohner (in %)
D	1 318 694	10,1	80 980 343	1,6
F	2 288 099	17,5	57 400 000	4,0
I	4 259 396	32,7	57 719 000	7,4
FL	28 877	0,2	28 877	100,0
A	3 150 563	24,2	7 909 600	39,8
CH	1 662 394	12,4	6 904 600	2,35
SLO	377 704	2,9	1 965 986	19,2
Alpen	13 045 727	100,0	212 908 406	6,1

1 Meßt im Atlas die Nord-Süd- und West-Ost-Erstreckung der Alpen.
2 Sucht auf der Karte oben einige der bekanntesten Bergketten mit ihren höchsten Gipfeln und stellt eine Liste mit den Höhenangaben zusammen. Vergleicht die West- mit den Ostalpen.
3 Fertigt eine Umrißskizze (mit Hilfe von Transparentpapier) von den Alpen an und tragt die größeren Flüsse (blau), die Hauptverkehrsstraßen (rot, einfach) und Autobahnen (rot, doppelt) sowie die Eisenbahnlinien (schwarz) ein. Zeichnet die Wasserscheiden zwischen der Nordsee, dem Mittelmeer und dem Schwarzen Meer ein. Nennt die Zusammenhänge, die zu erkennen sind.
4 Zählt die wichtigsten Alpenpässe und Tunnel auf.
5 Beschreibt mit Hilfe der Übersicht, welche Bedeutung der Alpenraum für die einzelnen Staaten hat.

Die Entstehung der Alpen

2 Faltengebirge. Foto 1993.

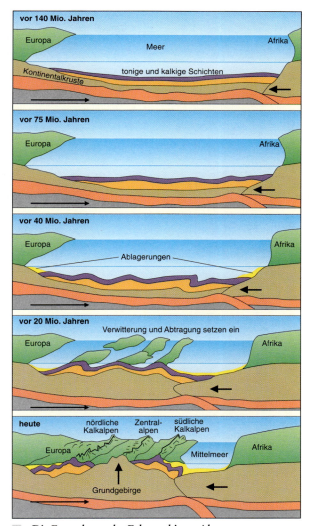

3 Die Entstehung des Faltengebirges Alpen.

Das Faltengebirge Alpen

Die Alpen, das höchste Gebirge Europas, sind Reste riesiger Falten der Erdkruste, die zusammen mit anderen Gebirgen, z. B. den Pyrenäen, den Karpaten und dem Kaukasus aufgefaltet wurden. Die Gesteine bestehen aus Urgestein und aus Meeresablagerungen, sogenannten Sedimenten. Das Material wurde durch die Nordbewegungen der afrikanischen gegen die europäische Erdplatte* gefaltet und schließlich gehoben.

Schon als sich die Alpen erhoben, wurden sie durch Wasser, Eis und Wind und die Schwerkraft abgetragen. Diese Entwicklung ist bis heute nicht abgeschlossen; jedoch halten sich Hebung und Abtragung etwa die Waage.

Ihre schroffen steilen Formen verdanken die Alpen besonders den Wirkungen der Eiszeit vor 10 000 Jahren. Mächtige Gletscher schufen gewaltige Trogtäler*, übertieften die Talböden, in denen sich heute malerische Seen ausbreiten. Von den großen Gletschern sind heute nur noch Reste in den höheren Lagen übriggeblieben. Sie schmelzen weiter ab, immer schneller. Das ist auf eine zunehmende Erwärmung der Erde zurückzuführen. Wissenschaftler vermuten, daß eine Ursache dafür auch in der heutigen Lebensweise der Menschen zu sehen ist.

6 *Erläutert mit Hilfe des Schaubildes (Abb. 3) und des Textes die Entstehung der Alpen.*

7 *Informiert euch in einem Lexikon über die Erdgeschichte (Stichworte: Erdzeitalter, Plattentektonik).*

8 *Simuliert die Entstehung eines Faltengebirges mit Hilfe mehrerer übereinandergelegter dicker Handtücher, die ihr von einer Seite her zusammenschiebt. Beobachtet und beschreibt die dabei entstehenden Falten.*

9 *Sucht und benennt Hinweise auf gebirgsbildende und -abtragende Vorgänge in Abbildung 2.*

Der Naturraum der Bergbauern

1 Höhenstufen von Klima und Vegetation in den Alpen.

Die Seiten 126–129 haben die Landwirtschaft der Bergbauern in den Alpen zum Thema. Unter welchen natürlichen Bedingungen sich das Leben der Bergbauern im Hochgebirge Alpen abspielt, könnt ihr mit Hilfe der Abbildungen dieser Doppelseite erschließen.

Höhenstufen im Gebirge

1 *Beschreibt und erklärt mit Hilfe des Schaubildes (Abb. 1) die Vegetationsstufen in den Alpen.*
2 *Beschreibt die Landschaft auf der Abbildung 2. Verwendet dazu die Begriffe aus der Abbildung 1.*
3 *Legt auf die Abbildung 2 ein Transparentpapier oder eine Folie. Umrandet und kennzeichnet mit verschiedenfarbigen Strichen die zu erkennenden Höhenstufen.*

Lebewesen finden im Gebirge sehr unterschiedliche Lebensbedingungen vor. Klima, Relief (Oberflächenform), Gestein und Böden beeinflussen sie. Ein bedeutender Faktor ist die Höhenlage. Sie bewirkt eine klimatische Höhenstufung und damit verbunden verschiedene Vegetationszonen je nach Höhenlage.

Die jeweiligen Höhenstufen liegen am Alpennordrand niedriger als am Südrand. Während z. B. im Süden der Wein noch in Lagen um 1200 m gedeiht, werden in dieser Höhe im Norden nicht einmal die Äpfel reif.

Der Naturraum der Bergbauern

2 Blick vom Birnbaum im Lesachtal zum Seekopf und zur Hohen Warte. Foto 1992.

Bergbauern in der Krise

Landwirtschaft in den Alpen
Sebastian Marseiler schrieb 1994 in der „Süddeutschen Zeitung" über den Existenzkampf der Bergbauern in Südtirol:

M1 ... Hier oben das ist Oberprisch, tausendsiebenhundert Meter Meereshöhe. Neun Hektar steilstes Wiesengelände werden zweimal im Jahr gemäht, dazu noch fünf bis sechs Hektar Bergwiesen. Zehn Kühe werden versorgt. ... Das große Betriebskapital aber sind die „Goaße", an die neunzig Ziegen. Die Arbeit im Stall beginnt im Sommer um halb sechs, damit um halb acht das Vieh auf der Weide ist.
„Wenn du hier oben nicht ordentlich arbeitest, kommst nicht weiter", sagt die Bäuerin Monika Gufler. Zusammen mit ihrem Mann bewirtschaftet sie den Hof seit 1975; sechs Kinder brachte sie zur Welt. Die Bilder von damals zeigen eine verrußte Küche mit einem einfachen Herd, wie auf einer Almhütte, zeigen das erste Töchterchen in der Stube, in der Kammer wäre es ihnen erfroren im Winter. ... Langsam, langsam haben sie das Haus saniert, vor kurzem kamen Stall und Scheune dran.
Sie haben die Gebäude an der selben Stelle lassen müssen, weil es der einzig sichere Platz vor abgehenden Lawinen ist.
...
Drüben, auf der gegenüberliegenden Talseite, gerät der Hang ins Rutschen, seit man bei der Bachverbauung den Bergfuß untergraben hat. Man muß „kluage" sein mit der Natur auf dem Berg, sagt Frau Monika; kluage hat zwei Bedeutungen in Tirol, es bedeutet weise, aber auch zart, behutsam. Etwas „kluager" zu leben, täte uns allen nicht schaden ...

In einem Forschungsbericht für das Bundesministerium für Land- und Forstwirtschaft in Wien von 1994 hieß es:

M2 ... Für viele Bergbauern ... ist die jährliche Bilanz deprimierend. In Tirol beträgt das Durchschnittseinkommen rund 97 000 Schilling pro Jahr und Familie. Im Landesdurchschnitt erreichen sie etwa 44 % des Arbeitnehmerlohnes. In den extremen Zonen ... sind es nur mehr ein Drittel oder ein Viertel davon. ... In zehn Jahren hat vorher keiner der Bauern seinen Hof aufgegeben. Jetzt wird ein Bauernsterben sondergleichen einsetzen: trotz hoher Landesförderungen, trotz viel Geld aus Brüssel ...

1 Stellt die in den Materialien M1, M2 und Abb. 1 enthaltenen Aussagen zur Form der Landwirtschaft der Bergbauern zusammen.
2 Beschreibt mit Hilfe der Abbildung 1 und M2–M3 die Lebensverhältnisse der Bergbauern und erläutert ihre heutige Situation.

1 Bergbauer im Lesachtal bei der Heuernte. Foto 1993.

Viele Bergbauern können von ihrer Landwirtschaft heute nicht mehr leben. Zusätzliche Erwerbstätigkeit im Fremdenverkehr oder Abwanderung sind die Folge. So verliert die ländliche Bevölkerung ihre alte Existenzgrundlage und damit ihre kulturelle Identität* als Bergbauern.
Die Industrialisierung seit dem 19. Jahrhundert brachte vielen Regionen Europas Vorteile. Die Alpenregionen blieben jedoch durch die natürlichen Standortnachteile davon weitgehend ausgenommen. In vielen Orten setze daher eine starke Bevölkerungsabwanderung ein, die sich in neuerer Zeit noch verschärfte.

Bergbauern in der Krise

Mehrfache Erwerbstätigkeit
Über die Mehrfach-Erwerbstätigkeit in der Berglandwirtschaft berichtete Hans Haid 1994:

> **M3** ... Um sechs Uhr in der Früh in den Stall, um acht Uhr Arbeitsbeginn beim Straßenbau, beim Lift, in der Gemeinde. Tagsüber, auch über Mittag, an der Arbeitsstelle. Um siebzehn Uhr oder um achtzehn Uhr Heimfahrt, kurz eine Jause*, dann in den Stall. Alles fertig inclusive Abendessen um zwanzig Uhr. Im Sommer, auf jeden Fall zehn bis vierzehn Tage Ende Juni/Anfang Juli und wieder dasselbe ab Mitte August, zur Heuernte den Urlaub zum überwiegenden Teil verbrauchen. Durch die unselbständige Tätigkeit Kürzung oder gänzliche Streichung des Bergbauernzuschusses. Strafe für Doppel-Tätigkeit! ...

Gründe für die vorhandene schlechte wirtschaftliche Lage der Bergbauern sind vor allem:
– Die Benachteiligung durch Höhenlage, Klima und Geländeungunst verursacht einen höheren Arbeitsaufwand und schränkt den Maschineneinsatz ein.
– Die ungünstige Preisentwicklung für landwirtschaftliche Produkte und Vieh durch landwirtschaftliche Überproduktion in der EU.
– Das ungünstige Tauschverhältnis landwirtschaftlicher Produkte gegen Dienstleistungen und Industriewaren.

Kann die Berglandwirtschaft überleben?
Experten, z. B. der Geograph W. Bätzing, schlagen folgende Maßnahmen vor:

> **M4** ...
> – Produktion von hochwertigen Lebensmitteln, z. B. Spezialitäten wie „Almkäse", „Alpenmilch" und Einführung eines „Gütesiegels" für „naturreine", „biologisch reine" Erzeugnisse.
> – Alternativen zur traditionellen Produktion, z. B. Milchschafe, Ziegen,

2 Ötztaler Bauernfrühstück. Fotos 1995.

> Kaninchen, Geflügel, Pilze, Himbeeren, Brombeeren, Heilkräuter, Eßkastanien.
> – Gründung von Genossenschaften für die Qualitätsproduktion und Vermarktung.
> – Direktvermarktung* [vgl. Abb. 2] an das Fremdenverkehrsgewerbe.
> – Abhaltung von Bauernmärkten ...

In Österreich und in der Schweiz gibt es bereits eine Reihe gut funktionierender Modelle der Zusammenarbeit von Bauern mit der Tourismusindustrie, z. B. das „Bauernfrühstück" im Ötztal. Der Verein „PRO VITA ALPINA" berichtete 1995 in einem Forschungsbericht:

> **M5** ... Bäuerinnen und Produzenten von agrarischen Spezialitäten haben sich zusammengeschlossen und richten mehrmals in der Woche oder alle Tage in Hotels, Gasthöfen und Restaurants ein Frühstück aus mit Honig, Ziegenkäse, Kräutern, Tirolbeef, Lammwürsten, Marmelade und Selbstgebackenem ...

3 *Sortiert die Ursachen der Bergbauernkrise nach den Beeinflussungen von außen und durch die Gegebenheiten vor Ort. Nennt die Gründe, die eurer Meinung nach am einfachsten beseitigt werden könnten.*

4 *Beurteilt die verschiedenen Vorschläge und Modelle zur Rettung der Bergbauern in M4 und M5 im Hinblick auf ihren möglichen Erfolg.*

5 *Erkundigt euch danach (z. B. bei der Landwirtschaftskammer), ob es auch in eurer Region Projekte einer „neuen Landwirtschaft" gibt.*

Leben am Auspuff Europas

1 Verkehrswege in einem Alpental. Foto 1993.

Die Alpen als Verkehrsraum

Stimmen entlang der Gotthard-Autobahn N2 im Kanton Uri in der Schweiz 1994:

M1 ... Bauer Kempf wohnt mit seiner Familie 30 Meter neben der Autobahn:
„Mörder der Heimat" schrieb ein Bauer bei Baubeginn auf ein Plakat. Damals haben wir ihn belächelt, heute sehen wir das auch so. Wenn wir gewußt hätten, was auf uns zukommt, wären wir vermutlich ausgewandert ...
Andrea Acerboni, Sozialarbeiterin bei der Liga gegen Tuberkulose und Lungenkrankheiten:
Es ist schwer, zu beweisen, ob Asthma und chronische Bronchitis auf den Verkehr zurückzuführen sind. Persönlich bin ich aber davon überzeugt. Immer mehr Leute melden sich, die unter Atemnot leiden, unter ihnen viele ältere Personen und Kinder. Die Zahl der Patienten nahm innerhalb von sechs Jahren um 42 Prozent zu ...

Ein Krankheitsfaktor für die Alpen und ihre Bewohner ist der Verkehr. Seit 1960 wurden immer mehr Trassen und Tunnel ins Gebirge gebrochen. Auf der Brennerautobahn, eine der meist befahrenen Transitrouten, wurden 1994 täglich über 18 000 Kraftfahrzeuge gezählt, an Spitzentagen sogar 43 000. Bis zum Jahr 2010 wird mit einer Verdoppelung gerechnet.
Die Alpen sind aber nicht nur Durchgangsraum, sondern auch Ziel- und Quellraum von beachtlichen Gütertransporten und Pkw-Fahrten. Deshalb ist für den regionalen und touristischen Verkehr ein weit verzweigtes Verkehrsnetz gebaut worden.
Der Motorlärm und die Rollgeräusche der Fahrzeuge beeinträchtigen das Leben vor allem an den Durchgangsrouten. Die Abgase, die sich in den engen Tälern ansammeln, werden nicht nur von den Anwohnern eingeatmet, sondern sie belasten die Böden mit Schadstoffen und zerstören zusätzlich den Bergwald.

1 *Beschreibt die Verkehrsführung in Abb. 1.*
2 *Setzt die Aussagen von M1 und des Textes in Beziehung zur Abbildung oben.*
3 *Vergleicht die Verkehrsströme am Brenner mit denen auf einer Durchgangsstraße in eurem Heimatort. Vielleicht gibt es in der Gemeindeverwaltung dazu Zahlen. Ihr könnt auch selbst den Verkehr zu verschiedenen Tageszeiten zählen und dann die Zahlen hochrechnen.*

Leben am Auspuff Europas

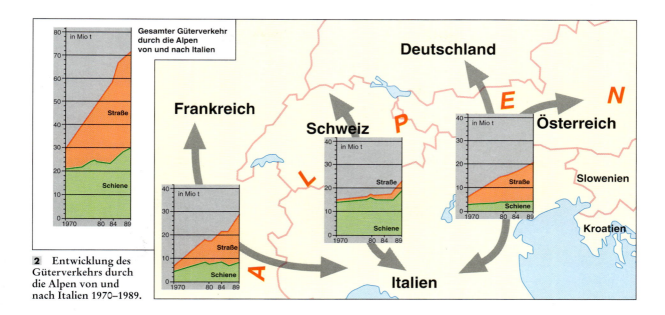

2 Entwicklung des Güterverkehrs durch die Alpen von und nach Italien 1970–1989.

Güterverkehr

4 *Erläutert die Veränderungen im Güterverkehr durch die Alpen mit Hilfe der Abbildung 2.*

Mit zunehmender länderübergreifender Arbeitsteilung in der EU wachsen die Gütertransporte ständig. Da die Eisenbahnen nicht ausgebaut wurden, erreichten 1970 die schweizerischen Bahnen und ab 1978 die österreichischen und französischen Bahnen ihre Kapazitätsgrenzen. Andererseits wurde aber der Straßenbau gefördert, so daß sich fast der gesamte Verkehrszuwachs auf der Straße abspielte.

1970 passierte mehr als die Hälfte des alpinen Durchgangsverkehrs die Schweiz. Heute muß Österreich sogenannte Umwegtransporte in Kauf nehmen (am Brenner 1995 etwa 40 % des Güterverkehrs). Denn die Schweiz
– behält ihr seit den 50er Jahren bestehendes 28 t-Limit für Lastkraftwagen bei (40–44 t-Limit in der EU),
– erhebt seit 1985 eine Pauschalabgabe auf den Schwerverkehr und
– hat Verkehrsbeschränkungen für Lastkraftwagen erlassen, wie Fahrverbote an Feiertagen, in der Nacht und auf bestimmten Strecken.

Um größere Gütermengen mit der Bahn transportieren zu können, müssen Tunnel gebaut werden, die einen geringen Anstieg haben und deshalb höhere Fahrgeschwindigkeiten erlauben. Diese Trassen dienen dem kombinierten Verkehr, der als „Huckepack-Verkehr*" („rollende Autobahn") und für Container angeboten wird. Die Schweiz plant die „Neue Eisenbahn-Alpentransversale*" (NEAT) am Gotthard. In Österreich ist dafür der Brenner vorgesehen.

Die „Süddeutsche Zeitung" berichtete am 9.11.1994:

M2 … Die Tiroler Landrätin Eva Lichtenberger und der Urner Landrat Caspar Walker ärgern sich beide über die vielen sinnlosen Transitfahrten: Deutsche Milch wird nach Italien verfrachtet, Mineralwasser von Süd nach Nord transportiert, Kartoffeln in halb Europa herumgekarrt. „Das ist doch einfach Blödsinn", sagt Eva Lichtenberger. … Heike Aghte, Mitglied des Arbeitskreises „Alpentransit": „Wir haben es für den Brenner durchgerechnet und kommen auf eine Größenordnung von 70 Prozent Güterverkehr, der überhaupt keinen Sinn macht. Der könnte wegfallen, ohne daß irgendein Konsument etwas merkt" …

5 *Nennt die Ursachen und Folgen des Verkehrs in den Alpen.*

6 *Erörtert an Hand von M2 und des Textes Verbesserungsvorschläge für die Entwicklung des Güterverkehrs durch die Alpen aus der Sicht: a) der Bevölkerung an den Strecken, b) der Transportunternehmen, c) der Staaten Schweiz und Österreich und d) der Alpen-Anrainerstaaten.*

Die Alpen – ein gefährlicher und gefährdeter Lebensraum

1 Lawinenunglück. Collage.

2 Murenabgang im Bergwald. Foto 1987.

Naturkatastrophen in den Alpen

1 *Erläutert an Hand von M1 und der Abbildung 1 die Gefahren durch Lawinen in den Alpen.*
2 *Beschreibt an Hand der Abbildung 5, durch welche Maßnahmen sich viele Orte in den Alpen vor Lawinen schützen.*

Die „Frankfurter Rundschau" berichtete am 5.1.1995:

M1 Deutsche Skifahrer verschüttet
Wahrscheinlich acht Skifahrer sind in Österreich durch Lawinen getötet worden. Im Tiroler Skigebiet Ischgl starben drei Männer und eine Frau. ... Sie waren von einem bis zu 600 Meter langen Schneebrett erfaßt worden, das andere Tourengeher abseits der markierten Pisten losgetreten hatten. ... Nach Angaben des Deutschen Skiverbands verunglückten in der vergangenen Skisaison in den Alpen 70 Tourengeher und Alpinskiläufer bei Lawinenabgängen tödlich ...

Das Leben und Wirtschaften in den Alpen ist ständig gefährdet durch natürliche Vorgänge wie Lawinen* (vgl. Abb. 1), Muren* (vgl. Abb. 2), Felsstürze* (vgl. Abb. 6), Überschwemmungen, Gewitter, Schnee und Kälte. Schützen davor kann nur Vorsicht und genaues Wissen. Katastrophen entstehen häufig dadurch, daß die Menschen sich nicht auf die Naturbedingungen einstellen, z.B. an gefährdeten Stellen bauen, Flächen zu stark nutzen oder kleine Schäden nicht gleich reparieren oder sich mit ihren technischen Möglichkeiten überschätzen. Immer häufiger lösen die Menschen durch ihr Verhalten selbst Naturkatastrophen in den Alpen aus.

Die Zeitschrift „natur" beschrieb 1994 das Unglück von Langarone im Jahre 1963:

M2 ... Stauseen liefern nicht nur billigen Strom. Sie bergen auch Risiken. ... Das Wasser wird nicht nur an der Oberfläche, sondern auch unterirdisch zurückgehalten. Das Grundwasser steigt in den wasserführenden Schichten an und kann sie in Gleitschichten verwandeln. So können sich ganze Hänge vom Untergrund lösen. Nahe dem oberitalienischen Langarone stürzte ein Berghang in einen Stausee, dessen Wasser über die 226 Meter hohe Staumauer schwappte. Fast 2000 Menschen starben in der Sturzflut, die durch das Piavetal schoß ...

3 *Beschreibt mit Hilfe der Abbildungen 2–4 und 6 die Auswirkungen von Muren und Bergstürzen in den Alpen.*
4 *Stellt in einer Liste die Naturereignisse von denen auf dieser Doppelseite berichtet wird zusammen und kennzeichnet diejenigen, die auf menschliches Verhalten zurückzuführen sind. Begründet eure Zuordnung.*

Die Alpen – ein gefährlicher und gefährdeter Lebensraum

3 / 4 Die Stadt Langarone/Italien vor und nach dem Unglück am 9. 10. 1963. Fotos.

5 Lawinenschutzbauten in den Alpen. Foto 1995.

6 Bergsturz in den Alpen. Foto 1994.

Die Zukunft der Alpen

Die Alpenkonvention

Seit 1989 bemühen sich die Alpenstaaten und die Europäische Union (EU) um eine gemeinsame Lösung der bestehenden Probleme in den Alpen. Dies soll mit einem völkerrechtlich verbindlichen Vertrag, dem „Übereinkommen zum Schutz der Alpen", der sogenannten Alpenkonvention, gelingen. Ziele der Alpenkonvention sind nach der Internationalen Alpenschutzkommission CIPRA: Gleichwertige Lebensqualität, regionale Vielfalt, hohe Umweltqualität.

Wie diese Ziele erreicht werden können, regeln sogenannte Protokolle. Alle zwei Jahre treffen sich die zuständigen Minister auf einer Alpenkonferenz, um Protokolle zu unterzeichnen, neue zu erarbeiten oder alte zu verändern. Die Protokolle beziehen sich auf die Bereiche Naturschutz und Landschaftspflege, Raumplanung*, Berglandwirtschaft, Tourismus und Freizeit, Verkehr, Bergwald, Energie, Bodenschutz und Wasser. 1994 ist die Konvention in Kraft getreten, erste Protokolle wurden unterzeichnet. Sie müssen in den jeweiligen Staaten ratifiziert* und dort in Gesetze umgewandelt werden.

Die Einzelziele der Alpenkonvention sind in Artikel 2 festgelegt. Darin heißt es u.a.:

M1 Allgemeine Verpflichtungen: ...

f) Naturschutz und Landschaftspflege – mit dem Ziel, Natur und Landschaft ... zu schützen, zu pflegen und, soweit erforderlich wiederherzustellen. ...

g) Berglandwirtschaft – mit dem Ziel, die traditionellen Kulturlandschaften und eine standortgerechte, umweltverträgliche Landwirtschaft zu erhalten. ...

i) Tourismus und Freizeit – mit dem Ziel, unter Einschränkung umweltschädigender Aktivitäten die touristischen und Freizeitaktivitäten mit den ökologischen und sozialen Erfordernissen in Einklang zu bringen. ...

j) Verkehr – mit dem Ziel, Belastungen und Risiken im Bereich des inneralpinen und alpenquerenden Verkehrs ... zu senken ... und durch eine verstärkte Verlagerung des Verkehrs, insbesondere des Güterverkehrs, auf die Schiene ...

1 *Beschreibt den Weg vom Übereinkommen der Alpenstaaten bis zur Umsetzung der Ziele der Alpenkonvention.*

2 *Teilt euch in Gruppen auf und beschreibt jeweils eines der Teilziele in M1, indem ihr die bestehenden Probleme und mögliche Verbesserungen benennt.*

Unterschiedliche Interessenlagen

J. Schmill berichtete 1994 in der Zeitschrift „natur":

M2 ... „Mit dem Protokoll ‚Naturschutz und Landschaftspflege' sind wir zufrieden", befindet Ulf Tödter, Geschäftsführer der CIPRA, „doch die Texte zu Tourismus und Verkehr enttäuschen." ... Kritischer als die CIPRA, die hinter der Konvention steht, beurteilen viele Umweltorganisationen das Abkommen. Ihnen geht das Vertragswerk nicht weit genug. „Es bringt nichts", urteilt Helmut Klein vom Bund Naturschutz in Bayern. ...

„Sie ist zu einseitig auf den Umweltschutz ausgerichtet und sagt praktisch nichts über die Förderung des Berggebietes aus", moniert der Schweizer Nationalrat Ueli Blatter. Wie er fürchten viele italienische und französische Politiker allzu einschneidende Schutzmaßnahmen ... und rebellieren gegen das in den fernen Hauptstädten entworfene Vertragswerk. Sie fühlen sich bevormundet und übergangen ...

Vertreter aus verschiedenen Alpenregionen Frankreichs und Italien fordern eine stärkere Berücksichtigung der wirschaftlichen Entwicklung und legten 1994 eine eigene „Europäische Charta der Bergregionen" als Gegenentwurf vor. Diese fordert die „Entwicklung aller strukturschwachen Bergregionen Europas" – in erster Linie durch Straßenbau und Industrieansiedlung. Der Naturschutz wird darin kaum erwähnt.

Der Geograph W. Bätzing erklärte 1991 die Zurückhaltung Frankreichs und Italiens so:

M3 ...

2. Der Inhalt der Alpenkonvention wurde ... stark von der „deutschsprachigen" Problemsicht bestimmt, ... während die spezifischen Probleme der strukturschwachen Alpenregionen in den Hintergrund traten. Daher ist es nicht verwunderlich, daß Italien und Frankreich in der Alpen-Konvention eine wirtschaftshemmende Umweltschutzpolitik vermuteten ...

3 *Erläutert die in M2 und M3 dargestellten Interessen und schlagt Vorgehensweisen vor, wie sie aufeinander abgestimmt werden könnten.*

Zusammenfassung

Mit den Informationen aus diesem Kapitel seid ihr in der Lage, die in einem Konferenzspiel vorgeschlagenen Rollen zu übernehmen. Verteilt sie, bereitet euch auf die Konferenz vor und führt sie durch. Veranschlagt für die Durchführung der Konferenz ohne ihre Auswertung eine Doppelstunde.

Berner Oberland 30.9.1996 – eine fiktive Meldung

Heute beginnt die von der Internationalen Alpenschutzkommission einberufene Konferenz „Einheit Alpen" in Interlaken. Erwartet werden neben den Vertretern der Alpenstaaten Bürgerinnen und Bürger aus allen Alpenstaaten mit ihren Interessenverbänden. Rundfunk und Fernsehen sind bereits angereist und werden von dieser wichtigen Veranstaltung berichten. Es geht darum, einvernehmliche Lösungen für die brennenden Fragen in den Bereichen Tourismus, Verkehr und Berglandwirtschaft im Sinne der Alpenkonvention zu finden. Es wird spannend: Können sich die Alpenbewohner genügend Gehör verschaffen und kann ein Übereinkommen erzielt werden?

Rollen:
1. Gruppe:
– Zwei Vertreter der CIPRA (sie leiten die Konferenz).
– Jeweils ein Vertreter der fünf großen Alpenstaaten (Politiker, hohe Regierungsbeamte, siehe Seite 134).

2. Gruppe:
– Zwei Vertreter der Bergbauern (siehe Seiten 128/129).
– Zwei Vertreter der Naturschutzverbände (siehe Seiten 118, 123, 134).
– Zwei Verkehrsgeschädigte (siehe Seiten 130/131).

3. Gruppe:
– Zwei Vertreter der Seilbahn- und Liftbesitzer (siehe Seiten 116/117).
– Ein Vertreter eines Automobilclubs.
– Zwei Vertreter des Hotel- und Gaststättengewerbes.
– Ein Vertreter der Industrie- und Handelskammer (er möchte Gewerbe ansiedeln.)

4. Gruppe:
– Zwei Gemeindepolitiker (sie möchten mehr Arbeitsplätze schaffen und höhere Gemeindeeinnahmen erzielen).
– Ein Vertreter der Gewerkschaften (er kämpft gegen die Arbeitslosigkeit).

5. neutrale Berichterstatter:
– Vier Fernseh- oder Rundfunkleute (sie zeichnen die Konferenz auf und erstellen eine Reportage).

Ablauf des Konferenzspiels:
Vorbereitungen:
1. Schritt Es werden die Rollen verteilt, Namensschilder hergestellt, der Klassenraum zu einem Konferenzsaal umgestaltet.
2. Schritt Die Vertreter überlegen sich in ihren jeweiligen Gruppen, welche Meinung sie vertreten wollen und was sie erreichen möchten. Sie sprechen z. B. schon einmal mit anderen Gruppen. Sie formulieren einen Beschlußtext für ihre Gruppe.

Konferenzablauf:
1. Schritt Begrüßung und Vorstellung der Tagesordnung.
2. Schritt Erklärungen der Gruppen zu den drei Bereichen Tourismus, Verkehr, Berglandwirtschaft.
3. Schritt Diskussion der Erklärungen.
4. Schritt Bildung von Arbeitsgruppen zu den drei Bereichen, die getrennt weiter beraten und eine Beschlußvorlage für ein Protokoll entwerfen.
5. Schritt Die Beschlußvorlagen werden im Plenum vorgestellt und diskutiert.
6. Schritt Abstimmung und Abschluß der Konferenz.

Auswertung:
1. Schritt Anschauen bzw. Anhören der Fernseh-/Rundfunkreportage.
2. Schritt Spielkritik (z. B.: Wie haben wir uns durchsetzen können? Wie bin ich mit meiner Rolle zurechtgekommen? Was könnte anders gemacht werden?).
3. Schritt Vergleich mit der Realität (Könnte ein solcher Beschluß auch in Wirklichkeit zustandekommen?).

Menschen gestalten ihre Lebensbedingungen

3.2 PRIMA KLIMA?

1912

1974

Ulf Merbold, deutscher Wissenschaftsastronaut, 1983: „… die meiste freie Zeit verbrachte ich im Cockpit, um aus dem Fenster zu schauen, hinaus in den Himmel, hinunter auf die Erde und auf den hauchdünnen blauen Saum dazwischen, die Atmosphäre. … Unsere Erde ist ein faszinierender Planet. Man erkennt bei einem solchen Flug aber auch, wie zerbrechlich sie ist."
Unser Klima – seine globalen geographischen Bedingungen und seine Empfindlichkeit gegen jedwede Einflüsse – sind Thema dieses Kapitels. Informiert euch zunächst über das Klimasystem der Erde, um sodann die Gefahren seiner Veränderung durch menschlichen Einwirkungen beurteilen zu können. Prüft schließlich die Äußerungen von Politikern wie eure eigene Einstellung, ob wirklich die Verantwortlichkeit für unsere Lebensgrundlage Klima ernst gemeint ist und ob Worten auch Taten folgen!

DAS SYSTEM KLIMA

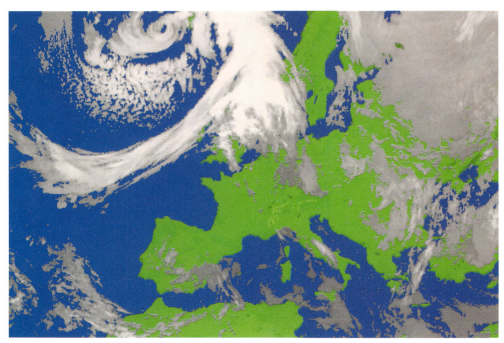

1 Satellitenbild vom 17. Dezember 1994.

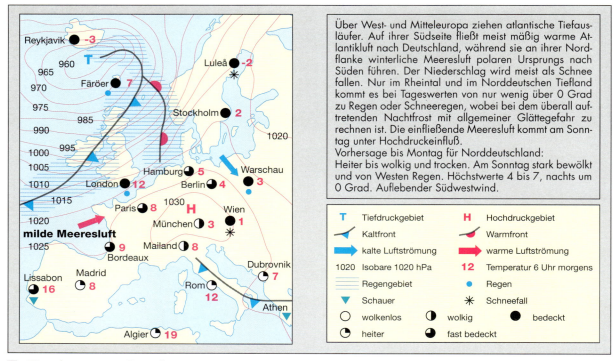

Über West- und Mitteleuropa ziehen atlantische Tiefausläufer. Auf ihrer Südseite fließt meist mäßig warme Atlantikluft nach Deutschland, während sie an ihrer Nordflanke winterliche Meeresluft polaren Ursprungs nach Süden führen. Der Niederschlag wird meist als Schnee fallen. Nur im Rheintal und im Norddeutschen Tiefland kommt es bei Tageswerten von nur wenig über 0 Grad zu Regen oder Schneeregen, wobei bei dem überall auftretenden Nachtfrost mit allgemeiner Glättegefahr zu rechnen ist. Die einfließende Meeresluft kommt am Sonntag unter Hochdruckeinfluß.
Vorhersage bis Montag für Norddeutschland:
Heiter bis wolkig und trocken. Am Sonntag stark bewölkt und von Westen Regen. Höchstwerte 4 bis 7, nachts um 0 Grad. Auflebender Südwestwind.

2 Wetterkarte vom 17. Dezember 1994.

Wetter und Klima

Jeden Tag wird über „gutes" oder „schlechtes" Wetter geredet und in Zeitungen, Rundfunk und Fernsehen darüber berichtet. In den Medien finden sich daneben vermehrt Meldungen über Veränderungen des Klimas und des Wetters. Bearbeitet die Seiten 138–143 und informiert euch selbst über die Grundlagen von Wetter und Klima.

Wetterelemente und Klima

1 *Sammelt eine Woche lang die Wettervorhersagen aus einer Zeitung und beschreibt die Wetterveränderungen.*

2 *Vergleicht das Satellitenbild und die Wetterkarte und versucht, Übereinstimmungen zu finden.*

Kaum einem Vorgang wird soviel Beachtung geschenkt wie Wetter und Klima. „Wetter" bezeichnet den Zustand der Lufthülle der Erde, der Atmosphäre, für einen kurzen Zeitraum, z.B. einige Tage. Alle Angaben zum Wetter beruhen auf Meßergebnissen, die in Wetterstationen regelmäßig ermittelt werden. Dabei werden nach festgelegten Verfahren Wetterelemente wie z.B. Lufttemperatur, Luftdruck, Niederschlagsmengen, Windrichtung, Windstärke, Sonnenstrahlung und Verdunstung gemessen.

Diese Daten werden heute durch Beobachtungen von Wettersatelliten ergänzt. Aus den so gewonnenen Daten wird die jeweilige Wetterkarte für ein bestimmtes Gebiet erstellt. Durch jahrelange Beobachtung der Wetterabläufe entwickeln Wetterforscher, die Meteorologen, Daten für Wettervorhersagen.

Liegen Messungen der Wetterelemente über einen längeren Zeitraum (mindestens 30 Jahre) vor, kann man aussagekräftige Durchschnittswerte berechnen und so Aussagen zum Klima eines Ortes machen.

3 *Stellt fest, welche Wetterelemente in der Wetterkarte (Abb. 2) eingetragen sind.*

4 *Definiert mit eigenen Worten die Begriffe „Wetter" und „Klima".*

Die Troposphäre – die „Wetterküche" der Erde

Auslöser unseres täglichen Wetters und des Klimas insgesamt ist die Sonne. Ihre Strahlung liefert die nötige Energie für die Vorgänge in der Atmosphäre. Ein Teil der Strahlung wird von der Erdoberfläche aufgenommen und führt zur Erwärmung. Wie bei einem Heizkörper gibt die Erdoberfäche dann die Wärme an die umgebende Luft ab. Die Erwärmung

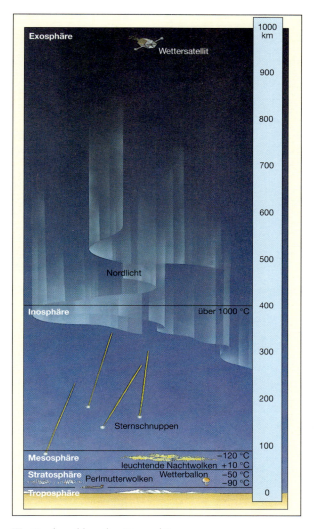

3 Stockwerkbau der Atmosphäre.

der Luft geschieht somit von unten. Daher nimmt mit zunehmender Höhe die Lufttemperatur ab (ca. 0,5–1 °C pro 100 m).

Die Lufthülle der Erde, die Atmosphäre, wird nach der Art der Temperaturänderung in der Höhe in verschiedene „Stockwerke" unterteilt (vgl. Abb. 3). Die alltäglichen Wettervorgänge spielen sich nur in der untersten Schicht der Erdatmosphäre, der Troposphäre, ab. Sie ist die „Wetterküche" der Erde.

5 *Untersucht die Abbildung 3 und stellt die Beobachtungen für die einzelnen Schichten der Atmosphäre in einer Tabelle zusammen.*

Jahreszeiten und Wärmezonen

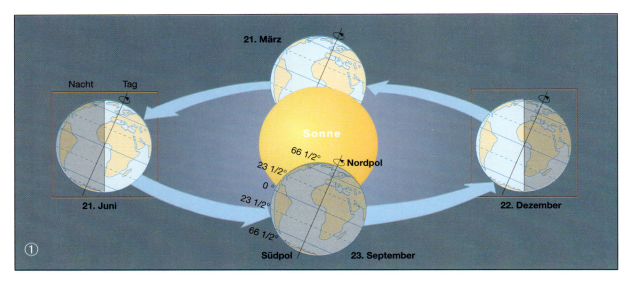

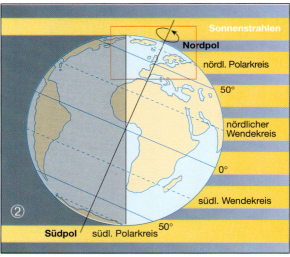

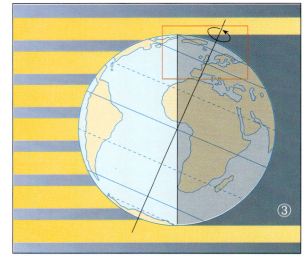

1–3 Die Beleuchtung der Erde im Jahreslauf.

Die Jahreszeiten

1 Belegt an Hand der Grafik (Abb. 1), in welcher Erdstellung Nordwinter bzw. Nordsommer herrscht.
2 Erläutert mit Hilfe der Grafiken (Abb. 1–3) die Entstehung der Jahreszeiten.
3 Verdeutlicht mit einer Taschenlampe und einem Globus im verdunkelten Klassenraum die Entstehung der Jahreszeiten.
4 Beschreibt die Beleuchtungsverhältnisse für die Polargebiete während des Jahres.

In unseren Breiten teilen wir ein Jahr in vier Zeitabschnitte ein, die Jahreszeiten. Sie entstehen durch den Umlauf der Erde um die Sonne. Dabei ist die Erdachse gegen die Umlaufebene um 23,5° geneigt und behält ihre Neigungsrichtung bei. Zweimal im Jahr (am 21.3. und 23.9.) steht die Sonne über dem Äquator im Zenit, d. h. die Sonnenstrahlen fallen dort zur Mittagszeit senkrecht ein. Im Laufe eines Jahres wandert der Zenitstand der Sonne zwischen den beiden Wendekreisen hin und wieder zurück. Die Polarkreise bei 66,5° Nord und Süd begrenzen im Hinblick auf die Beleuchtungsverhältnisse die Polarzonen.

Jahreszeiten und Wärmezonen

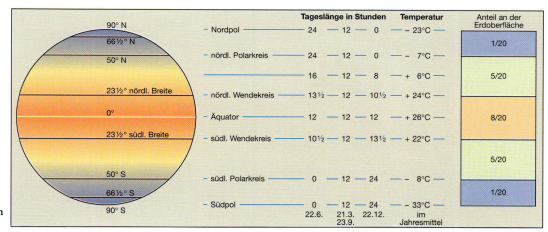

4 Die solaren Wärmezonen der Erde.

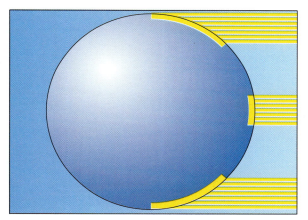

5 Der Einfallswinkel der Sonnenstrahlen.

Wärmezonen der Erde

5 *Entwickelt folgendes Experiment: Haltet einen schwarzen Karton in einem gleichbleibenden Abstand zu einer starken Lichtquelle einmal senkrecht zu den Lichtstrahlen und danach schräg. Vergleicht die beiden Lichtflecken auf dem schwarzen Karton.*
6 *Setzt das Ergebnis des Experimentes in Beziehung zur Grafik (Abb. 5).*

Die Schrägstellung der Erdachse hat zur Folge, daß je nach Breitenlage die Erdoberfläche im Jahr unterschiedlich stark von der Sonne beleuchtet und damit erwärmt wird. Dadurch ist es möglich, auf der Erdoberfläche verschiedene Wärmezonen abzugrenzen. Man nennt sie solare Wärmezonen, d. h. sie sind durch die Sonneneinstrahlung bedingt.

Die tropische Zone liegt zwischen den Wendekreisen. Die Sonneneinstrahlung ist während des ganzen Jahres groß. Unterschiede in den Tageslängen gibt es kaum. Die Temperaturunterschiede im Jahresverlauf sind so gering, daß man keine temperaturbedingten Jahreszeiten wie bei uns kennt. Größere Temperaturschwankungen gibt es nur im Laufe eines Tages.

Die gemäßigten Zonen beider Erdhalbkugeln erstrecken sich zwischen den Wendekreisen und den Polarkreisen. Die Sonne erreicht hier nie den Zenitstand. Deshalb ist die Sonneneinstrahlung geringer als zwischen den Wendekreisen. Die Temperaturunterschiede sind deutlich ausgeprägt. Hier gibt es Sommer und Winter. Die Tageslängen verändern sich, entsprechend den Jahreszeiten, stark.

In den Polarzonen, die zwischen den Polarkreisen und den Polen liegen, ist die Sonneneinstrahlung nur noch schwach. Die Jahresmenge der eingestrahlten Sonnenenergie ist gering. Daher sind die Durchschnittstemperaturen niedrig, meist unter 0 °C.

7 *Beschreibt die Grafik (Abb. 4). Grenzt mit Hilfe des Textes die verschiedenen Wärmezonen der Erde in der Grafik (Abb. 4) voneinander ab.*
8 *Versucht, die Abgrenzung der Wärmezonen mit Hilfe der Abb. 1–3 und 5 zu erklären.*
9 *Stellt dar, welche Auswirkungen es hätte, wenn die Erdachse nicht geneigt wäre, sondern senkrecht zur Umlaufebene um die Sonne stünde.*
10 *Überlegt, weshalb die schematische Einteilung der Erde in Wärmezonen (Abb. 4) nur zum Teil den wirklichen Gegebenheiten entspricht.*

Das Klima gliedert die Erde

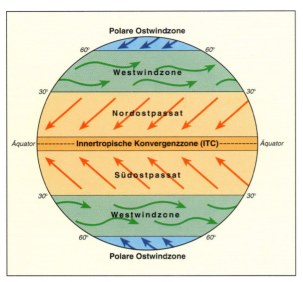

1 Bodennahe Windsysteme auf der Erde.

Hoch- und Tiefdruckgebiete

1 *Beschreibt die Grafik (Abb. 1).*

Jedes der unsichtbaren Gasteilchen der Luft hat ein bestimmtes Gewicht. Das Gewicht der Luftteilchen übt auf jeden Punkt der Erdoberfläche einen Druck aus – den Luftdruck. Wo Luft am Erdboden erwärmt wird, dehnt sie sich aus. Dadurch wird sie leichter und steigt auf. Am Boden fällt der Luftdruck, ein Tief (T) entsteht. Kühle Luft dagegen zieht sich zusammen. Sie wird schwerer und sinkt ab. Am Boden entsteht ein Hoch (H). Zwischen den Gebieten mit unterschiedlichem Luftdruck werden die Druckunterschiede abgebaut. Luft strömt immer als Wind vom Hoch- zum Tiefdruckgebiet.

Luftdruck- und Windgürtel gliedern die Erde

Die Sonneneinstrahlung würde viel größere Temperaturunterschiede zwischen Polen und Äquator erzeugen, gäbe es nicht die Luftdruck- und Windgürtel. Zusammen mit den warmen und kalten Meeresströmungen der Ozeane sorgt die Zirkulation der Atmosphäre für einen Ausgleich der Temperaturverteilung auf der Erdoberfläche.
Es können Zonen mit überwiegend hohem Luftdruck und solche mit überwiegend niedrigem Druck unterschieden werden. Eine Folge davon sind Windzonen, in denen bestimmte Windrichtungen vorherrschen (vgl. Grafik, Abb. 1).

Durch die starke Sonneneinstrahlung in der Nähe des Äquators werden die Luftmassen zum Aufsteigen gezwungen. Am Boden entsteht ein Tief, die äquatoriale Tiefdruckrinne. Die aufgestiegene Luft fließt in der Höhe wieder polwärts, ein Teil sinkt im Bereich der Wendekreise wieder ab. Durch das Absteigen erwärmt sich die Luft und wird heiß und trocken. In diesen Gebieten haben sich Wüsten gebildet. Am Boden entsteht ein subtropischer Hochdruckgürtel. Daraus wehen das ganze Jahr über Winde in die Tiefdruckzone am Äquator. Diese gleichmäßigen Winde werden als Passate bezeichnet. Durch die Ablenkung der Erdrotation werden sie auf der Nordhalbkugel zum Nordostpassat und auf der Südhalbkugel zum Südostpassat. Den Bereich, wo diese Winde am Äquator zusammenströmen, bezeichnet man als Innertropische Konvergenzzone (ITC).
Ein Teil der am Äquator aufsteigenden Luft strömt in der Höhe bis in die Polargebiete. Aufgrund der Ablenkung durch die Erdrotation wird dieser Wind in den mittleren Breiten zur Westströmung. Die absteigende Luftbewegung führt an den Polen am Boden zu großer Luftdichte und hohem Luftdruck.

Druckgebiete und Windsysteme verlagern sich

Mit den Jahreszeiten und der unterschiedlich starken Sonneneinstrahlung verschieben sich auch die typischen Druckgebiete und Windsysteme. Verlagert sich der Zenitstand der Sonne im Sommer nach Norden, so wandern auch die Druckgebiete und Windsysteme nach Norden. Der subtropische Hochdruckgürtel verschiebt sich dann z.B. in das Mittelmeergebiet. Umgekehrt sind die Verhältnisse im Winter: Mit dem Wandern des Zenitstandes der Sonne nach Süden verlagert sich auch das Gesamtsystem nach Süden. Das Mittelmeergebiet gelangt in den Bereich der Westwindzone.

2 *Erläutert, warum der Luftdruck auf der Erde unterschiedlich ist.*
3 *Entwickelt gemeinsam an Hand der Texte und der Grafik (Abb. 1) ein Schema der globalen Zirkulation der Atmosphäre.*
4 *Führt aus, warum sich die Druck- und Windregionen im Laufe des Jahres verlagern.*
5 *Versucht, auf der Satellitenaufnahme der Auftaktseite (S. 136) verschiedene Luftdruckgürtel abzugrenzen. Begründet eure Aussagen.*

Das Klima gliedert die Erde

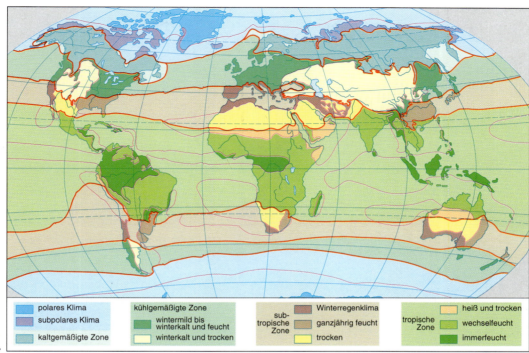

2 Die Klimazonen der Erde.

Die Klimazonen der Erde

6 Beschreibt die Karte (Abb. 2).

7 Erstellt auf einer Wandzeitung eine Übersicht mit den Klimazonen der Erde. Ergänzt sie durch typische Abbildungen aus Zeitschriften und Reiseprospekten, die ihr den Klimazonen zuordnet.

Die Wärmezonen verlaufen schematisch als Gürtel um die Erde. Für eine Gliederung in Klimazonen reicht diese Einteilung nicht aus. Land- und Wasserflächen, Gebirge und Tiefländer wechseln sich ab und beeinflussen so das Klima. Klimazonen sind große Teilräume der Erde, in denen die wesentlichen Klimaelemente gleichartig sind: die Temperaturen und Niederschläge im Jahresverlauf sowie die Regen- und Trockenzeiten. Deshalb sind Klimadiagramme gut geeignet, unterschiedliche Klimazonen zu charakterisieren.

8 Zeichnet nach den Angaben der verschiedenen Stationen Klimadiagramme. Ordnet diese Diagramme den entsprechenden Klimazonen der Karte (Abb. 2) zu und begründet eure Entscheidung.

Yangambii (Zaire) 10° Nord / 24° Ost													
	J	F	M	A	M	J	J	A	S	O	N	D	Jahr
°C	25	26	25	25	24	23	22	23	24	25	26	25	24,4
mm	85	98	147	150	178	127	148	170	180	240	180	125	1828

Palermo (Italien) 38° Nord / 13° Ost													
	J	F	M	A	M	J	J	A	S	O	N	D	Jahr
°C	10	11	13	15	18	22	24	25	23	19	15	12	17,3
mm	76	46	53	49	18	9	2	18	41	67	71	62	512

Hamburg 53° Nord / 10° Ost													
	J	F	M	A	M	J	J	A	S	O	N	D	Jahr
°C	0	1	2	7	12	18	19	18	14	8	4	1	8,6
mm	56	46	36	50	55	65	82	85	62	60	58	59	714

Werjojansk (Rußland) 67° Nord / 133° Ost													
	J	F	M	A	M	J	J	A	S	O	N	D	Jahr
°C	-49	-44	-30	-13	2	12	15	11	3	-14	-36	-46	-16,0
mm	7	5	5	4	5	25	33	30	13	11	10	7	155

MENSCH UND KLIMA

1 Rauchende Kamine in Espenhain, Sachsen. Foto 1995.

2 Rush Hour in Hamburg. Foto 1995.

Auf den Seiten 138–143 habt ihr euch über die Grundlagen von Wetter und Klima informiert. Erarbeitet auf den Seiten 144–151, welchen Einfluß die Menschen heute auf das Erdklima ausüben und inwieweit womöglich in der Zukunft Gefahren für das Leben der Menschen drohen. Die Seite 145 gibt euch Hinweise, wie ihr eure Ergebnisse in einer Ausstellung in der Schule vorstellen könnt.

Unser Klima ändert sich

1 *Beschreibt die Abbildungen oben. Benennt mögliche Einflüsse des Menschen auf das Klima.*

Die „tageszeitung" berichtete am 16. März 1996:

M1 ... In den letzten 100 Jahren hat die Oberflächentemperatur der Erde um 0,7 Grad zugenommen, die Gebirgsgletschermasse wurde um 50 Prozent abgebaut, ist der Meeresspiegel um 15 Zentimeter angestiegen. Und die wärmsten acht Jahre dieses Jahrhunderts wurden allesamt in den 80er und 90er Jahren gemessen. 1995 war das wärmste Jahr seit Beginn der Temperaturmessungen von 1860. ... Und 1995 gehörte zu den drei schlimmsten Sturmjahren seit 1871, dem Beginn der Sturmaufzeichnungen ...

In der „Süddeutschen Zeitung" vom 5. März 1996 hieß es:

M2 Kommission: Mensch trägt schuld am Klimawandel. Zur Bekämpfung der weltweiten Erwärmung sollten Regierungen auf die Verminderung von Treibhausgasen setzen und sich nicht von abweichenden Lehrmeinungen irritieren lassen. Diese Ansicht vertrat die zwischenstaatliche Kommission zum Klimawechsel (IPCC) in Genf. „Es ist wahrscheinlich, daß ein von Menschen verursachter Klimawechsel abläuft", sagte IPCC-Präsident Bolin den Delegierten aus etwa 150 Staaten. Die weltweite Durchschnittstemperatur hat Statistiken zufolge in diesem Jahrhundert um ein halbes Grad zugenommen. Eine Reihe von Wissenschaftlern behaupte, dies gehe nicht auf den Einfluß des Menschen zurück, sagte Bolin. „Die überwältigende Mehrheit von Wissenschaftlern weist diese Ideen aber zurück" ...

Immer wieder findet man in den Medien Berichte, daß die Zahl der Naturkatastrophen in den letzten Jahren stark angestiegen ist. Als Beispiele werden Sturmfluten an der Nordsee, Orkane in Süddeutschland, Überschwemmungen im Rheinland, Dürren in Spanien, Unwetter in Kalifornien oder auch schwere Wirbelstürme in Florida angeführt. Versicherungsmanager verweisen auf die Erwärmung der Erde durch den sogenannten Treibhauseffekt und erhöhen die Versicherungsbeiträge zum Teil um 1000 Prozent.

2 *Gebt die Hauptaussagen von M1 und M2 mit eigenen Worten wieder.*

3 *Sammelt Nachrichten aus den Medien zum Thema „Mensch und Klima".*

4 *Erarbeitet eine Ausstellung mit dem Titel „Mensch und Klima" (vgl. S. 145). Berücksichtigt dabei auch die Informationen der Seiten 138–143.*

Werkstatt

Eine Ausstellung gestalten
Wie Einflüsse menschlichen Handelns das Klima verändern, habt ihr auf Seite 144 kennengelernt. Täglich könnt ihr weitere Berichte zu diesem Thema in Zeitungen und Zeitschriften lesen. Umweltschutzorganisationen wie Greenpeace und der BUND* haben bereits Dokumentationen zusammengestellt, die eure Materialien ergänzen können. Dieses Material könnt ihr Mitschülern, Lehrerinnen und Lehrern sowie anderen Interessierten vorstellen, indem ihr es zu einer Ausstellung zusammenstellt und dadurch vielen Menschen zugänglich macht. Das Thema eurer Ausstellung könnte lauten: „Wie Menschen das Klima verändern".

Durchführung einer Ausstellung
■ **Wo können Ausstellungen stattfinden?**
Ausstellungen in der Schule können in allen großen Räumen und Hallen durchgeführt werden. Dazu solltet ihr überlegen, wo ihr die meisten Interessenten erreichen könnt und ob diese Räume für eine Ausstellung geeignet sind.

■ **Was braucht man zu einer Ausstellung?**
Um Plakate, Zeitungsanzeigen, Grafiken, Landkarten und eure eigenen Arbeiten wirkungsvoll zu präsentieren, benötigt ihr Bilderrahmen, Stellwände, eventuell auch Schaukästen. Wenn Stellwände in eurer Schule nicht vorhanden sind, könnt ihr sie aus Holzlatten und Pappen selbst herstellen.

■ **Planung der Ausstellung**
Nachdem ihr das Thema und den Namen der Ausstellung festgelegt habt, muß geklärt werden, wann und wo die Ausstellung stattfinden soll. Ihr könnt auf die Ausstellung hinweisen, indem ihr ein Plakat entwerft, das eure Ausstellung vor der Eröffnung ankündigt. Solche Ankündigungsplakate kennt ihr sicher von anderen Ausstellungen.

■ **Vorbereitung der Ausstellung**
Bildet Kleingruppen, die einzelne Gebiete der Ausstellung selbständig bearbeiten. Diese Kleingruppen sind dann für die Fertigstellung einzelner Teile der Ausstellung verantwortlich. Daher ist es wichtig, einen gemeinsamen Zeitplan zu erstellen, der für alle Kleingruppen verbindlich ist. Treten in einer Kleingruppe unvorhergesehene Schwierigkeiten auf und geht es deshalb nicht so richtig voran, dann unterrichtet eure Lehrerin oder euren Lehrer rechtzeitig über die Schwierigkeiten und versucht, sie gemeinsam zu beheben bevor der gemeinsame Zeitplan bis zur Ausstellungseröffnung ins Stocken gerät.

■ **Was soll ausgestellt werden?**
Bei der Zusammenstellung von Materialien werdet ihr feststellen, daß nicht alles ausgestellt werden kann. Nun heißt es, in der Gruppe eine Auswahl zu treffen und die Ausstellungsgegenstände festzulegen. Dazu solltet ihr euch in die Rolle einer Besucherin oder eines Besuchers eurer Ausstellung versetzen und euch fragen, was für jemanden, der sich bisher nicht mit dem Thema beschäftigt hat, am interessantesten ist.

■ **Kennzeichnung der Ausstellungsstücke**
Um Besuchern eurer Ausstellung notwendige Hinweise zu den Ausstellungsgegenständen zu geben, sollten kleine Kärtchen mit Informationen zu den verschiedenen Ausstellungsstücken angefertigt werden, auf denen beispielsweise vermerkt wird, wo und wann ein Zeitungsbericht veröffentlicht wurde.

■ **Aufbau der Ausstellung**
Wenn alle Vorarbeiten erledigt sind, solltet ihr euch überlegen, wie die Ausstellung aufgebaut werden soll:
– welche Ausstellungsstücke passen inhaltlich zusammen?
– wie sollen die Ausstellungsstücke auf den Stellwänden angeordnet werden?
– wie sollen die Stellwände im Raum aufgestellt werden?

Bei vielen Ausstellungen wird ein „Gästebuch" ausgelegt, in das Besucher Anmerkungen und Kommentare schreiben können. Nach Beendigung der Ausstellung können diese Kommentare eine wertvolle Hilfe sein, wenn ihr die Ausstellung auswerten wollt.

■ **Eröffnung der Ausstellung**
Vor der Eröffnung der Ausstellung könnt ihr überlegen, ob die Ausstellung nur für Mitschüler, Lehrerinnen und Lehrer stattfinden soll, oder ob auch andere Interessierte auf sie hingewiesen werden sollen. Wenn ihr glaubt, daß die Ausstellung auch außerhalb der Schule Interesse findet, dann solltet ihr die örtliche Tageszeitung auf die Ausstellung hinweisen und bitten, eine Notiz zu veröffentlichen.

Der Treibhauseffekt

1 Mittlere Temperatur der Erde 1860–1995.

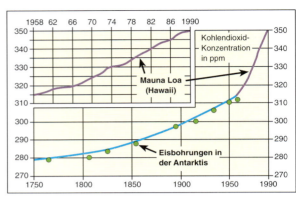

2 CO_2-Konzentrationen in der Atmosphäre 1750–1990, rekonstruiert aus Eisbohrkernen und seit 1958 direkt gemessen auf dem Mauna Loa (Hawaii).

Der Mensch beeinflußt das Klima
1 *Beschreibt die Grafik (Abb. 1).*

In der Zeitschrift „GEO" hieß es im Juli 1993:

> **M1** ... Sie ist von faszinierender Unerbittlichkeit, diese Kurve von Hawaii – die Fieberkurve der Erde. Seit Wissenschaftler 1958 begonnen haben, auf dem 4000 Meter hohen Vulkan Mauna Loa, in einem Reinluftgebiet fern aller Industrie, den Gehalt der Luft an Kohlendioxid (CO_2) aufzuzeichnen, steigt sie ... an. ... Wie auf Hawaii, wo am längsten präzise und regelmäßig gemessen wird, erreicht der CO_2-Gehalt der Erdatmosphäre jedes Jahr ein neues Hoch. ... Das „größte Experiment, das der Mensch je angestellt hat" – so der amerikanische Meeresforscher und Klimatologe Roger Revelle – läuft weiter auf vollen Touren: „Der Mensch verfeuert in wenigen hundert Jahren die fossilen Brennstoffe, die von der Natur ... in 400 Millionen Jahren aufgebaut wurden." In diesem ahnungslos begonnenen und bis heute unbekümmert fortgeführten „Experiment" gehen beim Verbrennen von Kohle, Erdöl und Erdgas mittlerweile 22 Milliarden Tonnen CO_2 jährlich in die Luft ...

Weiter wurde berichtet:

> **M2** ... Aus Fluten von Meßdaten haben die Wissenschaftler globale wie regionale Klimatrends herausgefiltert:
> – Die Temperatur der bodennahen Luft ist seit 1880 im globalen Durchschnitt um 0,5 Grad Celsius gestiegen. Dabei hat der stärkste Anstieg seit Anfang der achtziger Jahre stattgefunden. ...
> – Die Oberflächentemperatur der tropischen Ozeane hat zwischen 1949 und 1989 um 0,5 Grad Celsius zugenommen. ...
> – Weltweit schmelzen die meisten Gebirgsgletscher ab. In den Alpen haben die Gletscher seit 1850 rund die Hälfte ihrer Eismassen verloren.
> – Durch das Schmelzwasser und durch die Ausdehnung des wärmer gewordenen Meerwassers ist der Meeresspiegel in den letzten 100 Jahren um 10 bis 20 Zentimeter angestiegen.
> – Die jährliche Schneebedeckung der Kontinente auf der Nordhalbkugel hat seit 1973 um etwa 8 Prozent abgenommen.
> – Die vom Meeres-Eis bedeckte Fläche in der Arktis ist innerhalb eines Jahrzehnts um 2,1 Prozent geschrumpft und das Eis seit 1976 beträchtlich dünner geworden ...

2 *Beschreibt die Entwicklung des CO_2-Gehaltes in der Atmosphäre an Hand der Grafik (Abb. 2).*
3 *Formuliert mit Hilfe der Grafiken (Abb. 1, 2) und von M1 und M2 eine Vermutung zur Bedeutung des Kohlendioxidgehalts für das Erdklima.*

Der natürliche Treibhauseffekt
Tritt man in das Treibhaus einer Gärtnerei, kann man feststellen, daß die Luft im Innern wärmer ist als die Außenluft. Die Gärtner machen sich den sogenannten „Treibhauseffekt" zunutze: Durch die Glasflächen dringen die kurzwelligen Sonnenstrahlen fast ungehindert ein. Der Boden absorbiert das Licht und erwärmt sich durch die aufgenommene Energie. Er

Der Treibhauseffekt

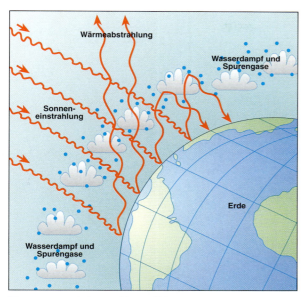

3 Der natürliche Treibhauseffekt in der Atmosphäre.

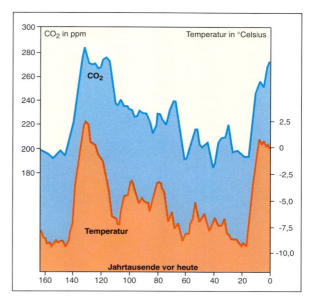

4 CO_2-Anteil der Atmosphäre und Temperaturentwicklung der Atmosphäre in den letzten 160 000 Jahren.

sendet unsichtbare, langwellige Wärme- oder Infrarotstrahlung aus. Diese kann aber Glas nicht durchdringen, so daß die Wärme im Treibhaus erhalten bleibt.
4 *Übertragt die im Text gemachten Aussagen zum Treibhauseffekt auf die Atmosphäre (Grafik, Abb. 3).*

Auch auf der Erde gibt es einen natürlichen „Treibhauseffekt", ohne den kein Leben möglich wäre (vgl. Grafik, Abb. 3). Nur durch diesen Effekt kann die Erde ihre Durchschnittstemperatur von ca. 15 °C halten. Ohne das Vorhandensein der „Treibhausgase" in der Atmosphäre lägen die durchschnittlichen Temperaturen der Erdatmosphäre in Bodennähe bei -18 °C. Der „natürliche Treibhauseffekt", d. h. die Temperaturerhöhung von 33 °C, ist nur durch die „Treibhausgase" möglich.

Ein Blick zurück
5 *Beschreibt das Diagramm (Abb. 4).*
6 *Vergleicht die CO_2-Konzentration in der Atmosphäre heute (Grafik, Abb. 2) mit den Werten für die vergangenen 160 000 Jahre (Diagramm, Abb. 4).*
7 *Versucht an Hand des Diagramms (Abb. 4), Belege für eure Vermutung aus Aufgabe 3 zu formulieren.*

Um Aussagen über die Temperaturentwicklung in der Vergangenheit zu erhalten, wurde im Jahre 1987 ein 2038 Meter langer Eisbohrkern untersucht, der nach 15jähriger Bohrung in der Antarktis gezogen worden war. Durch die Untersuchung der im Eis enthaltenen Luftblasen konnten 160 000 Jahre Klimageschichte rekonstruiert werden.
Dabei wurde deutlich, daß die Temperatur der Erdatmosphäre in den vergangenen Jahrtausenden immer wieder großen Schwankungen unterworfen war (vgl. Diagramm, Abb. 4). Auch bei der Untersuchung anderer Eisbohrkerne zeigte sich ein Zusammenhang zwischen dem Kohlendioxidgehalt in der Atmosphäre und der jeweiligen Temperatur. Der Kohlendioxidgehalt schwankte zwischen ungefähr 220 ppm (parts per million) während der Kaltzeiten und etwa 280 ppm in den Warmzeiten.
8 *Versucht mit Hilfe der Texte, Materialien und Abbildungen dieser Doppelseite mögliche Gründe für die in M2, Abb. 1 und den Fotos der Seite 137 gezeigten Veränderungen des Erdklimas zu finden.*
9 *Lest noch einmal M1 und M2 von S. 144. Stellt Argumente zusammen, die für eine Beeinflussung des Klimas durch den Menschen sprechen. Nehmt dafür auch die Informationen der Seiten 138–143 zu Hilfe.*
10 *Sammelt aus Tageszeitungen und Illustrierten Meldungen über Klimaveränderungen und baut sie in eure Ausstellung ein.*

Der Mensch beeinflußt das Klima

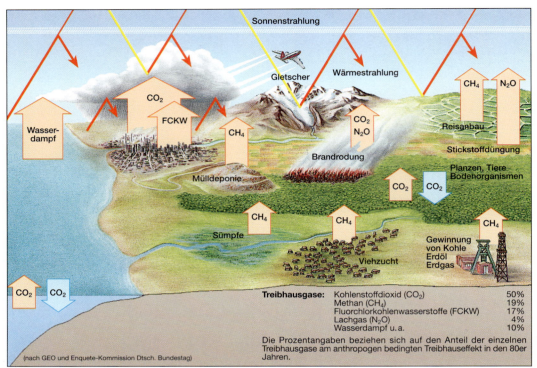

1 Verursacher des Treibhauseffektes.

Untersucht auf dieser Doppelseite die Auswirkungen menschlicher Einflüsse auf das Klima genauer und schätzt ihre Bedeutung für eine Klimaveränderung ein.

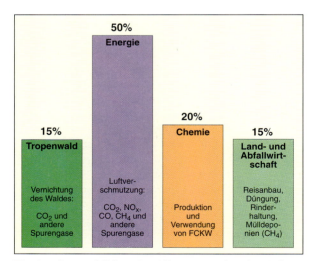

2 Anteil menschlicher Eingriffe am Entstehen des Treibhauseffektes. Stand 1991.

Treibhauseffekt durch den Menschen

1 *Analysiert die Grafiken und Texte dieser Doppelseite im Hinblick auf die Bedeutung der menschlichen Eingriffe für den Treibhauseffekt.*

2 *Notiert in Form von Thesen die Kernaussagen der Texte und Grafiken.*

Seit rund 100 Jahren steigt der Kohlendioxid-Gehalt der Atmosphäre kontinuierlich an. Diese Entwicklung ist in erster Linie auf menschliche Einflüsse zurückzuführen. Der wichtigste Eingriff ist dabei die Verfeuerung von Erdöl, Kohle, Gas oder Holz. Dabei entsteht auch durch technische Eingriffe unvermeidbar Kohlendioxid.

Während der Kohlendioxid-Ausstoß vor rund hundert Jahren noch in der Größenordnung von jährlich etwa 700 Millionen Tonnen lag, erreichte er 1993 schon 22,3 Mrd. Tonnen. Verglichen mit der Gesamtmenge des Kohlendioxids in der Atmosphäre von 600–700 Milliarden Tonnen, erscheint der menschlich bedingte Eintrag niedrig. Man nimmt aber an, daß nur etwa die Hälfte davon durch die Pflanzen und die Ozeane aufgenommen werden kann. Die andere Hälfte der menschlichen Kohlendioxid-

Der Mensch beeinflußt das Klima

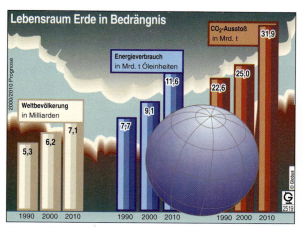

3 Bevölkerungswachstum, Energieverbrauch und CO_2-Ausstoß 1990–2010. 2000/2010 Prognose.

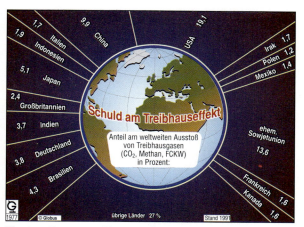

5 Anteile ausgewählter Länder am weltweiten Ausstoß von Treibhausgasen in Prozent. Stand 1991.

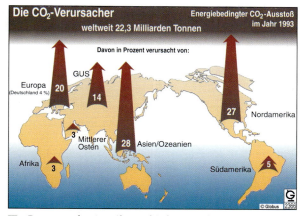

4 Prozentualer Anteil verschiedener Weltregionen am Gesamtausstoß von Kohlendioxid. Stand 1993.

Emissionen verbleibt in der Atmosphäre und addiert sich von Jahr zu Jahr. Zum Teil höhere Zuwachsraten als das CO_2 weisen die übrigen Spurengase (z. B. Methan) auf. Ihre Treibhauswirksamkeit ist z. T. um ein vielfaches größer als die von Kohlendioxid (siehe Übersicht „Kleines Treibhaus-Lexikon"). So hat sich der CH_4-Gehalt der Atmosphäre in den letzten 100 Jahren mehr als verdoppelt. Ein CH_4-Molekül ist etwa 30mal „treibhauswirksamer" als ein CH_2-Molekül.

Kleines Treibhaus-Lexikon:

Atmosphäre: Gashülle der Erde. Besteht aus Stickstoff (77 Prozent), Sauerstoff (21 Prozent), Edelgasen, Wasserdampf, Kohlendioxid (0,03 Prozent), Luftschwebstoffen.

Emission: Abgabe von Abgasen und Abfallstoffen an die Luft.

CO_2: Kohlendioxid. „Treibhausgas". Entsteht bei der Verbrennung kohlenstoffhaltiger Energieträger. Verweildauer in der Atmosphäre: ca. 50–200 Jahre.

CH_4: Methan. Hauptbestandteil des Erdgases. Unverbrannt wirkt es als „Treibhausgas". Daneben wird es frei beim Reisanbau, in Rindermägen, auf Mülldeponien und bei Brandrodungen. Verweildauer in der Atmosphäre: ca. 10 Jahre.

O_3: Ozon. Enstehst in Kraftfahrzeugmotoren. Ozon-Moleküle wirken als Treibhausgas 1800 mal so stark wie Kohlendioxid. Verweildauer in der Atmosphäre: ca. 2–3 Monate.

FCKW: Fluorchlorkohlenwasserstoffe. Kältemittel in Kühlschränken und Treibgas für Spraydosen. Wirkt als Treibhausgas 15000 mal so stark wie Kohlendioxid. Verweildauer in der Atmosphäre: 65 Jahre. Wichtig für die Entstehung des Ozonlochs* in der Erdatmosphäre.

Mögliche Folgen des Treibhauseffektes

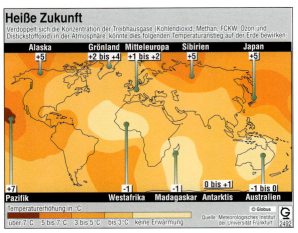

1 Vermutliche Auswirkungen des durch den Menschen bedingten Treibhauseffektes auf die Temperaturverteilung am Erdboden.

Mögliche Folgen des Klimawandels

1 *Erarbeitet mit Hilfe der Abbildungen und Texte der Doppelseite eine Liste der möglichen Auswirkungen des Klimawandels.*

„Der Spiegel" berichtete am 20. März 1995:

> **M1** ... Die Computer kommen unter der Annahme, daß die CO_2-Emissionen weiter wie bisher steigen, immer wieder zur gleichen Langzeitprognose: Spätestens Ende des nächsten Jahrhunderts wird es auf der Erde um etwa drei Grad wärmer sein als heute. Auf den ersten Blick scheint eine solche Erhöhung der Durchschnittstemperatur nur ein kleiner Sprung nach oben. Tatsächlich aber würde das Klima nachhaltiger umgewälzt als je zuvor in den letzten Jahrtausenden. Drei Grad wärmer war es zuletzt vor über 100 000 Jahren: In Mitteleuropa herrschte ein Klima wie heute in Afrika. ...
> Doch die Computermodelle lassen kaum einen Zweifel, daß vor allem im Süden Zeiten des Mangels anbrechen werden. Die größere Hitze bewirkt, daß noch mehr Wasser als heute verdunstet. Brunnen werden versiegen, die Böden vertrocknen, die Vegetation verdorren, Wüsten sich ausbreiten. In Südspanien, Italien, in Teilen Griechenlands, weiten Teilen Afrikas, im Mittleren Osten, aber auch im Süden der Vereinigten Staaten wird eine Dürre herrschen wie derzeit in der Sahelzone. ... Die Deutschen werden sich an trockene Sommer und verregnete Winter gewöhnen müssen. Denkbar, daß in Deutschland dann ein Wetter wie in Italien herrscht. ...
> Eine der Auswirkungen des Treibhauseffektes schlägt in Nord und Süd mit gleicher Wucht zu: Stürme von bislang unbekannter Stärke werden sich zusammenbrauen. ... Versicherungsgesellschaften weigern sich bereits, umfassende Sturmversicherungen für die Karibik und Hawaii anzubieten. ... Um 0,5 bis 2 Meter werden schmelzende Gletscher und die Ausdehnung des sich erwärmenden Wassers den Meeresspiegel im nächsten Jahrhundert voraussichtlich ansteigen lassen. Fünf Millionen Quadratkilometer Land entlang den Küsten – eine Fläche, halb so groß wie Europa – würden vom Meer verschluckt. Das entspricht zwar nur drei Prozent der irdischen Landfläche, aber einem Drittel des derzeit verfügbaren Ackerlandes ...

Der Klimaforscher Hartmut Graßl äußerte sich am 12. Januar 1996 in der Wochenzeitung „Die Zeit":

> **M2** ... Unser neuer Klimabericht sagt noch schärfer als der erste aus dem Jahr 1990, daß der Klimawandel vor allem die Entwicklungsländer bedroht. Sie werden nicht nur mit einem steigenden Meeresspiegel und stärkeren Niederschlagsschwankungen konfrontiert, sondern vermutlich auch mit einer größeren Ausbreitung der Malaria. ... Wir wissen heute besser als früher, daß schon kleine Temperaturänderungen ungeheure Wirkungen haben können. Zum Beispiel hat die leichte Erhöhung der Niederschläge in höheren nördlichen Breiten dazu geführt, daß am Kaspischen Meer viele Tausende von Menschen umgesiedelt werden müssen. Dort ist der Wasserspiegel seit 1977 um fast drei Meter gestiegen ...

In der „Rheinischen Post" hieß es am 27.3.1995:

> **M3** ... Die AOSIS-Staaten (Assoziation kleiner Inselstaaten, u.a. die Malediven) werden die ersten Opfer des Treibhauseffektes sein. Den Untergang vor Augen, fordern sie ... die Industrieländer auf, ihre CO_2-Emissionen bis zum Jahr 2005 um 20 % gegenüber 1990 zu verringern ...

Mögliche Folgen des Treibhauseffektes

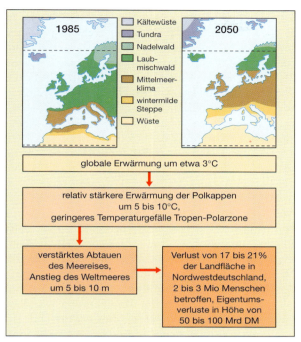

2 Mögliche Auswirkungen der globalen Erwärmung.

3 Durch einen Meeresspiegelanstieg gefährdete Küstenregionen. Ausschnitt.

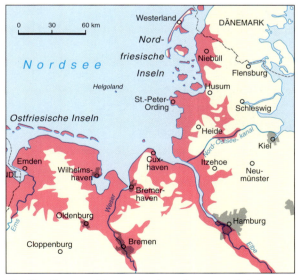

4 Überflutete Gebiete an der deutschen Küste bei einem Meeresspiegelanstieg um fünf Meter.

Ungewisse Klimazukunft

2 *Erläutert an Hand der Grafiken (Abb. 2–4) Veränderungen der Küstenlinien und der Klimagürtel bei einem möglichen weltweiten Temperaturanstieg. Lest dazu auch noch einmal auf den S. 142/143 nach.*

3 *Nehmt einen Atlas (Weltkarte) zu Hilfe und ordnet jeweils ein Gebiet/einen Staat, der betroffen sein könnte, der möglichen Auswirkung zu.*

4 *Entwickelt eine fiktive Radiosendung aus dem Jahre 2050, in der Reporter aus Hamburg, Köln, Island, Rom, Texas, der Karibik und von den Malediven über den Klimawandel der vergangenen 50 Jahre berichten.*

5 *Vergleicht die Prognosen über die Höhe des Meeresspiegelanstiegs (M1, Abb. 2, Abb. 4). Begründet die Differenzen.*

Fast alle heutigen Klimamodelle lassen eine Erwärmung der bodennahen Atmosphäre sowohl global als auch für die verschiedenen geographischen Breiten erwarten. Die in den Modellen noch enthaltenen Unsicherheiten zeigen sich aber vor allem in den unterschiedlichen Angaben über die Höhe des zu erwartenden Temperaturanstieges. Ursachen hierfür sind fehlende Kenntnisse bei der Beschreibung von Vorgängen in den Atmosphäre, des Wasserhaushaltes und der Meereszirkulation.

WORTE UND TATEN

1 Weltbürgermeisterkonferenz zum UN-Klimagipfel in Berlin. Im Plenarsaal des Rathauses Schöneberg verfolgen Alfredo Syrkis, Umweltminister aus Rio (Brasilien), Yaya Nazanga Barry, Bürgermeister von Koutlala (Mali), Sangari Gibril (Vorsitzender der Bürgermeisterkonferenz Mali) und Sri Maheswar Mohanty, Bürgermeister von Orissa (Indien), die Eröffnung. Foto 1995.

2 Demonstrationen anläßlich des Weltklimagipfels in Berlin. Foto 1995.

Informiert euch auf den Seiten 152–155 darüber, was Politiker bisher zum Schutz der Erdatmosphäre vereinbart haben.
Erarbeitet auf dieser Doppelseite internationale Lösungsansätze.

Weltklimakonferenzen

1 *Stellt Abb. 2 in einen Zusammenhang zu Abb. 1.*

Zur ersten Weltklimakonferenz luden die Vereinten Nationen bereits 1979 nach Genf ein. 1992 fand die UN-Konferenz für Umwelt und Entwicklung in Rio de Janeiro statt. Dort unterzeichneten Vertreter von 166 Staaten eine Klimakonvention, die im März 1994 in Kraft trat. Die Konvention* weist 36 Industriestaaten die Hauptverantwortung für die Treibhausgas-Emissionen zu. Die Industriestaaten – unter ihnen auch Deutschland und die USA – verpflichteten sich vertraglich, ihre Treibhausgas-Emissionen bis zum Jahr 2000 auf das Niveau von 1990 zu senken. Diese vertragliche Zusicherung wurde jedoch von den meisten Industriestaaten nicht eingehalten.

Weltklimagipfel in Berlin 1995

Im Frühjahr 1995 fand in Berlin eine weitere Weltklimakonferenz statt. Bundeskanzler Helmut Kohl sagte am 5. April 1995 in seiner Rede während der Weltklimakonferenz u.a.:

> **M1** ... Im Zuge der weltweiten Rezession* hat sich die Einhaltung der Vereinbarung [von Rio] nicht so entwickelt, wie wir dies erwartet haben. Nationale Egoismen* drängten stärker in den Vordergrund. Eine wirtschaftliche Erholung wurde vielfach unter Vernachlässigung der Umwelterfordernisse angestrebt. ... Wir müssen jetzt Sorge tragen, daß es nach dem Jahr 2000 nicht erneut zu einem Anstieg der Emissionen kommt. Angesichts des hohen Energieverbrauchs und der hohen Emission klimaschädlicher Treibhausgase in den Industriestaaten sind wir, die Industrieländer selbst, zuallererst gefordert. ... Deshalb begrüße ich, daß die Europäische Union mit gutem Beispiel vorangegangen ist und sich verpflichtet hat, auch nach dem Jahr 2000 die CO_2-Emissionen nicht wieder anwachsen zu lassen. ... Als ersten Schritt für einen wirksamen Klimaschutz fordere ich alle Industriestaaten auf: Folgen Sie dem Beispiel der Europäischen Union. ...
> Wir sollten ferner den ... Industriestaaten Anreize geben, auch außerhalb des eigenen Landes klimaschonende Investitionen vorzunehmen. ... Wenn die Industriestaaten diese Anstrengungen ... auf ihre Verpflichtungen zur Verminderung der Treibhausgase anrechnen können, ... dann liegt das im Interesse aller Staaten ...

In einer Sonderbeilage der „Tageszeitung" vom 1. April 1995 wurde über Michael Ngwalla, Mitglied einer Nicht-Regierungs-Organisation aus Nairobi und Teilnehmer der Weltklimakonferenz, berichtet:

Viele Staaten – eine Atmosphäre

M2 ... Ngwalla spitzt die Ohren, wenn es beim Klimagipfel um das Geschäft geht, bei dem mit Geld aus Industrieländern in der Dritten Welt die Treibhausgase verringert werden sollen, der Erfolg aber dem Industrieland zugeschrieben werden soll. ... Ngwalla verurteilt diesen Vorschlag. ... Ngwalla fordert dagegen Wirtschaftsbedingungen, in denen sich die Länder Afrikas entwickeln können. Daß Entwicklung auch eine Zunahme der Treibhausgase bedeutet, ist ihm bewußt. Allerdings begegnet er dieser Vorhaltung energisch: „Alle Entwicklungsländer zusammengenommen produzieren weniger CO_2 als die USA!" Dort müsse endlich mit der Reduktion der Klimakiller ernstgemacht werden ...

In einem Interview der „Tageszeitung" vom 30. März 1995 mit dem Leiter der Delegation von Saudi-Arabien auf dem Klimagipfel hieß es:

M3 ...
■ Die Inselstaaten fordern 20% CO_2-Reduktion bis zum Jahr 2005. Was sagen Sie dazu?
Antwort: Das ist im Prinzip wunderbar. Aber bevor wir zu solchen Forderungen springen, sollten wir Schritt für Schritt vorgehen. Denn es gibt Mögliches und Unmögliches. Am Anfang der Klimaverhandlungen haben sich die Industriestaaten verpflichtet, den Ausstoß von Treibhausgasen bis zum Jahr 2000 auf das Niveau von 1990 zurückzuführen. Die ersten Berichte zeigen, daß das schon nicht funktioniert hat. Wie kann man da weitere Reduktionen fordern? Also sollten wir darüber später entscheiden. Wir sagen nicht nein zu Reduktion, sondern: „Wartet ab." ...

2 Erarbeitet aus M1–M3 Positionen von Teilnehmern des Weltklimagipfels zur Frage der Verringerung des Kohlendioxidausstoßes. Stellt sie in einer Tabelle stichwortartig gegenüber.
3 Erläutert die in M1–M3 dargelegten Argumente.

Ergebnisse des Klimagipfels 1995

Die Journalistin Annette Jensen berichtete am 8. März 1995 über die Ergebnisse der Weltklimakonferenz:

M4 ... Was gestern verabschiedet wurde, ist nur eine vage Absichtserklärung. Alle Beteiligten versichern, daß sie sich um die Erarbeitung eines völkerrechtlich verbindlichen Protokolls 1997 in Japan bemühen wollen. In den Verhandlungen dafür soll es „unter anderem" um eine Reduzierung der CO_2-Emissionen der Industrieländer gehen. Um wieviel – das steht nicht in dem Papier. Und auch der Zeitrahmen ist offengelassen: Die Jahre 2005, 2010 und 2020 werden lediglich als Beispiele genannt. ...
Die Blockierer der Konferenz sind klar zu benennen: Saudi-Arabien, Kuwait und die USA. ... Der US-Regierung war völlig klar, was die Leute im eigenen Land wollten: weiterhin billiges Benzin. ... So stellte der Leiter der US-Delegation gestern auch befriedigt fest, daß das verabschiedete Papier von allen so interpretiert werden könne, wie sie es wollen. ... Aber auch der Mehrheit der Entwicklungsländer war in Berlin nicht der Schutz des Klimas ein Anliegen. Sie wollten die klare Festschreibung, daß sie für den Schutz der Atmosphäre nicht zur Verantwortung gezogen werden können. Deshalb war der Vorschlag der vom Versinken bedrohten kleinen Inselstaaten, ausschließlich die Industrieländer zu Einsparungen zu verpflichten, klug. Denn nur unter dieser Voraussetzung waren Länder mit enormen Wirtschafts- und Energiezuwachsraten wie Indien und China bereit, gemeinsam mit den anderen Entwicklungsländern abzustimmen. ... Bei der geplanten Möglichkeit für Industrieländer, in einem Land der Dritten Welt Maßnahmen zur CO_2-Reduktion zu finanzieren und sich die eingesparten CO_2-Emissionen selbst anrechnen zu lassen, konnten sich die USA durchsetzen ...

4 Faßt M4 mit eigenen Worten zusammen.
5 Bewertet an Hand von M4 das Ergebnis der Weltklimakonferenz in Berlin 1995 aus der Sicht eurer Erkenntnisse über den durch die Menschen verursachten Treibhauseffekt.
6 Führt mit Hilfe der Informationen aus M1–M4 eine Konferenz zum Thema „Maßnahmen gegen die globale Klimaveränderung" durch:
– Wählt eine(n) Konferenzleiter(in).
– Die Konferenzteilnehmer kommen aus Deutschland, China, Saudi-Arabien, den USA und von den Malediven.
– Bildet für jedes genannte Land eine Gruppe, die Argumente für die Position des Landes sammelt.
– Führt das Konferenzspiel durch. Versucht dabei, einen Kompromiß zu finden.
– Sollte eine Kompromißlösung nicht gelingen, diskutiert die Ursachen der Meinungsverschiedenheiten.

Worte und Taten in Deutschland

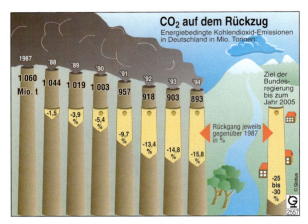

1 Kohlendioxid-Emissionen durch Energieerzeugung in Deutschland 1987–1994.

Verursacher	Emission in Mio. t		
	1987*	1990	1994
Kraft- und Fernheizwerke	446	437	377
Haushalte und Kleinverbraucher	246	205	196
Verkehr	164	183	187
Industrie- und Bergbau	192	169	125
Andere	12	9	8
Summe	1060	1003	893

*inklusive DDR

2 Kohlendioxid-Emissionen in Deutschland nach Verursachern 1987–1994.

Klimapolitik in Deutschland

1 Beschreibt die Entwicklung der Kohlendioxid-Emissionen in Deutschland an Hand der Grafik (Abb. 1).
2 Prüft an Hand der Grafik (Abb. 1), ob die Bundesrepublik Deutschland ihre Verpflichtungen aus der Klimakonvention von Rio 1992 (vgl. S. 152) bis 1994 eingehalten hat.
3 Erklärt die Entwicklung der Zahlen in der Grafik vor dem Hintergrund der Daten aus der Tabelle.

In der Zeitschrift „Umwelt", die vom Bundesumweltministerium herausgegeben wird, hieß es im Mai 1995 zum Weltklimagipfel vom März/April 1995:

M1 ... In seiner Rede auf der Weltklimakonferenz in Berlin hat Bundeskanzler Dr. Helmut Kohl präzisiert: „Deutschland hält an dem Ziel fest, bis zum Jahr 2005 seinen CO_2-Ausstoß gegenüber 1990 um 25 % zu senken." Mit diesem Ziel geht Deutschland weiter als die Forderung, die die AOSIS-Staaten in ihrem Protokollentwurf ... an die Industriestaaten gestellt haben (20 % CO_2-Reduzierung bis 2005) ...

4 Vergleicht die Aussage des Bundeskanzlers Kohl in M1 mit den Ergebnissen des Weltklimagipfels (M4, S. 153).

Weiter wurde dargestellt:

M2 ... In Deutschland sanken die CO_2-Emissionen von 1987 bis 1994 um 15,8 %. ... Die Klimavorsorgepolitik beginnt zu greifen. Dies ist auf die seit 1990 schrittweise umgesetzten Maßnahmen zurückzuführen. Beispiele:
– Am 1.1.1995 ist eine neue Wärmeschutzverordnung in Kraft getreten, die den Heizwärmebedarf von Neubauten um rund 30 % senkt und einen „Energiepaß" für Neubauten vorschreibt.
– Am 8.12.1994 hat die Bundesregierung eine Novelle* der Kleinfeuerungs-Verordnung vorgelegt, um die Energieverluste über die Schornsteine zu vermindern. Kleinfeuerungsanlagen verursachen rund 20 % der CO_2-Emissionen in Deutschland. ...
– Das Stromeinspeisungsgesetz verpflichtet die Elektrizitätswirtschaft zur Aufnahme von Strom aus erneuerbaren Energien in das öffentliche Netz und schreibt Mindestvergütungen ... vor.
– Für erneuerbare Energien stellt die Bundesregierung Zuschüsse bereit. ...
– Für Wärmeschutzmaßnahmen an Gebäuden werden günstige Kredite bereitgestellt ...

5 Erkundigt euch bei einem Bauunternehmen, einem Energieversorgungsunternehmen und bei einem Schornsteinfegermeister nach den entsprechenden in M2 genannten neuen Bestimmungen.
6 Informiert euch bei folgenden Institutionen über weitere staatliche Klimaschutzmaßnahmen: Bundesumweltministerium, Referat Öffentlichkeitsarbeit, Postfach 12 06 29, 53048 Bonn. Umweltbundesamt, Postfach 33 00 22, 14191 Berlin.

Worte und Taten in Deutschland

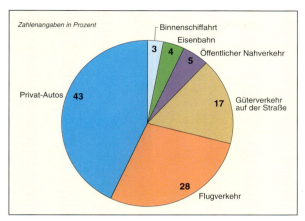

3 Kohlendioxid-Emissionen verursacht durch Kölner Bürgerinnen und Bürger 1992.

4 Zahl der Pkw in Deutschland 1955–2010.

Selbstverpflichtungen der deutschen Industrie

Am 10. März 1995 verpflichteten sich prominente Vertreter der deutschen Wirtschaft, wie z. B. der Präsident des Bundesverbandes der Deutschen Industrie und Manager von Gas- und Wasserwirtschaft, zu einer Minderung der Emissionen von Treibhausgasen ihrer Unternehmen um 20 % bis zum Jahre 2005.

Der Verband der deutschen Automobilindustrie (VDA) hat der Bundesregierung am 23. März 1995 ein Angebot zur Verminderung des Treibstoffverbrauchs neu zugelassener Pkw vorgelegt. Der VDA sagt darin zu, den Kraftstoffverbrauch der von ihm hergestellten Pkw bis 2005 um 25 Prozent zu senken.

Eine kritische Stimme

Sascha Müller-Kraenner, Referent für internationale Angelegenheiten beim Deutschen Naturschutzring, dem Dachverband der deutschen Umweltschutzorganisationen, erklärte am 17. März 1995 in einer Sonderbeilage der „tageszeitung":

M3 … Während die Bundesregierung noch immer von ihrem Ziel spricht, den Kohlendioxidausstoß um 25 % zu verringern, stellt die Wirtschaft nur eine Reduzierung in Aussicht. Eine quantitative Zusage wird nicht gemacht. Die Selbstverpflichtung findet unter Ausschluß wesentlicher Hauptverursacher statt, etwa der Fluggesellschaften und der Landwirte. Das Minderungsziel der Automobilindustrie ist völlig ungenügend. Der Verkehr wird in den nächsten zehn Jahren so stark zunehmen, daß die angebotene Verringerung des CO_2-Ausstoßes der Motoren um ein Viertel dadurch wieder ausgeglichen wird. … Im Gegenzug zur Zusage der Wirtschaft erklärt sich die Bundesregierung bereit, „Ordnungsrechtliche Maßnahmen zur Klimavorsorge einstweilen zurückzustellen." Das betrifft beispielsweise die Wärmenutzungsverordnung. Oder die von der Bundesregierung in Brüssel und bei den UN-Klimaverhandlungen seit Jahren geforderte Energiesteuer*. Mit den anderen Völkern der Welt möchte die Bundesregierung über ein CO_2-Protokoll und gemeinsame Maßnahmen verhandeln. Aber wo bleibt der Spielraum der Regierung, eine Energiesteuer zu vereinbaren, weltweit oder zumindest innerhalb der EU? …

7 *Erläutert mit eigenen Worten, was Müller-Kraenner in M3 unter „Ordnungsrechtlichen Maßnahmen zur Klimavorsorge" versteht.*
8 *Faßt die Kritik von Müller-Kraenner am Klimaschutz in Deutschland in Thesen zusammen.*
9 *Bewertet die staatlichen und privatwirtschaftlichen Maßnahmen in Deutschland vor dem Hintergrund der Informationen aus den Grafiken oben (Abb. 3 und 4) und M1–M3.*
10 *Informiert euch bei Umweltverbänden über deren Vorschläge für Maßnahmen zum Klimaschutz. Adressen: Deutscher Naturschutzring, Am Michaelshof 8–10, 53177 Bonn. BUNDjugend, Infoservice, Im Rheingarten 7, 53225 Bonn.*

Global denken - lokal handeln

CO$_2$-Bilanz der Familie Hauser:		
Energie- verwendung	CO$_2$- Emissionen (pro Einheit)	CO$_2$- Emissionen (in t/Jahr)
Auto (10 l/100 km) 15 000 km	2,32 kg/l	3,5
Bus 9000 km	6,0 kg/100 km	0,5
Elektrizität inkl. Warmwasser 4500 kWh	0,59 kg/kWh	2,7
Heizung (Heizöl) 2500 l = 25 000 kWh	0,26 kg/kWh	6,5
Flugzeug 5000 km (4 l Kerosin/100 km und Person)	2,52 kg/l	1,5
Nahrung und Konsumgüter	ca. 5,0 t/Person	15,0
CO$_2$-Bilanz:		29,7

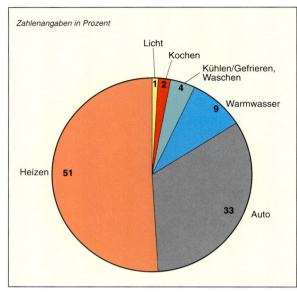

Durchschnittliche Energieverwendung in den privaten Haushalten in Deutschland 1995.

Erarbeitet auf den Seiten 156–158, welche Möglichkeiten für euch im Alltag bestehen, aktiv etwas für den Klimaschutz zu bewirken.

CO$_2$- Bilanz des privaten Haushalts

In einer Broschüre des Verbandes kommunaler Unternehmen hieß es 1996:

M ... 918 000 000 Tonnen Kohlendioxid – das war der deutsche Beitrag im Jahre 1995 zur Aufheizung der Erdatmosphäre. Statistisch gesehen heißt das: Jeder Einwohner schickte durchschnittlich 11,2 t CO$_2$ in die Luft. Kein Wunder, daß die Erde wegen dieser Belastung aus dem Gleichgewicht gerät. „Was kann ich als einzelner schon ändern?", ist die weitverbreitete Meinung. Einiges! Denn jeder Mensch erzeugt direkt oder indirekt CO$_2$: Durch den Einsatz von Energie, die er für Geräte und Maschinen nutzt, durch Teilnahme am Verkehr, durch die Herstellung und Verwendung von Nahrungsmitteln und Konsumgütern. ...

Nehmen wir die Hausers: Vater Günther, Mutter Petra und Tochter Jessica – eine ganz normale Familie ohne übersteigerte Bedürfnisse. ... Die Familie besitzt ein Auto – Fahrleistung im Jahr 15 000 km – benutzt den Bus auf einer Gesamtstrecke von jährlich 9000 km, verbraucht jährlich ca. 4500 Kilowattstunden (kWh) Strom, verbrennt in der Heizung 2500 Liter (l) Heizöl, verfliegt im Urlaub nach Griechenland 5000 km und benötigt Nahrung und Konsumgüter mit den dazugehörigen Verpackungen.
Dafür muß Familie Hauser Energie einsetzen. Bei jedem Energieeinsatz entsteht CO$_2$. Wieviel, ist durch Untersuchungen verschiedener Institute im In- und Ausland analysiert worden. Danach läßt sich die CO$_2$-Bilanz der Familie Hauser errechnen [vgl. Übersicht] ...

1 *Erstellt für eure Familie eine CO$_2$-Bilanz. Nehmt dazu die Werte von Familie Hauser in der Übersicht zu Hilfe. Vergleicht den ermittelten Wert mit der Beispielfamilie Hauser und den Ergebnissen eurer Mitschüler.*
2 *Entwickelt gemeinsam Vorschläge, wie ihr im Hinblick auf den Klimaschutz eure CO$_2$-Bilanz verbessern könnt. Berücksichtigt dabei auch die Grafik oben.*

Global denken – lokal handeln

Energiespartest

Haushalt

Energieträger	Einheit	Faktor	Ergebnis
Strom:	kWh	x 3	=
Heizöl:	l	x 12	=
Erdgas:	m³	x 10	=
Steinkohle:	kg	x 8	=
Braunkohle:	kg	x 2,5	=
Braunkohle-Briketts:	kg	x 6	=
Propan:	kg	x 14	=
Butan:	kg	x 11	=
Holz:	Ster	x 2000	=

Summe:

Verkehr

Auto 1:	km (pro Person) : 100	x	l/100 km	x 13	=
Auto 2:	km (pro Person) : 100	x	l/100 km	x 13	=
Motorrad/Moped:	km (pro Person) : 100	x	l/100 km	x 13	=
Bus/Bahn/Schiff:	km (pro Person)	x 0,1			=
Flugzeug:	km (pro Person)	x 0,8			=

Summe:

Test: Leben in Deiner Familie Energiesparer?

Mit Hilfe des folgenden Tests, den die Jugendorganisation des BUND* entwickelt hat, kannst Du feststellen, wie stark Deine Familie am Energieverbrauch und damit auch an der Produktion von Treibhausgasen in Deutschland beteiligt ist. Um alle Energieträger unmittelbar miteinander vergleichen zu können, müssen sie in eine gemeinsame Einheit umgerechnet werden (hier: Kilowattstunden [kWh] Primärenergie). Die hierfür nötigen Umrechnungsfaktoren sind jeweils angegeben. Unter Primärenergie versteht man die rohe Energieform (Kohle, Erdöl, Wasserkraft, Uran etc.), wie sie aus der Erde kommt.

Wie gehst Du vor?

1. Haushalt:
– Vergrößere die Abbildung oben auf ein leeres Blatt Papier. Trage in die ovalen Felder den Jahresverbrauch des jeweiligen Energieträgers für Eure Familie ein. Frage dazu auch bei Deinen Eltern nach.
– Multipliziere diesen Wert mit dem angegebenen Umrechnungsfaktor. So erhältst Du (in den rechteckigen Feldern) den jeweiligen Verbrauch in kWh Primärenergie.
– Addiere die so erhaltenen Werte.

2. Verkehr:
– Trage in die ovalen Felder die mit dem jeweiligen Verkehrsmittel zurückgelegten Kilometer ein.
– Teile diesen Wert durch 100, multipliziere ihn mit dem durchschnittlichen Verbrauch (pro 100 km) des Fahrzeugs und multipliziere ihn anschließend mit dem Faktor 13 (in den oberen drei Zeilen).
– Addiere die in den rechteckigen Feldern eingetragenen Werte.

3. Um einen Durchschnittswert für eine Person zu erhalten, mußt Du die Gesamtwerte für die Spalten „Haushalt" und „Verkehr" noch durch die Anzahl der Personen Deiner Familie teilen.

Zum Vergleich:
Der deutsche Bundesbürger verbraucht im Haushalt jährlich ca. 13000 kWh Primärenergie und zur Fortbewegung ca. 6000 kWh Primärenergie. Diese Durchschnittswerte beziehen sich auf eine Person und nicht etwa auf eine Familie.

Wo liegen Deine Werte?

Zur Kategorie „Energiesparer" darf Deine Familie sich zählen, wenn eine Person weniger als 6500 (Haushalt) bzw. 3000 (Verkehr) kWh Primärenergie verbraucht. Ansonsten läßt sich noch viel tun!

Werkstatt

1 Modell eines Sonnenkollektors. Foto 1994.

2 Schwimmbad mit Kollektoren. Foto 1995.

Bau eines Sonnenkollektors

Ihr könnt selbst das Modell eines Sonnenkollektors bauen. Dazu benötigt ihr:
– eine Sperrholzplatte (z. B. 80 x 80 cm),
– vier Holzleisten (10 x 80 cm; 8 bis 10 mm stark),
– dünner, schwarzer Kunststoffschlauch (bis zu 50 m lang bei ca. 8 mm Durchmesser),
– Übergangs-Reduzierstücke zum Wasserhahn,
– Abschlußhähne, Auffanggefäß, Thermometer.

Baut aus der Sperrholzplatte und den Holzleisten einen Kasten (siehe Abb. 1). In diesem Kasten wird der Kunststoffschlauch mit Kabelschellen kreisförmig auf der Sperrholzplatte befestigt. Bohrt in die Umrandung des Kastens zwei Öffnungen für die Enden des Schlauches. Befestigt am Zulauf des Schlauches die Reduzierstücke zum Wasserhahn (wie diese angebracht werden, erkennt ihr am besten an einem funktionsfähigen Gartenschlauch). Bringt am anderen Ende des Schlauches einen Abschlußhahn an.

Ihr könnt die Wirkung eures Kollektors erhöhen, indem ihr den Kasten mit einer durchsichtigen Folie oder – falls vorhanden – mit einer Glasscheibe (Vorsicht!) abdeckt. Stellt dann den Kollektor möglichst senkrecht zu den einfallenden Sonnenstrahlen auf. Öffnet die Wasserzufuhr nur ganz wenig und fangt das Wasser nach dem Durchströmen des Schlauches in einem Gefäß auf. Meßt die Temperatur des Wassers direkt aus der Leitung und nach Durchfließen des Kollektors.

3 Solarzellen. Foto 1995.

1 *Beschreibt die unterschiedlichen Arten der Sonnenenergienutzung in den Abbildungen 2 und 3.*
2 *Erkundigt euch an eurem Schulort nach Anlagen, die die Sonne als Energiequelle nutzen.*
3 *Befragt die Betreiber der Anlagen über ihre Erfahrungen.*
4 *Fertigt einen Bericht über diese Anlagen an. Wägt die Kosten und den Nutzen für die Betreiber und die Umwelt ab.*

Zusammenfassung

1 Karikatur.

2 Karikatur.

3 Karikatur.

4 Karikatur.

5 Karikatur.

1 Interpretiert die Karikaturen vor dem Hintergrund der Informationen des Kapitels.

4.1 DIE SEELE KANN KRANK WERDEN

Später werde ich …
In Träumen entsteht ein fantastisches Bild von einer erfolgreichen Zukunft. Doch wie sieht der Alltag aus?
Ganz anders.
In diesem Kapitel geht es darum, herauszufinden, wie diese Träume entstehen, warum sie so selten in Erfüllung gehen und welche Folgen dies für die Betroffenen haben kann.
Ihr könnt herausfinden, wie unterschiedlich Jungen und Mädchen mit ihrer Enttäuschung umgehen. Schließlich erhaltet ihr Anregungen, euch in schwierigen Situationen selbst zu helfen oder Hilfe zu suchen.

HIER STIMMT ETWAS NICHT

Das Spiegelbild der Seele
Das Gesicht des Menschen wird als Spiegel seiner Seele bezeichnet. In diesen Spiegel sollt ihr an Hand der folgenden Aufgaben schauen.
1 *Findet heraus, was euch die einzelnen Gesichter sagen.*
2 *Ordnet jeder Abbildung Adjektive zu, wie z. B. fröhlich, mürrisch, schelmisch.*
3 *Vergleicht und diskutiert in Gruppen eure Zuordnungen.*

Mit Hilfe von Gesichtern habt ihr Stimmungen ermittelt, für die es Ursachen geben muß.
Worauf lassen sich diese Stimmungen zurückführen, was verbirgt sich im Innern dieser Jugendlichen? An Hand der folgenden Beispiele könnt ihr euch genauer mit dieser Frage auseinandersetzen.

Unterschiedliche Probleme
Annelies Schwarz berichtet in einem Buch von Hamide, Schülerin einer 9. Klasse, die in einem Theaterstück ihrer Schule die Hauptrolle spielt. Ihre Lehrerin erzählt, daß das nicht ohne Folgen für sie bleibt:

M1 ... Hamide ist seit einer Woche krank. Sie liegt mit starken Kopfschmerzen im Krankenhaus. Niemand weiß, wann sie wieder zu den Theaterproben kommen wird.
Und ihre Freundin Yildiz berichtet aufgeregt:
„Hamides Vater hat herausbekommen, daß sie Theater spielt. Er hat sich furchtbar aufgeregt, und er hat Hamide das Theaterspielen verboten. Sie soll jetzt nachmittags auf ihre beiden kleinen Brüder aufpassen."
Das hat Hamide nicht verkraftet. Jetzt ist mir klar, warum sie krank geworden ist. ...

„Hamide!" rufe ich freudig aus.
Hamide fährt herum. Sie sieht mich. ...
„Wie geht es dir?" frage ich.
„Besser, nur manchmal habe ich noch Kopfschmerzen", und hastig: „Ich komme bald wieder zur Schule." ...
„Vielleicht darf ich sogar wieder mitspielen, der Doktor im Krankenhaus hat meinen Vater gebeten, es nicht mehr zu verbieten. Das Theaterspiel ist Hilfe für mich, hat er gesagt." ...
„Zuerst wurde mein Kopf untersucht, mit komplizierten Apparaten. Sie konnten aber nichts finden.
Deshalb hat der Doktor zuerst mit mir und dann lange mit meinen Eltern gesprochen. Ich habe ihm alles erzählt. ..."
Ich möchte so sein wie die Deutschen, hatte Hamide in ihre Theaterszene hineingeschrieben. Aber ihr Vater achtet streng darauf, daß sie eine Türkin bleibt. ...

Jochen Ziem erzählt in seinem Buch von dem 12jährigen Boris, der in schwierigen Verhältnissen lebt. Keiner kümmert sich so recht um ihn, mit der Schule steht er auf Kriegsfuß.

M2 ... Warum er nicht gerne in die Schule gehe, fragte der Mann Boris. Ob er geschlagen worden sei, ob er nicht ernst genommen worden sei, ob er sich abgelehnt gefühlt habe, ob er mit seinen Klassenkameraden nicht zurechtkäme. Boris konnte nur immer wieder entgegnen: „Na und?"
Es war normal für ihn, daß seine Lehrer ihn nicht achteten, daß seine Klassenkameraden ihn nicht mochten, daß er als Kanake, Dummkopf, Blödmann, Idiot, Pisser, Stinker, schwacher Typ bezeichnet wurde. Schließlich liebte er auch keine

Hier stimmt etwas nicht

Lehrer. Lehrer waren für ihn Menschen, die Kinder ducken, noch kleiner machen, als sie schon sind, sich über sie lustig machen, sich über sie erheben, zeigen, daß sie mächtiger sind, am längeren Hebel sitzen, Tadel und schlechte Zensuren verteilen und einen sitzenlassen können. Also: der letzte Dreck ...

Die 14jährige Inger, Tochter einer Mutter, die sehr um das Wohl ihrer Familie besorgt ist, sucht in einem Buch von Gunvor Nygaard nach ihrem Idealbild. Dabei wird sie krank.

M3 ... Ich muß etwas gestehen: Ich habe schon immer Angst gehabt. Von jeher. Wenn ich nur wüßte, was mich so rastlos macht, woher meine Magenkrämpfe und mein Mundzucken kommen. Und dieses Saugen in der Herzgegend, diese blinde Angst während der Herzschläge, die mich, wenn ich mit anderen zusammen bin, schwitzen und ganz steif werden läßt. Wenn ich zum Beispiel jemanden aus meiner Klasse auf der Straße treffe, würde ich am liebsten wegrennen. Ich habe solche Angst, daß man mich ansprechen könnte, denn dann müßte ich antworten ... und man kann unmöglich den Mund öffnen, wenn der Speichel eingetrocknet ist ... und außerdem gehe ich so komisch, und die Handflächen sind feucht und der Nacken steif, und überhaupt bin ich viel zu dick ... jedenfalls war ich es und kann es wieder werden, wenn ich nicht jeden Tag aufpasse.

Ich weiß, es klingt verrückt. Die anderen Leute sind nicht gefährlich. Sie sind ebensolche Menschen wie Mama und Papa und Großmutter und ich. Vielleicht ist Angst erblich. Ja, denn Mama hat auch Angst, obwohl sie es nie zugeben würde. Einst war ich mit Mama durch eine Schnur verbunden, durch die ich Nahrung und Kraft erhielt, bis ich stark genug war, um mich durch den dunklen Schlauch zu kämpfen, der zu den Menschen führt. Ich habe nur oft das Gefühl, als ob diese Schnur immer noch vorhanden wäre, als ob Mama und ich durch ein festes Band, das nie zerreißen kann, verbunden wären.

Welche Angst wir hatten, als ich in die Schule kam. Zum erstenmal mußte Mama meine Hand loslassen. Es war, als ob ich in eine bodenlose Tiefe sinken würde ...

4 Beschreibt die in M1–M3 dargestellten Probleme mit eigenen Worten.

5 Listet auf, woran sich die Schwierigkeiten äußerlich erkennen lassen.

6 Vergleicht die drei Beispiele miteinander.

7 Stellt gegenüber, welche Bedeutung Erwachsene und Gleichaltrige für das jeweilige Problem haben.

8 Diskutiert in Kleingruppen darüber, ob ihr solche oder ähnliche Probleme wie in M1–M3 kennt.

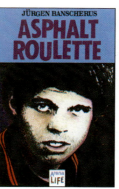

Weitere Jugendbuchempfehlungen findet ihr auf der Seite 196.

Erwartungsdruck kann krank machen

1/2 Erwartungsdruck. Fotos 1995.

Wünsche entstehen

Schon immer haben Jugendliche Vorstellungen von ihrem Leben als Erwachsene entworfen. Die Vorbildfunktion der Eltern hat in den letzten Jahrzehnten deutlich abgenommen.

Dagegen prägen Medien, wie Fernsehen und Jugendzeitschriften, das Marken- und Persönlichkeitsbewußtsein immer stärker. Oft unterscheiden sich die Zukunftsvorstellungen der Eltern und ihrer Kinder. Jugendliche geraten unter den Druck der vielfältigen Anforderungen, denen sie genügen sollen oder wollen.

1 *Betrachtet die Abbildungen genau und leitet mögliche Erwartungen an Jugendliche ab.*

Erwartungen in den Medien

Sicherlich habt ihr schon festgestellt, daß in allen Medien Schönheit und Erfolg zusammengehören. Das Nachrichtenmagazin „Der Spiegel" schrieb über diese Schönheitsideal 1992:

> **M1** ... Millionen junger Frauen hungern dem unausrottbaren Twiggy-Ideal* nach, oft bis an den Rand des Todes. Was die Magersüchtigen noch nicht gemerkt haben: Ein „neuer Kurvenwahn" beherrscht die Schönheitsszene. ...
> Frauen, sagt die Psychologin Bärbel Wardetzki, seien dafür besonders anfällig, weil ihre „Maske aus Schminke, Kleidung und äußerer Attrakti-

Erwartungsdruck kann krank machen

vität" nicht selten „Hauptquelle von Bewunderung und Zuwendung" sei. ...

Das neue Schönheitsdiktat, das heimtückischer sei, als alle früheren, hält die Amerikanerin Naomi Wolf für eine letzte Waffe der Männer gegen die Emanzipation. Seit Frauen nicht mehr bereit sind, „tugendhafte Häuslichkeit als obersten Wert" zu akzeptieren, seien sie nur noch mit Skalpell und Lippenstift zu zähmen.

Das stimmt. Doch die Grundregeln ... gelten uneingeschränkt für beide Geschlechter. Wer sich bis zur Vorstandsetage hochgeschlängelt hat, verfügt nicht mehr über Fettpolster. Wer als Spitzensportler Millionen Fans anlockt und Millionen Dollar abzockt, beeindruckt durch Selbstbeherrschung. ... Träume lassen sich am besten mit Traumfiguren verkaufen ...

In der Zeitschrift „Stern" hieß es 1995 zum Thema „Kinder und Werbefernsehen":

M2 ... So locker Kinder im Fernsehen auftreten, so naiv und frohgemut stehen sie auch den bunten Bildfolgen aus der Welt des Werbefernsehens gegenüber. ... Hat man sie vor Jahren noch als unbedeutende Zielgruppe abgetan, glauben Marketingstrategen* heute, daß ihr Markenbewußtsein so ausgeprägt ist, daß sie als Jugendliche und Erwachsene nicht mehr von einer Marke wegzubringen sind, für die sie sich in der Kindheit entschieden haben. In den Kindersendungen werden die Spots so geschickt plaziert, daß die Kleinen Werbung und Sendung kaum auseinanderhalten können ...

2 *Ergänzt eure Erwartungsliste aus Aufgabe 1.*
3 *Sammelt Argumente für die Aussage der beiden Frauen in M1 und nehmt Stellung zu ihren Ansichten.*
4 *Überprüft in Gruppen eure eigenen Erwartungshaltungen.*

Eltern wollen doch nur das Beste!

In Irina Korschunows Jugendbuch „Die Sache mit Christoph" sagt ein Freund von Christoph nach dessen Tod über Christophs Eltern:

M3 ... Ich bin sicher, daß Christoph seinen Vater gehaßt hat. Er hat sich jedesmal zusammengekrümmt, wenn die Rede auf ihn kam. „Der" hat er ihn genannt, nie „mein Vater", nur „der".
„Wenn ich bloß erst achtzehn bin", hat er gesagt, „dann hau ich ab, dann kann der nicht mehr auf mir rumhacken. Falls der mich nicht vorher schon kaputtgemacht hat." ...
Er ist irgendein hohes Tier bei der Bundesbahn und kam mir immer wie ein Fahrplan vor, trocken, korrekt, autoritär. Christoph mit seinem Klavier – klar, daß er für ihn ein Versager war. ... „Schluß mit der Klimperei!" hat er gebrüllt. „Mach Mathematik! Mach Latein! Lerne was, damit du später dein Brot verdienen kannst!" ...
Seitdem er in Latein so abgerutscht war, durfte er kaum noch weggehen: nicht ins Kino, nicht ins Theater oder Konzert. Nur wenn sein Vater auf Dienstreisen war, hatte er Luft ...

Im Buch „Das Mädchen unter der Brücke" schildert Nina Rauprich den Fall Susanne, die von ihrer Mutter wohlbehütet aufwächst:

M4 ... Ma und Dad hatten feste Vorstellungen, wie ich sein sollte. Sie bestimmten, was ich gut zu finden hatte. Aber gleichzeitig waren sie auch lieb zu mir. Das machte die Sache kompliziert. Oft wollte ich ganz anders sein, mich mal selber ausprobieren, nicht immer nur positiv sein, sondern verrückt, faul, schlampig, albern. Einfach mal sehen, wie mir das bekommt. In meinen Träumen war ich eine andere Susanne, die echte. Nur tagsüber klappte das nicht. Da war ich die Tochter meiner Eltern.
Die meisten in meinem Alter waren in irgendeiner Clique. Aber meine Eltern erlaubten nicht, daß ich in die Disko ging. Immer mußte ich um halb zehn zu Hause sein. Ich durfte abends noch nicht einmal ohne sie ins Kino. Bei Doris war es ähnlich. Wir hatten oft zusammengehockt und uns ausgedacht, was wir alles unternehmen und nachholen wollten, wenn wir mit der Schule fertig wären und eine eigene Bude hätten ...

5 *Stellt das Verhalten der Eltern in M3 und M4 gegenüber.*
6 *Zeichnet Umrisse von zwei Köpfen. Füllt sie mit Träumen, die sich aus M3 und M4 ergeben könnten.*
7 *Führt zu dem in M4 dargestellten Sachverhalt ein Rollenspiel durch.*
8 *Wertet aus, wie ihr euch dabei gefühlt habt.*
9 *Stellt zusammen, worin sich die Erfolgsvorstellungen von euren Eltern und denen, die durch die Medien vermittelt werden, unterscheiden.*

Auch Schule kann krank machen

1 Schulalltag? Foto 1996.

Auf den vorangegangenen Seiten habt ihr euch damit beschäftigt, wie Idealbilder von der eigenen Zukunft entstehen.
Auf dieser und den folgenden Seiten könnt ihr nun herausfinden, warum diese Wunschvorstellungen so schwierig umzusetzen sind, ja manchmal zum ernsthaften Problem werden.

Krank durch Schule
In der „Celleschen Zeitung" vom 28. April 1995 wurde berichtet:

M1 … Mindestens jedes zehnte Kind im schulpflichtigen Alter ist psychisch* auffällig. Die Störungen reichen von Angst und Depression* über Konzentrationsschwäche bis hin zu Hyperaktivität*, berichtete Prof. Helmut Remschmidt (Marburg) gestern in Würzburg.
Ein Großteil dieser Störungen stehe im Zusammenhang mit der Schule. Ursachen seien unter anderem Trennungsangst von der Mutter und Furcht vor Mitschülern oder Lehrern.
Ein weiterer Schwerpunkt sind Eßstörungen bei Jugendlichen. Mädchen sind davon im Verhältnis von 7:1 gegenüber jungen Männern betroffen, berichtete Prof. Beate Herpetz-Dahlmann (Marburg). Ein Viertel aller jungen Frauen, die während oder nach der Pubertät an Magersucht erkrankten, hätten auch im Erwachsenenalter ihr Eßverhalten noch nicht normalisiert …

1 *Stellt aus M1 zusammen, welche psychischen Auffälligkeiten Experten im Zusammenhang mit der Schule feststellen.*

Aufgaben der Schule
Für viele Jugendliche beginnt das Stolpern bereits morgens in der Schule, deren Auftrag sich etwa so beschreiben läßt: Auftrag der Schule ist es, dazu beizutragen, daß Kinder und Jugendliche befähigt werden, ihre Zukunft zu ihrem eigenen Wohle und dem der Gemeinschaft zu gestalten. Dazu vermittelt die Schule Wissen und Wertvorstellungen.
Über die Zensuren, mit denen Lernerfolg bewertet wird, verteilt die Schule auch Lebenschancen. Ein guter Schulabschluß ist oft die Voraussetzung zur Verwirklichung seiner eigenen Lebensgestaltung.

2 *Formuliert mit eigenen Worten, welche Aufgabe die Schule hat.*

3 *Stellt die Aussagen von M1 und die Aufgaben von Schule gegenüber. Ergänzt eigene Erfahrungen.*

Auch Schule kann krank machen

Probleme in der Schule

Ilse Kleberger schrieb in ihrer Geschichte „Die Nachtstimme" über Benjamin, einen Jungen, für den Schulversagen der Einstieg ins Abseits wurde:

M2 ... Er hatte viel in der Schule versäumt, während seiner Krankheit. Erhard, sein bester Freund, versuchte ihm zu helfen, aber Benjamin konnte es nicht ertragen, daß Erhard ungeduldig wurde und überlegen tat. ... Sie verstanden sich nicht mehr. Die Freundschaft ging nicht gerade in die Brüche, aber sie sahen sich in ihrer Freizeit seltener und trafen schließlich nur noch in der Schule zusammen.

Benjamin versuchte allein, das Versäumte nachzuholen, doch er schaffte es nicht und schrieb eine Fünf nach der anderen. Sein Klassenlehrer gab ihm die Adresse eines Nachhilfelehrers, aber Benjamin ging nicht hin, weil er sich schämte. Er wurde in der Schule immer schlechter und kam sogar in Mathe auf eine Fünf. Als es sich schließlich abzeichnete, daß er sitzenbleiben würde, ging er lieber von der Schule ab. Es war eine schlimme Zeit. Seine Zukunftspläne waren über den Haufen geworfen ...

Im Jugendbuch von Irina Korschunow „Die Sache mit Christoph" macht Christoph, ein 17jähriger Schüler, sowohl mit seinem Mathematik- als auch mit seinem Biologielehrer entsprechende Erfahrungen:

M3 ..., nur daß Mathe-Mayer seine Kaltschnäuzigkeit elitär* verbrämt. „Leistung", sagt er. „Etwas anderes interessiert mich nicht. Für menschliches Wohlbehagen fühl ich mich nicht verantwortlich. Ich bin hier, um Ihnen Mathematik zu vermitteln. Wenn Sie nicht wollen – bitte.

Bio-Mayer ist brutal. Wen er fertigmachen will, macht er fertig. Verweise, verschärfte Verweise – es gibt da allerlei Möglichkeiten.

Mathe-Mayer erteilt keine Verweise. Nicht einmal in der Mittelstufe kontrolliert er die Hausaufgaben. Wer sein Tempo nicht durchhält oder mal eine müde Strähne hat, den läßt er am Weg vergammeln. ...

Er ist so um die dreißig, groß, ein Sportstyp, trägt Jeans, kommt einem erst ganz sympathisch vor. Beim Schulkonzert vor Pfingsten hat Christoph eine Beethoven-Sonate gespielt. Unheimlich gut. ... Mathe-Mayer hat Christoph nur kühl betrachtet und gemeint: „Schade, Zumbeck, daß Sie Ihre Energien so einseitig aktivieren."

Das hält man doch nicht aus.

Da hat man doch Angst, daß man gefressen wird. Daß nichts übrigbleibt von dem, was man ist und wie man sein möchte ...

Klassenkameraden, „Freunde", haben ebenfalls ihre Vorstellungen, wie du sein darfst.

Inge Meyer-Dietrich schrieb in ihrer Geschichte „Zwerge heißen nicht Max" über Max. Er gehört zu den Schülern, die gute Arbeiten schreiben, seinen Mitschülern scheint dies aber weniger gut zu gefallen:

M4 ... Heute war er mit einem guten Gefühl aufgewacht. ...

Gleich in der ersten Stunde gab Frau Stober die Aufsätze zurück. Er hatte eine Zwei geschrieben. Schon wieder ein gutes Gefühl. Er sah aus dem Fenster. ... Er schloß die Augen. ...

„He, Zwerg, was träumst du denn Schönes? Erzähl doch mal!"

Das war Christian. Gleich in Sport würde er wieder irgendeine Show abziehen. Und dann in der Pause? ...

Max war nicht schlecht in Sport. Geräteturnen konnte er und Leichtathletik, und in Schwimmen war er einer der besten.

Das half aber nicht, wenn die Mannschaften für Basketball oder Fußball gewählt wurden. Der dicke Ulf und er, der Zwerg, die kamen als letzte dran. ...

Auf dem Weg aus der Halle in den Umkleideraum war Max einen zu langen Moment in Gedanken woanders und schon knallte er der Länge nach in den Flur ...

4 *Beschreibt die Probleme der drei Jungen (M2–M4) mit eigenen Worten. Vergleicht sie.*

5 *Benjamin (M2) hat einen Ausweg gefunden. Diskutiert über den möglichen Erfolg.*

6 *Stellt Vermutungen darüber an, welche Auswege Christoph und Max suchen könnten.*

7 *Führt, z. B. in eurem Jahrgang, eine Befragung zum Wohlbefinden eurer Mitschülerinnen und Mitschüler in der Schule durch. Erstellt dafür einen Fragebogen.*

8 *Veröffentlicht eure Ergebnisse in der Schülerzeitung oder der Pausenhalle.*

Dem Elternhaus entrinnen

1 In der Disco. Foto 1996.

Wenn die Pubertät einsetzt, geraten Jugendliche in eine „innere Umwälzung". Einerseits sind sie keine Kinder mehr, andererseits sind sie aber auch noch keine Erwachsenen. In dieser Zeit unterliegen sie heftigen Stimmungsschwankungen, die sie zwischen Angst, Hilflosigkeit und überschwänglichen Glücksgefühlen hin und her treiben.
Den Eltern kommt jetzt insofern eine entscheidende Bedeutung zu, da sie diejenigen sind, die durch die Jugendlichen fast ständig in Frage gestellt werden. Von ihnen müssen sich die Heranwachsenden lösen, brauchen aber dennoch Verständnis und inneren Halt zur Bewältigung dieser Entwicklungsphase. Aus der Sicht der Kinder läßt sich Pubertät als „Zeit, in der die Erwachsenen schwierig werden", beschreiben.
Mit Hilfe der folgenden Materialien könnt ihr herausfinden, zu welchen Reaktionen es bei Jugendlichen während dieser Zeit kommen kann.

Ein Brief an die Eltern
1 *Stellt einen Zusammenhang zwischen dem Thema „Dem Elternhaus entrinnen" und den Abbildungen her.*

Für Pubertierende ist es meist nicht einfach, mit den Eltern über die eigene Person und deren Bedürfnisse zu sprechen.
Im Jugendbuch von Gerhard Eikenbusch „Und jeden Tag ein Stück weniger von mir" schreibt Frauke deshalb ihren Eltern:

M1 Liebe Eltern!
Ihr werdet diesen Schritt wieder einmal unmöglich finden und ihn nicht verstehen. Ihr werdet nicht begreifen, wie ich das machen kann. Aber ich mache nichts. Natürlich werdet ihr mich wieder auslachen, wenn ihr diesen Brief lest. Wahrscheinlich liegt ihr auf eurem tollen Sofa und lacht euch kaputt, weil ihr diesen Brief nicht begreifen könnt. Ihr seid nicht zu dumm für diesen Brief, im Gegenteil: Ihr seid zu schlau. Ihr seid schon immer zu schlau gewesen für mich. Wir haben uns nie etwas zu sagen gehabt, haben immer aneinander vorbeigelebt. Ihr seid wie Steine gewesen, habt eure Sprüche heruntergerasselt und mich vorwurfsvoll angesehen. Angeblich habt ihr euch Sorgen um mich gemacht. Daß ich nicht lache! Um was habt ihr euch gesorgt, um wen?
Doch nur um euch selbst.
Ich brauche mich nicht zu entschuldigen. Von mir bekommt ihr kein Wort mehr. Ihr kümmert euch um jeden eurer Nachbarn und Geschäftsfreunde mehr als um mich. Selbst um euren Fernseher sorgt ihr euch mehr als um mich.
Von Liebe habt ihr keine Ahnung. Wenn ich sehe, wie ihr lebt, muß ich immer ans Sterben denken. Freut euch nicht zu früh. Ich bringe mich nicht um. Mit mir werdet ihr noch Spaß bekommen, darauf könnt ihr euch verlassen. Jetzt werdet ihr schreien vor Lachen. Vater wird sagen, daß ich unreif bin. Gut, dann bin ich unreif – es kann aus mir also noch etwas werden. Ihr seid fertig. Ihr wollt

Dem Elternhaus entrinnen

es eurer Tochter, die angeblich euer Kind ist, gar nicht leichter machen.
Wenn ich kaputtgehe, steigen bei euch doch die Aktien. Wißt ihr wirklich nicht, was ich brauche?
Wißt ihr immer noch nicht, wer ich bin?
Ich will nicht mehr die sein, die ihr euch wünscht. Ich will eure Perspektive nicht, eure sogenannte Zukunft. Seht euch nur an. Sicher, ihr seid nicht allein schuld, klar. Vielleicht könnt ihr nichts dafür daß ihr so seid. Vielleicht bin ich ungerecht zu euch. Gut. Wenn ich jetzt nichts mache, geht alles weiter wie bisher. Wenn ich jetzt nicht beginne, geht alles zu Ende und es hat keinen Sinn.
Eure – sogenannte – Tochter

2 *Listet die Vorwürfe auf, die Frauke ihren Eltern in M1 macht.*
3 *Stellt Vermutungen an, warum Frauke ihren Eltern diesen Brief schreibt.*
4 *Schreibt in Gruppen einen eigenen Brief an die Eltern oder einen Antwortbrief der Eltern. Vergleicht und diskutiert die unterschiedlichen Fassungen.*

Cooles Feeling
Kirsten Boie beschreibt in ihrem Buch „Ich ganz cool" den Versuch einer Jungengruppe, das durch Elternhaus und Schule gestörte Selbstwertgefühl auf eigene Weise wieder herzustellen:

M2 ... Also Mutjoggen, nä, darfst du erst losrennen, wenn das Auto voll auf der Kreuzung ist; der Kühler muß hinter der Fensterscheibe von Edeka sein, sonst gilt das nicht. Gibt es auch keine Ausnahme. Recep sagt, egal, ob einer kleiner ist

2 Schülerband. Foto 1995.

3 Fahrradtour. Foto 1995.

oder was und kürzere Beine hat, ganz egal. Wer mitmachen will, gleiche Spielregeln.
Der Trick ist, du mußt an der Stelle rennen, wo die Baustelle ist, da können die Autos nicht ausweichen. Bremsen können sie da auch nicht mehr, haben alles abgecheckt. Entweder, du bist schnell genug rüber, oder bommmppp!, ist es gewesen. Alles nur noch Matsche. Ja Pech ...

5 *Diskutiert das Verhalten der Jungen.*
6 *Vergleicht die Reaktionen von Frauke (M1) und den Jungen (M2). Zieht Schlüsse über unterschiedliches Verhalten von Jungen und Mädchen.*
7 *Sammelt Zeitungsausschnitte, die eure Meinung aus Aufgabe 6 belegen können.*
8 *Stellt eine Collage her, die sich kritisch mit der Aussage „typisch Junge – typisch Mädchen" auseinandersetzt.*

Magersucht

Der Suppenkasper. Zeichnung.

In der Examensarbeit einer Referendarin wurde der Fall des magersüchtigen Gerwin beschrieben. Gerwin, der die 7. Klasse einer Hauptschule besucht, fiel seinen Lehrkräften zunächst durch sein verändertes Aussehen und Verhalten auf. Sie versuchten, die Hintergründe zu erfahren.
Am Beispiel des Jungen könnt ihr Symptome einer psychischen Krankheit und die Rolle der Eltern erarbeiten.

Gerwin fällt auf

1 *Diskutiert darüber, welche Zusammenhänge zwischen Abbildung 1 und dem, was ihr bisher erarbeitet habt, bestehen können.*

Zunächst der Sportlehrer, dann auch die Klassenlehrerin, beobachteten folgende Veränderungen bei Gerwin:

M1 … Gerwin wurde immer blasser, dünner und unkonzentrierter. Im Sportunterricht stellte der Lehrer eine extreme Abmagerung fest. Er schien so geschwächt, daß er, trotz des gut erkennbaren eisernen Willens, zum Beispiel beim Fußballspielen, den Ball nicht traf. Dies war bemerkenswert, da Gerwin noch kurze Zeit zuvor ein guter Sportler gewesen war, was seine Noten, die seit Klasse 5 immer „gut" waren, dokumentierten. …
Im Laufe der folgenden Tage bemerkte ich dann, daß er oft sehr verschlafen wirkte, morgens meistens nicht pünktlich kam. Seine Beteiligung am Unterricht war mehr als gering. …

Die Klassenlehrerin nahm Kontakt mit der Mutter auf. Die Klassenlehrerin berichtete:

M2 … Von der Mutter erfuhr ich, daß sie auf Anraten des Rektors schon vor einiger Zeit gemeinsam mit Gerwin einen Arzt aufgesucht hatte, der die Einlieferung in eine jugendpsychiatrische Klinik veranlaßte. Doch Gerwin habe sich „mit Händen und Füßen" dagegen gewehrt. „Wenn ihr mich dahin bringt, bringe ich mich um!" „Daraufhin", so Frau P. „waren wir machtlos".
Überhaupt könnte sie gar nichts machen, er höre nicht auf sie. Trotz seines Zustandes betreibe er dreimal wöchentlich Judo und nebenher zu Hause intensiven Kraftsport.
Die Leute hätten sie schon auf Gerwins Magerkeit angesprochen. Sie glaubten wohl, er bekomme nichts zu essen, „dabei gibt es bei uns viel zu essen, ja alles."
Gerwin nehme den ganzen Tag über höchstens einen Joghurt oder eine entsprechende Menge Quark zu sich, dazu etwas Knäckebrot und meist ein wenig Lakritze. Er esse aber nur im Stehen, um ja nicht anzusetzen, und nach dem Verzehr setze er sich gleich aufs Fahrrad und radele sich die Kalorien stundenlang wieder ab …

2 *Listet die Symptome auf, an denen Gerwins Krankheit erkennbar wurde.*
3 *Erläutert die Haltung der Mutter.*

Magersucht

Ursachen der Magersucht

Anorexia nervosa, die Magersucht, hat ihren Ursprung in der Pubertät und wird von Psychologen in der Regel als „Weigerung, erwachsen zu werden" gedeutet.

Magersüchtige haben Angst vor ihren Gefühlen und mögen sie daher nicht zeigen. Weil sie ihren Körper als Symbol für ihr Gefühlsleben verstehen, glauben sie, mit der absoluten Kontrolle über ihn, dieses Problem in den Griff zu bekommen. Sie versuchen, durch strenge Rituale ihren Körper vollständig zu beherrschen und so die Person zu schaffen, die sie selbst akzeptieren können. Die Kraft dazu schöpfen sie aus dem Wissen, daß sie Bedürfnisse, wie z. B. den Hunger, ignorieren können.

Die Rolle der Eltern

Da für die Klassenlehrerin ersichtlich wurde, daß Gerwin dringend Hilfe benötigte, suchte sie engen Kontakt zu den Eltern, um die Hintergründe zu erforschen. Vom Jungen selbst konnte sie nichts erfahren, da er sich äußerst verschlossen zeigte.
Gerwins Eltern schilderten der Referendarin ihre Erfahrungen mit Gerwin:

M3
Gerwins Mutter: ... Es gibt Tage, da ist er richtig anhänglich, und dann kann ihn plötzlich ein einziges Wort wütend machen. Für ihn gibt es nur seinen Sport. Er hat für jeden Tag ein festes Pensum. Da macht er soundsoviele Übungen im Kraftsport. Bevor er die nicht fertig hat, kann ich ihn zu nichts bewegen. Nicht einmal in die Schule kriege ich ihn dann. Dazu geht er noch drei Mal wöchentlich ins Judo, immer sauber und pünktlich. Ansonsten ist er schrecklich nervös, er kann nicht stillsitzen. Er ist zufrieden, wenn er sich körperlich betätigen kann.
Gerwins Vater: Er zieht sich ganz zurück vom Familienleben. Ich kriege keinen Kontakt zu ihm. Er nimmt nicht an, was ich sage ...

Die Lehrerin berichtete der Referendarin über ihr Gespräch mit Gerwins Eltern:

M4 ... Für die Eltern scheint es das wichtigste zu sein, „was die Leute dazu sagen!".
Die Mutter wies in diesem Zusammenhang darauf hin, daß sie vor lauter Kummer esse und esse und, „gucken Sie mich doch mal an, ich bin völlig außer Form geraten!" Sie beteuerte, daß Gerwin alles essen könne, was er wolle, sie würden sogar für ihn extra einkaufen. Da sie beide arbeiteten, könnten sie auch eine ganze Menge investieren.
Die Mutter weiter: Sie beide würden arbeiten, wenn sie heimkämen, fänden sie Gerwin oft schlafend auf dem Boden vorm laufenden Fernseher. Gerwin schaue überhaupt sehr viel fern. „Verbieten nützt da nichts, wenn wir das tun, geht er in das Eßzimmer und stellt dort den Fernseher an."
„Wir können ihn doch nicht immer schlagen, mein Gott, wir müßten ihn ja totschlagen, um etwas zu erreichen!" So die einzige Äußerung des Vaters während unseres Gesprächs ...

4 *Ergänzt an Hand der neuen Informationen die Symptomliste aus Aufgabe 2.*
5 *Beschreibt mit eigenen Worten, welche Merkmale das Leben der Familie von Gerwin bestimmen.*
6 *Vermutet an Hand von M3 und M4, welche Rolle Gerwins Eltern für seine Erkrankung gespielt haben mögen.*

Monika Gerlinghoff schrieb in ihrem 1985 veröffentlichten Buch „Magersüchtig", daß die Familie ein fruchtbarer Boden für die Magersucht ist.
Die betroffenen Familien legen im allgemeinen großen Wert auf Pflichterfüllung, überdurchschnittliche Schulleistungen, eine gute Berufsausbildung und schließlich die Karriere. Der Vater nimmt die Rolle des Ernährers ein, während er von seiner Frau eine perfekte Haushaltsführung, sowie die Erziehung der Kinder erwartet. Sie muß die Kontakte, vorwiegend zur Verwandtschaft, pflegen und ihm Freiraum zur Entspannung verschaffen, indem sie Alltagsprobleme von ihm fernhält. Auseinandersetzungen werden nicht ausgetragen; man legt Wert auf gute Manieren und korrekte Kleidung. Zum Rollenverständnis der Eltern gehört es, vor den Kindern möglichst unfehlbar zu erscheinen.

7 *Unterhaltet euch darüber, wie ihr selbst reagiert, wenn ihr mit euch nicht zufrieden seid.*

IN DER ÖFFENTLICHEN DISKUSSION

1 Presseschlagzeilen. Collage.

Öffentliche Diskussion

1 *Sammelt ähnliche Schlagzeilen wie in der Abbildung 1. Stellt eine Übersicht über die genannten Probleme her.*

Die „Cellesche Zeitung" berichtete am 8.10.1994:

M1 ... Zwölf Prozent der Deutschen brauchen irgendwann einmal in ihrem Leben professionelle Hilfe bei seelischen Problemen. Darauf machten Experten anläßlich der Jahrestagung der Deutschen Gesellschaft für Psychiatrie, Psychotherapie und Nervenheilkunde (DGPPN) in Darmstadt aufmerksam. Bei dem Treffen diskutierten etwa 1500 Fachleute aus dem In- und Ausland, wie sich Medikamente und therapeutische Gespräche bei der Behandlung seelisch Kranker ergänzen können.

2 *Diskutiert die Expertenmeinung aus M1. Geht dabei auf die Ergebnisse aus Aufgabe 1 ein.*

Seelische Probleme bleiben heute häufig nicht mehr hinter verschlossenen Türen. Da die Zahl der Betroffenen, insbesondere bei Kindern und Jugendlichen, zunimmt, sind die Experten sich einig, daß Hilfe nötig ist.
Die Medien dokumentieren das öffentliche Interesse, da immer mehr Kinder und Jugendliche aufgrund ihrer seelischen Verfassung für Eltern, Schulen und andere Mitmenschen ein Problem darstellen.

Folgen von Scheidung und Trennung

Für viele Kinder und Jugendliche gehört die Scheidung der Eltern heute zu einer unabwendbaren Erfahrung.
Das Nachrichtenmagazin „Der Spiegel" berichtete 1993:

M2 ... Im besten Fall nehmen Scheidungskinder Schaden, weil sie einen von beiden – Vater oder Mutter – entbehren müssen. Im schlimmsten Fall werden sie deformiert, werden sie zwischen zwei unversöhnlichen Feinden zerrieben, wie der achtjährige Klaus. ...
Der Junge lebte bei Vater und Schwester. Das Sorgerecht hatte die Mutter, zu der er nicht wollte, weil er ihre Stockschläge fürchtete. ...
„Die Herausgabe des Kindes kann, falls sie nicht freiwillig erfolgt, mit Gewalt erfolgen." ...
Eine mitfühlende Polizeimeisterin, die bei der ‚Herausgabe' dabei war, notierte: „An der Haustür sei der Junge dann der Mutter übergeben worden. Er sträubte sich noch immer. Die Frau konn-

Trennungskinder

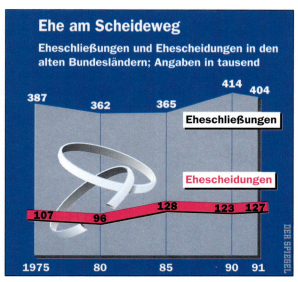

2 Ehe am Scheideweg.

te durch ihre körperliche Überlegenheit den Widerstand von Klaus brechen."

Klaus wurde nicht getötet. Doch womöglich trägt er – wie unzählige Scheidungswaisen – Zeit seines Lebens eine unsichtbare Schlinge um den Hals, krankgemacht von seinen Eltern ...

In der Zeitschrift „Brigitte" wurde 1992 die Situation der 10jährigen Maren so beschrieben:

M3 ... Wer sich streitet, muß sich auch wieder vertragen können! „Warum vertragt ihr euch nicht einfach wieder?" hatte Maren später ihre Mutter gefragt. „Geht das nicht?" „Vielleicht ein bißchen", hatte sie geantwortet. Viele Leute würden sich scheiden lassen, das sei eben so bei Erwachsenen. Manchmal müsse man sich trennen, damit alle wieder Frieden finden.

„Gib doch endlich Frieden!" Das hatten sie ihr sehr oft gesagt. „Ob Papa dageblieben wäre, wenn ich mehr Frieden gegeben hätte?" überlegt Maren. Sie trennen sich, weil sie sich nicht mehr lieb genug haben, hatten sie heute morgen beim Frühstück erklärt. Vielleicht geht er gar nicht wegen Mama. Vielleicht geht er, weil sie, Maren nicht lieb genug war. ... Sie friert jetzt nicht mehr, aber ihr Bauch tut so weh. Ihre Augen brennen und trotzdem kann sie nicht weinen ...

Marianne, 16 Jahre alt, schreibt in dem Buch „Zuneigung. Zärtlichkeit. Liebe" in einem Leserbrief:

M4 ... Seit zwei Jahren leben meine Mutter und mein Vater getrennt. Als meine Mutter es mir damals erklärte, war ich wie am Boden zerstört. Wie sollte es weitergehen? Bei wem werden ich und meine Schwester leben? Aber vor allem hatte ich große Schuldgefühle. Immer wieder stritten sie sich über unwichtige Dinge. Manchmal saß ich sogar auf der Treppe und habe geweint. Ich wollte es einfach nicht wahrhaben. Doch es blieb mir nichts anderes übrig, als diese Entscheidung zu akzeptieren.

Jetzt habe ich mich damit abgefunden. Mittlerweile glaube ich, daß es besser so ist, denn die dauernden Streitereien haben aufgehört, und der neue Freund meiner Mutter liebt sie wirklich sehr. Jetzt geht es mir auch schon viel besser ...

3 „Was Recht ist, muß Recht bleiben!" Erklärt mit Hilfe von M2, welche Bedeutung dieser Spruch hat.

4 Stellt eine Verbindung zwischen M1 und der Abbildung 2 her.

5 Beschreibt die Gefühle der Mädchen in M3 und M4.

6 Belegt aus M4, warum Marianne schließlich zu dem Schluß kommt, daß die Trennung ihrer Eltern gut war.

7 Sucht weitere Beispiele dafür, daß „sich trennen" ein positiver Schritt sein kann.

Wissenschaftliche Untersuchungen haben ergeben, daß nur eins von zehn Kindern die Trennung der Eltern als Erleichterung erlebt. Für die meisten bedeutet diese den Verlust der Alltagsbeziehung zu einem Elternteil. Besonders schmerzlich sind die Auswirkungen deshalb, weil 90% aller Kinder in der betreffenden Situation keine erwachsene Vertrauensperson haben, mit der Gespräche geführt werden können.

8 Bildet Gruppen und erarbeitet unter Berücksichtigung von M2, M3 und M4 einen Ratgeber für Eltern, die sich trennen wollen.

Was wir tun können

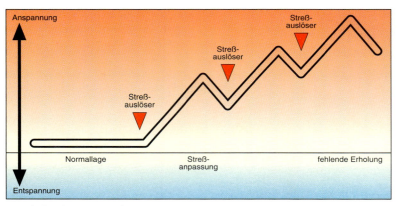

Krank durch Dauerstreß.

Diese Doppelseite soll euch dabei unterstützen, herauszufinden, inwieweit ihr euch selber helfen könnt, wenn euer inneres Gleichgewicht ins Wanken gerät. Nicht immer ist es möglich, sich selbst zu befreien. Dann ist es wichtig, zu wissen, wo Fachleute Hilfe anbieten. Dabei sollen euch die Adressen am Ende behilflich sein.

Streß
In einem Aufsatz von Ute Lesch hieß es 1994:

> **M** ... Streß ist die Summe verschiedener Streßfaktoren. Damit sind sämtliche äußeren Einflüsse gemeint, die auf uns einwirken, aber auch „innere Einflüsse" wie unsere Gefühle und Gedanken oder Vorgänge im Stoffwechsel.
> Streß verändert, ohne daß wir darauf Einfluß hätten, unsere körperliche und geistige Verfassung.
> Unser Körper braucht Entspannungsphasen, in denen er sich von den Streßbelastungen erholen kann. Stehen wir dauernd unter Streß, kommt es nicht zur Entspannung. Dieser Dauerstreß macht uns krank ...

1 Gebt den Inhalt von M und der Abbildung mit eigenen Worten wieder. Fertigt Plakate über Streß an, und stellt eure spontanen Einfälle dazu dar.

Veränderungen wahrnehmen
Bevor wir über mögliche Abhilfe nachdenken können, müssen wir Veränderungen an uns und anderen wahrnehmen. Wie können wir das tun? Emotionaler Streß macht sich häufig im Körper bemerkbar. Solche Anzeichen können sein:
– häufig auftretende Kopfschmerzen („sich den Kopf zerbrechen"),
– Magenweh („sauer sein"),
– Durchfall („Schiß haben"),
– ständig gebeugte Körperhaltung („eine Last tragen"),
– veränderte Sprache (häufige Redewendungen wie: jemanden nicht riechen können, vor Wut krank sein, etwas nicht fassen können ...).

2 Sammelt Redewendungen, die auf eine psychische Belastung hinweisen.

3 Erstellt eine Wandzeitung, indem ihr die Formulierungen aus dem Text illustriert.

Belastungen abbauen
Es gibt verschiedene Möglichkeiten, sich mit seinem Streß auseinanderzusetzen. Das können zum Beispiel Übungen zur Entspannung sein, die jeder allein für sich durchführen kann. Viele davon lassen sich in den Schulalltag einbauen und ermöglichen es, mit dem Leistungs- oder Gruppenstreß fertig zu werden. Ziel dieser Übungen ist es, die Seele ins Gleichgewicht zu bringen.

4 Probiert die folgende Übung aus und berichtet anschließend darüber.

> **Reguliere den Atem und beruhige den Geist!**
> Stelle dich in die Grundhaltung: Der Körper ist aufrecht, die Beine sind leicht gegrätscht.
> Die Arme bilden einen Kreis vor dem Körper, die Handflächen zeigen dabei nach oben.
> Hebe jetzt die Hände langsam bis auf Schulterhöhe, der Körper hebt sich ebenfalls.
> Drehe nun die Handflächen nach unten.
> Verweile kurz.
> Senke die Hände bis zum Unterbauch, der Körper sinkt ebenfalls. Wende die Handflächen jetzt wieder nach oben.
> Verweile kurz. Hebe die Hände. Heben und Senken gelten als eine Übung.
> Wiederhole viermal.

Was wir tun können

5 *Informiert euch in einer Bücherei über weitere Möglichkeiten streßabbauender Übungen.*
6 *Ladet eine Trainerin oder einen Trainer für Yoga oder autogenes Training ein.*

Über Schwierigkeiten reden

Für die Bewältigung von Problemen ist es bedeutsam, nicht allein gelassen zu werden. Ein guter Schritt, gemeinsam etwas zu erreichen, können entsprechende Projekte sein: Gemeinsam mit dem Fach Deutsch könntet ihr zum Beispiel „Jugendbücher bieten Gesprächsstoff" zum Thema machen. Als weitere Möglichkeiten würden sich anbieten:
– Probleme Jugendlicher aus der Sicht von Therapeuten.
– Schülerinnen und Schüler unserer Schule.
– Nur in einem gesunden Körper wohnt ein gesunder Geist.
– Wer von Selbstmord redet, tut es nicht.
7 *Führt eines dieser oder ein selbst gefundenes Projekt durch.*

Fachleute helfen

Ihr habt inzwischen eine Reihe von Möglichkeiten kennengelernt, mit denen ihr dazu beitragen könnt, daß psychischer Streß abgebaut wird.
Das allein reicht jedoch nicht immer aus. In vielen Fällen muß die Unterstützung von Fachleuten her. Aber wo könnt ihr diese finden? Zunächst einmal bietet es sich an, das Gespräch mit der Beratungslehrerin/dem Beratungslehrer eurer Schule zu suchen. Wenn sie oder er euch nicht die nötige Hilfe anbieten kann, so werdet ihr darüber informiert, daß ihr die Unterstützung eines Psychotherapeuten braucht. Psychotherapeut läßt sich mit „Helfer für die Seele" übersetzen. Er ist Experte für die menschliche Lebensgestaltung.
Er oder sie kennt sich also aus mit dem Zusammenwirken der einzelnen Bereiche, die das Leben eines Menschen ausmachen, wie Schule, Beruf, Eltern, Aussehen, Freunde, Sex, Gesundheit und Glück. Wer mit einem dieser Bereiche nicht zurecht kommt, kann bei ihr oder ihm Hilfe finden.
8 *Ladet eine Therapeutin/einen Therapeuten zu einem Informationsgespräch über Hilfen ein.*

Hilfe finden

Es gibt heute ein breites Spektrum von Beratungsstellen, bei denen ihr fachkundige Unterstützung für die Lösung eures Problems finden könnt: Kinderschutzzentren oder ärztliche und psychologische Beratungsstellen.
Und so findet ihr eine Anlaufstelle in eurer Nähe: Nehmt das örtliche Telefonbuch zur Hand.
Schlagt unter dem Stichwort „Stadtverwaltung" nach, dort findet ihr psychologische Beratungsstellen.
Die gleiche Angabe findet ihr unter dem Stichwort „Landkreis".
Weitere Beratungsstellen bieten die freien Wohlfahrtsverbände an, die ihr u. a. unter folgenden Stichworten findet:
– „Arbeiterwohlfahrt",
– „Caritas",
– „Diakonisches Werk",
– „Deutscher Paritätischer Wohlfahrtsverband" oder
– „Innere Mission",
– „Kirchen".
Dazu zwei Beispiele:
Kinderschutzzentrum Gütersloh
Schulstr. 13
33330 Gütersloh
Tel. (0 52 41) 1 49 99

Kinderschutzbund Celle
Neustadt 77
29221 Celle
Tel. (0 51 41) 4 60 66

9 *Findet mit Hilfe des Telefonbuches entsprechende Einrichtungen in eurer Nähe heraus.*
10 *Bereitet für eine davon einen Besuch vor.*
11 *Informiert euch vor Ort über deren Arbeit.*

Zum Weiterlesen

Plötzlich war alles anders

Anscheinend stimmte bei Frauke alles: Ihre Zeugnisse sind hervorragend, ihre Eltern kümmern sich um sie. Sie bekommt alles, was sie will.

Kaum bricht die Sonne wieder durch, der Regen dampft auf den Straßen, da rennen die Kinder nach draußen, die Haar noch naß, johlen und schreien, klatschen vor Freude in die Hände. Eben haben sie ängstlich am Tisch gesessen, erschrocken aus dem Fenster gesehen, sind bei jedem Blitz zusammengezuckt, jetzt reden sie schon nicht mehr übers Gewitter, spielen, als wäre nichts gewesen.
Sie warten auf den buntbemalten Eiswagen, rechnen sich aus, wieviel Eiskugeln sie kaufen können, sind fröhlich, laut und hellwach.
„Hast mächtig Angst gehabt, was?"
„Blödsinn! Ich hab doch keine Angst vor Gewittern!"
„Warum ißt du dann nichts?" fragt Susanna, beugt sich etwas zu Frauke rüber, schiebt das Tablett näher an sie heran.
„Elender Fraß! Gibt's auf der Station immer so mieses Essen?"
„Schmeckt doch prima!" ruft Susanna, beißt kräftig in einen Apfel und schmatzt laut.
Frauke reißt ein kleines Senftütchen auf, zieht eine schmale Spur quer über die Scheibe Kalbskopfsülze, legt ein Kreuzmuster, umrahmt es. Sie summt leise dabei, ihre Bewegungen werden beschwingt, beinahe fröhlich.
„Laß den Unsinn!" Eine Stationshelferin stößt sie an, nimmt ihr das Senftütchen aus der Hand.
„Hast du keinen Hunger?" fragt sie vorwurfsvoll.
„Nein, danke", antwortet Frauke erschrocken, hält ihr das Tablett hin. Die Frau trägt es eilig aus dem Zimmer, schließt die Tür.
„Die ist blöd", sagt Susanna, streicht ihre langen Haare zurück, hält sie fest, „mach dir nichts draus."
Frauke setzt sich, trommelt gegen die Fußknöchel, schließt die Augen.
Ich will weg hier. Warum kommen Vati und Mutti nicht und holen mich ab! Ich werde verrückt.
„Ißt du eigentlich nichts? Heute mittag hast du auch nichts angerührt."
Susanna beobachtet Frauke, dreht ihren Oberkörper leicht, kratzt über den Gipsverband. „Was hast du eigentlich? Warum bist du hier?"

„Nichts", antwortet Frauke, „ich hab nichts, deshalb werde ich auch gleich abgeholt. Wart's ab."
„Hier hat jeder was, sonst kommt er nicht hierher!" protestiert Susanna. Frauke tippt sich gegen die Stirn.
Die beiden Mädchen warten, schauen immer wieder zur Zimmertür, horchen, was auf der Station geschieht. Susanna schwitzt unterm Gipsverband, ihre Haut juckt und brennt. Sie möchte am liebsten den harten Verband vom Bein abreißen, durchs Zimmer rennen und duschen.
Auf der Station herrscht eine lärmende Geschäftigkeit. Alle haben etwas zu tun. Sie warten, passen auf, fragen, ertragen ihre Schmerzen.
Susanna räuspert sich. „Frauke, du bist so dünn, ich kann's gar nicht glauben."
„Kann sein."
„Bist du sauer?" fragt Susanna schüchtern, schaut Frauke einen Augenblick lang an, holt ihre Puppe aus dem Nachtschrank, kämmt deren hellweiße Plastikhaare, streichelt sie, plappert vor sich hin und erzählt von ihrem Autounfall und den Operationen.
Frauke hört nicht hin, es kommt die Erinnerung an den Vormittag.
Bilder jagen durch den Kopf.
Schreie.
Stimmen.
Flüstern.
Sie sieht die Biologielehrerin, Frau Dr. Weniger, vor sich, wie sie Aufgabenblätter für die Arbeit verteilt und darauf achtet, daß niemand abgucken kann. Dann kommt die Erinnerung ans letzte Jahr, als sie mit Frau Dr. Weniger den Kräutergarten an der Schule angelegt hat.
Johanniskraut.
Salbei.
Thymian.
Nachmittagelang hat sie Biologie- und Gartenbaubücher durchgearbeitet, Notizen angefertigt.
Dann – heute morgen – war alles plötzlich vergessen.
Weg.
Aus.

Was es mit diesen Erinnerungen auf sich hat und wie es mit Frauke weitergeht, könnt ihr in dem Jugendbuch von Gerhard Eikenbusch „Und jeden Tag ein Stück weniger von mir" (Ravensburger Jeans-Taschenbuch Nr. 4037) nachlesen.

Zum Weiterlesen

Asphalt Roulette

Sven, 17 Jahre alt, lebt bei seinen Großeltern seit das Jugendamt ihn dort unterbrachte, weil seine Mutter sich nicht ausreichend um ihn kümmern konnte.
Nach dem Tod des alkoholkranken Vaters mußte sie durch Putzstellen für den Lebensunterhalt ihrer Kinder sorgen. In der Schule beginnen Svens Schwierigkeiten. Er verliebt sich in Anne, wirbt um sie. Als er ohne Erfolg bleibt, meint er, ihr seine Stärke beweisen zu müssen.

Nach allem, was mir die Sozialarbeiterin erzählt hat, erscheint es mir am wahrscheinlichsten, daß Sven von Anne aus zum Hauptbahnhof gegangen ist. Dort hockt er vor dem Eingang, neben sich eine Flasche Martini. Er achtet nicht auf die Leute, die an ihm vorbeihasten. Das Spielen fällt ihm leichter als vor Annes Haus, er findet immer neue Melodien, die Finger laufen wie von selbst über die acht Löcher. Niemand bleibt stehen. Sein Spiel geht im Bahnhofsgetöse unter.
Als die Flasche leer ist, macht er sich auf den Weg. Er torkelt, Passanten weichen ihm kopfschüttelnd aus, ein paarmal fällt er hin. Die Jeans sind am Knie zerrissen, vom Ellbogen tropft Blut. Er kommt an der Kokerei vorbei, läuft durch die Straßen mit türkischen Lebensmittelläden und Reisebüros, erreicht den Platz, an dem seine Großeltern wohnen. Ein fünfstöckiges Mietshaus, geschwärzt von den Abgasen des Verkehrs, der sich bis spätabends über den Platz schiebt. Im Hausflur Kohlgeruch, ein Fahrrad versperrt die Treppe. Er wirft es zur Seite, es poltert gegen die Briefkästen. Deutsche und ausländische Namen durcheinander, in einigen Kästen die Post von Wochen, andere nicht mehr zu schließen.
„Wieder besoffen?" wird Sven von seiner Großmutter begrüßt. „Geprügelt hast du dich auch!"
Er antwortet nicht. Im Wohnzimmer sitzt Großvater vor dem Fernseher.
„Dir sollte mal einer den Hintern vollhauen", sagt er.
„Versuch's doch", lallt Sven. Das Bettzeug auf seiner Couch liegt da wie am Morgen. Alles andere ist aufgeräumt. Die Kissen haben ihren Kniff, das Deckchen auf der Kommode weicht keinen Zentimeter von der Ideallinie ab, alles riecht nach Möbelpolitur.
Ohne die Schuhe auszuziehen wirft er sich auf die Couch.
„Nichts zu essen da?"

Der Großvater dreht sich um. Das Gesicht unter den grauen Haaren ist gerötet. Auf der Oberlippe sitzen Schweißtröpfchen. „Du Mistkerl! Kommst besoffen nach Hause, natürlich zu spät, und willst deine Großmutter tanzen lassen. Wenn du essen willst, mach dir gefälligst selber was!"
Sven steht auf und tritt gegen den niedrigen Couchtisch. Die halbvolle Bierflasche kippt um, die Flüssigkeit ergießt sich über den Sessel und Teppich.
„Raus!" schreit sein Großvater. „Raus! Oder ich vergesse mich!"
Sven holt die nasse Turnhose aus dem Beutel und schlägt seinem Großvater damit ins Gesicht. „Ihr seid zum Kotzen!"
Als er die Treppen hinunterstolpert, öffnet sich eine Wohnungstür. Eine alte Frau schaut in den Flur, er steckt ihr die Zunge heraus.
Die alten Idioten sehen mich nie wieder, denkt er, während er durch die Stadt läuft. Knie und Ellenbogen schmerzen. Der Hunger meldet sich. Sven gräbt in den Hosentaschen. Nichts. Nicht einmal ein Groschen.
Nach zwei Stunden erreicht er die Schrebergärten im Osten der Stadt. In vielen Lauben ist Betrieb, die Leute grillen und trinken Bier. Gelächter und Hundegebell hängen über der Anlage. Er wartet, bis es dunkel ist. Dann klettert er über den Zaun. Ihm ist schlecht vor Hunger, der Durst bringt ihn um. Nach langem Suchen entdeckt er schließlich ein Gartenhaus, dessen Fenster und Türen nicht verrammelt sind. Es liegt versteckt hinter einer hohen Hecke in einem abgelegenen Teil der Anlage. Sven zieht an der Tür, sie schwingt mit einem knarrenden Geräusch auf. Die Laube ist völlig leer. Neben dem Eingang steht eine Regentonne. Nachdem er getrunken hat, legt er sich auf den Holzfußboden und schläft sofort ein.

Wie es mit Sven und Anne weitergeht, könnt ihr in dem Jugendbuch von Jürgen Banscherus „Asphalt Roulette" (Arena Life Nr. 2531) nachlesen.

Menschen leiden unter gesellschaftlichem Druck

Jede 13. Minute wird
BRD eine Fr

4.2 BLOSSGESTELLT – GEWALT GEGEN FRAUEN

Gewalttätiges Verhalten von Männern gegenüber Frauen und Mädchen wird heutzutage allgemein als ein nicht hinnehmbares Unrecht verstanden. Diese Kapitel will deshalb eure Wahrnehmung stärken auch für die weniger offensichtliche Gewalt gegen Frauen und Mädchen, die sich in vielen Alltagssituationen zeigt. Die folgenden Materialien sollen euch zu Fragen und Vorschlägen anleiten, die euch ermutigen, die alltägliche Hinnahme von Gewalt bereits in ihren Anfängen zu durchbrechen. Das anschließende Projekt gibt euch Anregungen, Beziehungen mit dem eigenen und dem anderen Geschlecht gleichberechtigt und bewußt zu gestalten.

ALLTÄGLICHE GEWALT GEGEN FRAUEN

1 **Straßenszene.** Foto 1984.

Auf den folgenden Seiten könnt ihr euch insbesondere mit den eher verdeckten, weniger offensichtlich erscheinenden Formen der Gewalt gegen Frauen auseinandersetzen. Aus den Texten könnt ihr die Vielschichtigkeit der Gewalt gegen Frauen erarbeiten.

Gewalt gegen Frauen

Waltraud Schoppe, ehemalige niedersächsische Frauenministerin, schrieb 1992:

> **M1** … Gewalt gegen Frauen … steht immer im Zusammenhang mit einer Atmosphäre von Frauenfeindlichkeit, die unsere heutige Gesellschaft noch lange nicht überwunden hat.
> … Sie ist in allen ihren Ausprägungen – von der angstmachenden Architektur unserer Städte über die Pöbelei, Anmache und sexuelle Belästigung auf der Straße oder am Arbeitsplatz bis zu sexuellem Mißbrauch und Vergewaltigung – Ausdruck eines gesellschaftlich bedingten Konflikts. …
> Die Erkenntnis, daß das Leben aller Frauen durch diese Gewalt beeinträchtigt ist, die Erkenntnis, daß Gewalt gegen Frauen eben nicht die Ausnahme, sondern trauriger Bestandteil der alltäglichen Realität ist, beginnt sich erst langsam durchzusetzen …

Heidrun Hoppe beschrieb 1992 in ihrem Buch über „Frauenleben" die Einstellung vieler Bürgerinnen und Bürger zum Thema „Gewalt gegen Frauen":

> **M2** … Noch immer herrschen – bei Frauen wie Männern – Gefühle der Peinlichkeit und des Unbehagens vor, wenn gewalttätige Beziehungen zwischen den Geschlechtern zur Sprache kommen. Zudem meinen viele, daß Gewalt gegen Frauen heutzutage kaum noch geschehe. …
> Frauen hierzulande seien so selbstbewußt und stark, daß Gewalttätigkeiten gegen sie kaum häufiger vorkämen als gegen Männer – so denken viele.
> Vielleicht gebe es bei manchen Ehestreitigkeiten Rempeleien, und die Zeitung berichte gelegentlich über sexuellen Mißbrauch von Mädchen oder von Vergewaltigungen, aber das seien doch Einzelfälle oder Privatprobleme …

Gewalt gegen Frauen

Ganz gewöhnliche Gewalt?
Aus einem Fragebogen zur Ausstellung „Frauen–Angst–Räume" der Stadt Herten von 1991:

M3 Ist es Gewalt, wenn...
... hinter Frauen auf der Straße von Männern hergepfiffen wird?
... Frauen Schwierigkeiten haben, alleine in eine Gaststätte zu gehen?
... Frauen nicht alleine im Wald spazieren gehen können?
... Frauen nachts nicht alleine durch die Straßen gehen können?
... Frauen nicht ruhig vor einer Gruppe Männer hergehen können?
... Frauen möglichst jung und hübsch aussehen sollen?
... sich Frauen nach der Mode richten sollen/wollen?
... Frauen von Männern geschlagen werden?
... man von der Nur-Hausfrau spricht?
... erfolgreiche Frauen nicht mehr als weiblich gelten?
... es mehr arbeitslose Mädchen als Jungen gibt?
... Frauen im allgemeinen weniger verdienen als Männer?
... Frauen vergewaltigt werden? ...

An anderer Stelle wies Heidrun Hoppe in ihrem Buch auf die alltägliche Gewalt gegen Frauen hin:

M4 ... Der Pfiff auf der Straße, der Blick auf die Bluse, der Klaps auf den Po – viele Frauen empfinden diese Belästigungen als sexuelle Übergriffe und Gewalt, die ihnen täglich in Lokalen, auf der Straße, im Bus und Büro begegnen können.
Mit der Möglichkeit der Vergewaltigung zwingen Männer alle Mädchen und Frauen zu ständiger Vorsicht. Die Tatsache, daß einige wenige Männer vergewaltigen, reicht aus, um alle Mädchen und Frauen zu bedrohen, in ihrer Freiheit zu beschränken oder unter männlichen Schutz zu stellen.
... Gewalt gegen Frauen ist keine Privatsache und auch keine bedauer-

2 Licht am Ende des Tunnels. Foto 1992.

liche Entgleisung, sondern Konsequenz und Ausdruck der bestehenden Unterdrückung und Geringschätzung der Frau in unserer Gesellschaft ...

1 *Schaut euch die Abbildungen zu zweit in Ruhe an. Schreibt stichwortartig eure Gedanken auf, die euch beim Betrachten durch den Kopf gehen.*
2 *Beschreibt, in welcher Weise die Abbildungen versuchen, das Thema „Gewalt gegen Frauen" zum Ausdruck zu bringen.*
3 *Schreibt auf, welche unterschiedliche Wirkung die Abbildungen auf Frauen und Männer haben könnten.*
4 *Listet die in M1–M4 genannten Formen der Gewalt gegen Frauen auf. Ergänzt die Liste mit den Beispielen, die auf den Auftaktseiten angesprochen werden. Schreibt weitere Beispiele auf.*
5 *Erläutert mit eigenen Worten die in den Materialien angeführten Zusammenhänge, die in der Auseinandersetzung mit dem Thema „Gewalt gegen Frauen" bedeutend sind.*
6 *Besprecht miteinander eure Einstellung als Junge und Mädchen zum Thema „Gewalt gegen Frauen".*

Sexuelle Belästigung

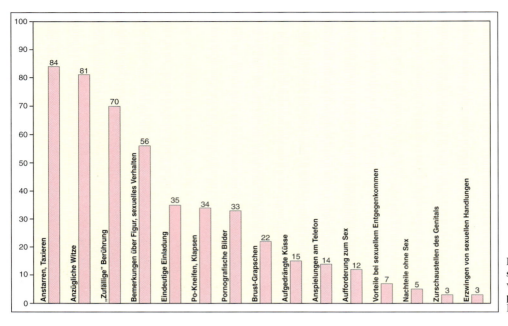

Erlittene Formen der sexuellen Belästigung von Frauen am Arbeitsplatz. Angaben in Prozent. Stand 1991.

„Sexuelle Belästigung" wird wie folgt definiert:

Sexuelle Belästigungen sind einseitige und meist unerwartete Annäherungen, Verhaltensweisen, die von der betroffenen Person nicht erwünscht, als abwertend und herabwürdigend erlebt werden.
Sexuelle Belästigung kann sich in Worten, Handlungen, Gesten oder sonstigem sexuell bestimmten Verhalten ausdrücken.

Sexuelle Belästigungen im Arbeitsleben

Eine im Jahre 1991 vom Bundesministerium für Frauen und Jugend in Auftrag gegebene Untersuchung hat ergeben, daß sexuelle Belästigung auch am Arbeitsplatz keine Ausnahmeerscheinung ist. Insgesamt gaben 72 Prozent aller befragten Frauen an, Situationen am Arbeitsplatz erlebt zu haben, die als sexuelle Belästigung einzustufen sind.

Mehr als 90 Prozent der befragten Frauen gaben an, mindestens einmal mit Verhaltensweisen am Arbeitsplatz konfrontiert worden zu sein, die in dem Diagramm oben aufgeführt sind.

Seit 1994 ist der Schutz der Beschäftigten vor sexueller Belästigung am Arbeitsplatz durch das Gesetz zur Durchsetzung der Gleichberechtigung von Frauen und Männern festgeschrieben. Danach sind insbesondere Vorgesetzte und Arbeitgeber dazu verpflichtet, geeignete Maßnahmen zu ergreifen, damit Beschäftigte nicht sexuell belästigt werden. Sexuelle Belästigung am Arbeitsplatz ist eine Verletzung der arbeitsvertraglichen Pflichten oder ein Dienstvergehen. Je nach Schwere des Falles muß die belästigende Person mit einer Abmahnung, Versetzung, Kündigung und gegebenenfalls einer Strafanzeige rechnen.

Sexuelle Belästigung am Arbeitsplatz (Umfrage von 1990):		
	Alter der Frauen, die belästigt wurden	Alter der Männer, die Frauen belästigt haben
unter 20 Jahre	22 %	2 %
20 bis 29 Jahre	53 %	13 %
30 bis 39 Jahre	19 %	31 %
40 Jahre und älter	6 %	54 %

1 *Beschreibt mit Hilfe des Diagramms, der Übersicht und des Textes Formen und Ausmaß der sexuellen Belästigung am Arbeitsplatz.*

2 *Tauscht eure Erfahrungen über die Zeit des Betriebspraktikums aus. Berichtet über Beobachtungen und Anzeichen von sexueller Belästigung.*

3 *Sammelt schriftlich eure Fragen zu dem Thema sexuelle Belästigung.*

Sexuelle Belästigung

Opfer

Eine Broschüre des Bundesministeriums für Frauen und Jugend von 1993 gibt Auskunft über Ausmaß und Hintergründe der sexuellen Belästigung von Frauen am Arbeitsplatz:

M1 ... Prinzipiell kann jede Frau, unabhängig von ihrem Äußeren, ihrer beruflichen Position oder ihrem Alter ... zum Opfer sexueller Belästigung werden. ... Auffällig ist allerdings, daß sich Täter häufig jüngere Frauen in der Ausbildung bzw. der beruflichen Einstiegsphase suchen. ...
Auch Frauen, die in ungeschützten Beschäftigungsverhältnissen* arbeiten oder sich noch in der Probezeit befinden, sind ebenso überdurchschnittlich häufig von sexueller Belästigung betroffen, wie Frauen ... mit Aufstiegsambitionen*. ...
Aus Scham, Angst und Peinlichkeit wagen es viele Betroffene nicht, über Vorfälle zu sprechen. Sie scheuen eine offene Auseinandersetzung mit dem Thema und versuchen allein, ohne fremde Hilfe, eine Lösung zu finden. ...
Wenn sie die Situation nicht mehr aushalten können, sind sie es, die um Versetzung bitten und kündigen. ...
Betroffene Frauen werden oft zu doppelten Opfern: Einmal durch die Belästigung selbst und ein zweites Mal, wenn sie die Übergriffe öffentlich machen. Dann müssen sie mit Anfeindungen und Racheakten rechnen ...

Täter

In der Broschüre von 1993 hieß es weiter:

M2 ... Meist sind es „ganz normale Männer" mit Familie, z. B. Kollegen, Vorgesetzte oder Ausbilder, die schon lange im Betrieb sind. Im Gegensatz zu den Belästigungsopfern arbeiten sie meist in gesicherten beruflichen Positionen. Viele sind bereits im Betrieb unter der Hand für ihr Verhalten bekannt. ...
Männer, die belästigen, nehmen Frauen in Betrieben nicht als gleichwertige Kolleginnen ernst. Sie setzen Sexualität gezielt als Mittel ein, um Macht zu demonstrieren und ihre berufliche Vorrangstellung zu behaupten. Ihr Ziel ist es, „Konkurrentinnen" zu verunsichern und Frauen auf weniger verantwortliche Positionen zu verweisen. Viele versuchen auch, durch ihr Verhalten Anerkennung bei ihren Kollegen zu erringen und ihr Männlichkeitsgefühl zu stärken ...

Nichtbetroffene

In der Broschüre hieß es weiter:

M3 ... Viele Zeuginnen und Zeugen von Belästigungsvorfällen schweigen und unterstützen den Belästiger. Anderen Kolleginnen und Kollegen ist die Situation peinlich, und sie sind unangenehm berührt. Sie greifen jedoch selbst nicht ein, da sie befürchten, als „Spielverderber", als zu prüde oder zu empfindlich kritisiert zu werden. Die meisten wissen selbst nicht so genau, wie sie reagieren sollen. ...
Da das Problem in den meisten Fällen geleugnet oder vertuscht wird, ist die Dunkelziffer von sexueller Belästigung sehr hoch. Vielfach wird die Meinung vertreten, daß sexuelle Übergriffe nur eine Ausnahmeerscheinung im betrieblichen Miteinander sind. Wenn sexuelle Übergriffe bekannt werden, wird oft mit großer Empörung reagiert.
... Allerdings werden auch Vorfälle, die ans Tageslicht dringen, oft als bedauerliche Mißverständnisse, falsch verstandene Flirts oder als Bagatelle* dargestellt.
Verantwortliche Positionen sind auch heute noch überwiegend von Männern besetzt. Diese können die emotionalen Verletzungen der Betroffenen meist nur schwer nachvollziehen ...

4 Versucht, eure Fragen aus Aufgabe 3 mit Hilfe von M1–M3 zu beantworten. Vergleicht hierzu auch die Zahlen der Übersicht auf S. 182.

5 Nehmt Kontakt auf mit einer Person aus einem Betriebs- bzw. Personalrat, die sich in dem Thema auskennt. Die Gleichstellungsbeauftragte der Stadt oder Gemeinde, die Frauenbeauftragte der Dienststelle oder Gewerkschaften können euch weiterhelfen:
– Besprecht eure noch offenen Fragen aus der Aufgabe 3 mit der jeweiligen Person.
– Erfragt Möglichkeiten der erfolgreichen Gegenwehr bei sexueller Belästigung am Arbeitsplatz. Diskutiert die möglichen Vor- und Nachteile der möglichen Gegenwehr für die Betroffenen.
– Fragt nach den rechtlichen Möglichkeiten der Gegenwehr für Betroffene.

6 Erkundigt euch, wie Arbeitgeber/innen, Vorgesetzte, Betriebs- und Personalräte sowie Kolleginnen und Kollegen dazu beitragen können, damit sexuelle Belästigung am Arbeitsplatz vermieden bzw. verhindert wird.

Gewalt gegen Frauen – ein gesellschaftliches Problem

Es gibt eine Reihe von Erkenntnissen über Ursachen und Zusammenhänge der Gewalt, die von Männern privat und öffentlich ausgeht.
Mit den Materialien auf dieser Doppelseite könnt ihr einige Aspekte der vielschichtigen Erklärungsansätze der Gewalt gegen Frauen und Mädchen in unserer Gesellschaft erarbeiten. Für eine vertiefte Auseinandersetzung solltet ihr Expertinnen und Experten in die Schule einladen.

Ursachen der Gewalt

Joachim Lempert und Burghard Oelemann schrieben 1995 in einem Buch über Männergewalt:

M1 … Insbesondere gewalttätige Männer besitzen ein ausgesprochen traditionelles Verständnis der Rolle von Mann und Frau. Die Erfahrung zeigt aber, daß sich nicht gewalttätige Männer davon nur graduell* unterscheiden. Allen gemeinsam ist die Vorstellung, daß ein richtiger Mann groß und stark, wehrhaft und durchsetzungsfähig ist, daß er keiner Unterstützung bedarf, daß er Kumpel hat und für den Unterhalt der Familie aufkommt, die für ihn den Ort der größten Nähe bedeutet, daß er mit niemanden über emotionale* Belange spricht, außer mit seiner Partnerin. Dieses Rollenverständnis besteht losgelöst von den tatsächlichen Verhältnissen. Auch wenn der Mann arbeitslos ist und die Frau für den Unterhalt der Familie sorgt, ist die Rollenerwartung die alte, die Zuständigkeiten sind klar aufgeteilt …

Margit Brückner hinterfragte auf einer Veranstaltung zum Thema „Gewalt im Geschlechterverhältnis" 1992 das Rollenbild von Weiblichkeit:

M2 … Die Tatsache von Gewalt gegen Frauen und Mädchen ist ein Ausdruck männlicher Macht und weiblicher Unterordnung. … Viele Frauen, die Gewalt erleiden, können erst nach geraumer Zeit ihre Erfahrungen als gewalttätige einordnen. … In diesem Kontext* muß die Verunsicherung vieler Frauen und Mädchen gesehen werden, zu entscheiden, ob die erfahrene Gewalt noch im Rahmen des „Normalen" liegt. Die von der Gesellschaft geprägte Rolle der Frau beinhaltet, ihre Fähigkeiten und ihren Körper für andere (Mann, Kinder, Eltern) aufzuopfern. … Frauen sind verunsichert, was und wieviel sie sich rechtmäßig nehmen und herausnehmen dürfen. Sie stellen oft männliche und familiäre Ansprüche über die eigenen …

In einem Interview sagte Joachim Lempert vom Verein „Männer gegen Männergewalt" in Hamburg 1994:

M3 … Gewalt von Männern ist der Normalfall. … Jeder dritte, vierte Mann wird massiv gewalttätig gegen eine seiner Partnerinnen. Dann kann ich nicht mehr davon reden, das sind irgendwelche Typen, die ich erkennen kann, sondern das sind ganz normale Männer. … Männer lernen nicht, eigene Grenzen zu erkennen, also zu erkennen, wann sie zum Beispiel überfordert sind, wann sie nicht mehr weiter wissen … und von daher haben sie nicht gelernt, auf Grenzen von anderen Personen zu achten, wann andere Personen deutlich machen, jetzt will ich einfach nicht mehr … jetzt reicht es. Wenn Frauen Grenzsignale aussenden, dann nimmt er die überhaupt nicht wahr, weil nämlich zum Mannsein dazugehört, Grenzen muß man überschreiten. Da muß man darüber hinweg gehen. Jedes Zögern, jedes Zimpern ist unmännlich …

Gernot Krieger von dem Verein „mannege e. V. gegen Männergewalt" in Berlin sagte auf einer Fachtagung zum Thema „Männergewalt in der Familie" 1994:

M4 … Die Konfliktfähigkeit machtorientierter Menschen ist unterentwickelt. Partnerschaftlicher Diskurs*, faires Ringen und Verhandeln um eine gemeinsame Lösung ohne Sieger und Verlierer wurden … nicht gelernt und sind dadurch auch nicht vorstellbar. Als Handlungsmöglichkeiten stehen lediglich Durchsetzen oder Aufgeben zur Verfügung. Einlenken, Verhandeln oder Kompromiß werden als Niederlage betrachtet und mit allen verfügbaren Mitteln zu vermeiden gesucht.

In ihrem Buch über „Strategien gegen Gewalt im Geschlechterverhältnis" erklärte die Sozialwissenschaftlerin Carol Hagemann-White 1992:

M5 … Es sind nicht die sozialen Spannungen, die innere Unsicherheit oder der Ärger, welche Gewalt „erzeugen". Gewalt ist eine Handlung, für die Menschen verantwortlich zu machen sind und die meisten Täter sind durchaus zurechnungsfähig: Sie können sich entscheiden. Sie entscheiden sich dann zur Gewalt, wenn sie glauben, ein Recht darauf zu haben; wenn sie glauben, damit Ansprüche geltend zu machen, die ihnen nach Auffassung ihrer Bekannten und Nachbarn zustehen …

Gewalt gegen Frauen – ein gesellschaftliches Problem

Auf einer Fachtagung zum Thema „Gewalt gegen Frauen" in Nordrhein-Westfalen äußerte Carol Hagemann-White 1991:

M6 ... Die Auseinandersetzung über Gewalt im Geschlechterverhältnis scheint durch ein hartnäckiges Mißverständnis zwischen den Geschlechtern über die Sexualität behindert zu sein. Die Sozialisation* von Männern hat ihnen überwiegend die Vorstellung eingegeben, ein richtiger Mann müsse – unter Überwindung eigener Ängste – von sich aus und zur Not hartnäckig die sexuelle Initiative ergreifen; und er müsse den Geschlechtsakt bei gegebener Gelegenheit unbedingt durchführen können. Eine Sexualität, die ohne lustvolles Entgegenkommen der anderen Person gar nicht gelebt werden kann, erscheint vielen Männern als unmännlich; zumindest trauen sie sich nicht ganz, dies als selbstverständliche Normalität zu setzen. So haben wir unterschwellig immer wieder das Problem, daß das, was aus der Sicht der Frau Gewalt ist, aus der Sicht des Mannes aktive Sexualität darstellt. ...
Die Problematik der Gewalt im Geschlechterverhältnis berührt die sehr viel tiefer liegende Notwendigkeit eines neuen Verständnisses der Geschlechterbeziehungen überhaupt ...

Collage von Ute Schadek, Schülerin im 11. Jahrgang, 1992.

Auf einer Fachtagung zum Thema „Gewalt gegen Frauen" erklärte die Ministerin für die Gleichstellung von Frau und Mann des Landes Nordrhein-Westfalen, Ilse Ridder-Melchers, 1991:

M7 ... Die Gewalttätigkeit von Männern gegenüber Frauen kann sicherlich nicht unabhängig von der allgemeinen gesellschaftlichen Position des Mannes in unserer Gesellschaft verstanden werden. Die Geschlechterhierarchie* und Dominanz* des Mannes auf allen gesellschaftlichen Ebenen, ob Familie, Beruf oder im öffentlichen Leben, muß hinterfragt und überwunden werden, um die daraus resultierenden Gewaltverhältnisse zwischen den Geschlechtern abbauen zu können ...

Carol Hagemann-White begründete 1991 in einem Vortrag notwendige gesellschaftspolitische Veränderungen im Umgang mit Gewalt gegen Frauen:

M8 ... Gegenüber dem Täter wird vorrangig für wichtig gehalten, daß die Gesellschaft die Grenzen des Tolerierbaren deutlich setzt; die alltägliche Hinnahme oder gar das Verständnis, das dem gewalttätig werdenden Mann nicht selten begegnet, muß daher durch Ablehnung und auch Sanktionen* ersetzt werden. ... Vorrangiges Anliegen der feministischen* Hilfe ist es ..., daß Frauen eine gesellschaftliche Bestätigung für ihre eigene, schwer verunsicherte Wahrnehmung eines nicht hinnehmbaren Unrechts erhalten. Sie werden so darin bestärkt, eigene Grenzen dessen, was ein Mann mit ihnen machen darf, zu setzen und durchzusetzen, und sie können die Grenzsetzung als gesellschaftlich legitim* und anerkennenswert erfahren. Das ist für die Zukunft, frei von gewaltförmigen Beziehungen, von großer Wichtigkeit ...

Die Materialien könnt ihr am besten arbeitsteilig in Gruppenarbeit erschließen:
1 *Wertet die Texte M1–M6 und die Collage aus. Nennt wichtige Aspekte möglicher Ursachen, die im Zusammenhang mit Gewalthandlungen von Männern gegen Frauen stehen, und nehmt Stellung dazu.*
2 *Erklärt die in den Texten M7 und M8 genannten gesellschaftspolitischen Forderungen, um Gewalt gegen Frauen zu vermindern.*
3 *Diskutiert Möglichkeiten der Hilfe und Unterstützung für von Gewalt betroffene Frauen (s. S. 188).*
4 *Bestellt euch Broschüren zum Thema „Gewalt gegen Frauen hat viele Gesichter" beim Ministerium für Frauen und Jugend, 53107 Bonn.*

WEGE AUS DER GEWALT

1 „Jetzt reicht 's!" Karikatur 1993.

Oft fängt es ganz harmlos an
1 *Beschreibt die Karikaturen 1 und 2.*

In vielen Alltagssituationen erleben Frauen und Mädchen Gewalt, indem sie bedroht, bedrängt, verletzt, erniedrigt, eingeschüchtert, gedemütigt, belästigt und abgewertet werden, weil sie Frauen und Mädchen sind. Auch Männer und Jungen werden Opfer sexueller Gewalt und Erniedrigung. Die Täter sind meistens männlich.

Sexuelle Belästigung ist eine Form der Gewalt, die von vielen Menschen gar nicht als solche wahrgenommen wird, weil sie sich daran gewöhnt haben oder die Situation ihnen so peinlich und unangenehm ist, daß sie die Situation verdrängen und sich nicht wehren.

Gewalt ist also nicht immer Brachialgewalt. Die Grenze zwischen verdeckter und offener Gewalt ist oft fließend. Nur die betroffene Person selbst kann entscheiden, was sie als Gewalt empfindet.

Die ganz alltägliche Anmache
Ulrike Herle beschrieb 1994 in ihrem Buch „Selbstverteidigung beginnt im Kopf" folgende Situation:

> **M** ... Die 25jährige Roswitha wird von einem Mann unentwegt angestarrt, auf dem Bahnsteig und während der ganzen Fahrt in der S-Bahn. Sie fühlt sich immer unwohler, steht auf und stellt sich an die Tür. Kurz darauf folgt der Mann, tritt an die gegenüberliegende Tür, starrt sie weiter an. Ihr Herz schlägt schneller. Was soll sie tun? Schreien? Davonlaufen? Auf ihn einprügeln? Nichts erscheint Roswitha passend und praktizierbar. Mit einem Mal fällt es ihr ein. Sie tritt auf den Mann zu und sagt: „Ich habe den Eindruck, daß Sie mir nachstellen. Ich bin an Ihnen nicht interessiert." Unmißverständlich macht sie klar, daß sie keine Antwort erwartet, geht und setzt sich neben eine Frau, die ihr sympathisch erscheint. An der nächsten Haltestelle steigt der Mann aus ...

2 *Bildet Gruppen nach Mädchen und Jungen getrennt:*
- *Lest euch M durch. Beschreibt die Situation, in der sich die Frau befindet.*
- *Welche Grenzen hat der Mann bei der Frau überschritten?*
- *Durch welche Verhaltensweisen hat die Frau die Belästigung abgewehrt?*

3 *Überlegt euch weitere Verhaltensmöglichkeiten für die Frau. Diskutiert die Vor- und Nachteile.*

4 *Bildet Kleingruppen und sammelt Beispiele, was ihr unter sexueller Belästigung und entwürdigenden Situationen versteht.*

5 *Tauscht eure Ergebnisse in der Gesamtgruppe aus. Nehmt Stellung zu folgenden Aussagen:*
a) *„Man wird doch noch mal gucken dürfen."*
b) *„Das hat sie sicher provoziert."*
c) *„Wenn Frauen NEIN sagen, meinen sie JA!"*
d) *„Wenn Männer zudringlich werden, liegt das allein in deren Verantwortung."*
e) *„Gegen Anmache darf Frau sich lautstark, ‚undamenhaft' und auch grob zur Wehr setzen."*
f) *„Gewalt gegen Frauen ist immer das, was Frauen als Gewalt empfinden. Nur sie können entscheiden, wo der Scherz aufhört und die Beleidigung anfängt, wo ein Flirt die Grenze zur Anmache überschreitet."*

Sich wehren lernen

2 Erfolgreiche Gegenwehr. Karikatur 1993.

Grenzen setzen

Die Wahrung der Würde des Menschen gehört zu den Grundrechten in unserer Verfassung.

Alle Menschen – ob jung oder alt, weiblich oder männlich – haben ein Recht, sich zur Wehr zu setzen gegen Verhalten, das die Persönlichkeitsrechte und das Recht auf sexuelle Selbstbestimmung beeinträchtigt. Sie haben das Recht auf ihre eigenen Gefühle und Empfindungen.

Folgende Fallbeispiele beschreiben Übergriffe und unangenehme Situationen, die Jugendliche erlebt haben:

Situation A
S. hat in ihrem/seinem Wunschberuf einen der wenigen Praktikumsplätze „ergattert". Wenn sie/er sich bewährt, besteht die Chance, dort eine Lehrstelle zu bekommen. Der Betreuer macht immer so komische Bemerkungen, zwinkert ihr/ihm zu und legt häufig den Arm um S.

Situation B
Im Winter – es ist bereits dunkel – geht A. von der Bushaltestelle nach Hause. Nur noch wenige Menschen sind auf der Straße. Plätzlich bemerkt A., daß ihr/ihm ein Auto langsam folgt.

Situation C
S. hat eine Freistunde. Jemand in der Klasse schlägt das Spiel „Flaschendrehen" vor. Die Person, auf die der Flaschenhals zeigt, muß sich mit einem Mädchen bzw. Jungen knutschen, sich betatschen oder anmachen lassen. S. hat keine Lust mitzumachen. Die anderen machen sich über S. lustig, weil er/sie so verklemmt und schüchtern sei.

Situation D
N. bekommt wenig Taschengeld. Ihre/seine Clique beschließt, ins Kino zu gehen. N. hat aber kein Geld. Ihr Freund/seine Freundin bietet N. an, die Kinokarte für sie/ihn zu bezahlen, und sagt: „Aber hinterher mußt Du auch ein bißchen lieb zu mir sein!"

6 Trennt euch in Mädchen- und Jungengruppen. Bearbeitet die folgenden Aufgaben zusammen mit einer Person eures Vertrauens, die sich in dem Thema auskennt:
– Beschreibt die Situationen A–D.
– Nennt mögliche Gefühle und Empfindungen der betroffenen Personen.
– Nennt mögliche Absichten der Personen, die die Situation verursachen.
– Gebt Beispiele von vergleichbaren Situationen, die ihr erlebt oder von anderen gehört habt.
– Ergänzt eure Liste mit Beispielen, die ihr als sexuelle Belästigung und Gewalt empfindet.
– Wie würdet ihr euch verhalten, wenn ihr solche Situationen erleben oder beobachten würdet? Schreibt eure Antworten und weitere Verhaltensmöglichkeiten zu jedem Beispiel auf.

7 Tauscht eure Erfahrungen in der Gesamtgruppe aus. Welche Möglichkeiten haben die Jungen, welche haben die Mädchen gefunden? Beurteilt, welche Vorschläge der Gegenwehr ihr als besonders wirkungsvoll oder außergewöhnlich einschätzt.

Sich wehren lernen

Sprüche, die weh tun können
Führt die folgende Übung zunächst in Gruppen, nach Mädchen und Jungen getrennt, durch:
- Zeichnet auf große Wandzeitungen die Ganzkörperumrisse von zwei Personen, die stellvertretend für einen Frauen- und Männerkörper stehen.
- Schreibt um diesen Umriß herum innerhalb von etwa zehn Minuten alle Schimpfworte und abwertenden Sprüche auf, die ihr als Jungen und Mädchen jemals gesagt bekommen oder gehört habt.
Während des Schreibens solltet ihr möglichst nicht miteinander reden.

1 Wertet die Aussagen (siehe Kasten oben) in der Gesamtgruppe aus. Überprüft, welche Begriffe:
a) den sexuellen, körperlichen Bereich angreifen,
b) Verhalten aufgrund der Geschlechtszugehörigkeit bewerten,
c) die Person auf andere Weise abwerten.
- Untersucht, welche Begriffe mehreren Bereichen zuzuordnen sind oder besonders häufig vorkommen.
2 Begründet, warum die Begriffe verletzen können und herabwürdigend sind.
- Welche Reaktionen können sie bei der betroffenen Person auslösen?
- Gebt Beispiele von Äußerungen, mit denen versucht wird, Macht und Überlegenheit herauszustellen.
3 Nennt Bereiche, die gezielt gegen Mädchen/Frauen und Jungen/Männer gerichtet sind.
- Welche Vorurteile und Bewertungen von „Männlichkeit" bzw. „Weiblichkeit" verbergen sich eurer Meinung nach dahinter?
- Gibt es Beschimpfungen, die ihr häufiger vom jeweils anderen Geschlecht erfahrt?
4 Diskutiert verschiedene Formen der Gegenwehr für diese verbalen Angriffe. Ihr könnt sie auch als kleine Szenen spielen.
5 Vereinbart für eure Gruppe verbindliche Grundsätze für Gesprächsregeln und Umgangsformen. Nennt Rechte und Pflichten, die für alle gelten. Diskutiert mögliche Maßnahmen bei Regelverstößen.
6 Sammelt Wünsche und Ideen, die das gemeinsame Lernen und das Schulleben verbessern können. Beteiligt euch an Aktionen für eine gewaltfreie Schule.

Informieren, Kennenlernen, Mitmachen
Stellt eine ausgewählte, aktuelle Adressenliste mit Telefonnummern, Sprechzeiten von Anlauf- und Beratungsstellen und speziellen Angeboten in der Schule und von außerschulischen Jugendeinrichtungen in eurer Umgebung zusammen:
a) Einrichtungen in der Gemeinde oder nächstgrößeren Stadt für von Gewalt betroffenen Frauen und Mädchen: Notruf für vergewaltigte Frauen und Mädchen; Beratungsstellen gegen sexuellen Mißbrauch; Zufluchtsstätten für mißhandelte und vergewaltigte Frauen und Mädchen, wie z. B. Frauenhaus, Mädchenwohngruppen, Selbsthilfegruppen …
b) Gesprächsgruppen und spezielle Aktivitäten für männliche und weibliche Jugendliche: Sexual- und Konfliktberatung z. B. pro familia, Kinderschutzzentrum, Arbeiterwohlfahrt, Jugendzentren;
c) Mitmachangebote für bestimmte Zielgruppen:
- für Jungen und junge Männer, z. B. in Jugendtreffs; Filme; Projekte gegen Gewalt; Workshops; Gesprächskreise für Betroffene von Gewalt oder zum Umgang mit Konflikten in Beziehungen (Männernetzwerk, Männerbüros …).
- für Mädchen und junge Frauen, z. B. Mädchenaktionstage („Mädchen erobern ihren Stadtteil bei Nacht"); Wen Do-Selbstbehauptung und -verteidigung für Mädchen; Mädchentreffs …
Adressen und Telefonnummern könnt ihr zum Teil dem Telefonbuch direkt unter dem Namen des Trägers oder unter den Stichworten „Stadt" bzw. „Kreis", „Beratungsstelle", „Verein" entnehmen oder beim Frauenbüro/-amt der Stadt oder Gemeinde, dem Jugendamt oder bei kirchlichen Einrichtungen erfragen.
- Vervielfältigt diese Liste und hängt sie in der Schule aus.
- Vereinbart mit Kontaktpersonen zu einigen Initiativen und Einrichtungen einen Termin für ein Informationsgespräch und besucht sie vor Ort. Fragt nach Broschüren, Faltblättern und Plakaten.
- Klärt ab, ob einige Schülerinnen und Schüler aus eurer Gruppe an einem konkreten Angebot aktiv teilnehmen wollen.

Sich wehren lernen

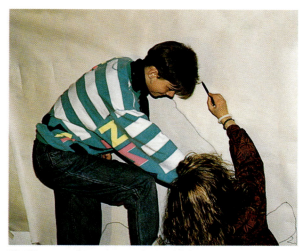

1 / 2 Entstehung eines Schattenbildes. Fotos 1991.

Schattenbilder gegen Gewalt

Erstellt Schattenbilder zum Themenbereich „Gewalt". Diese Aufgabe verlangt gute Zusammenarbeit und viel Vertrauen.
Jede Person entscheidet selbst, welchen Auftrag (z. B. Statue, Zeichner/in) sie übernehmen möchte. Bildet Arbeitsgruppen bis zu sechs Personen:
a) Überlegt euch, welche Formen sichtbarer Gewalt sich darstellen lassen. Zum Beispiel eine Person, die geschlagen wird.
Ziel ist es, auf Formen der Gewalt aufmerksam zu machen, so daß der Betrachter/die Betrachterin parteilich Position für das Opfer und gegen die dargestellte Gewalt beziehen kann.
Wichtig ist, daß Haltung und Farbe deutlich machen, wer Täter und Opfer ist.
b) Eine andere Möglichkeit wäre, das Gegenteil von Gewalt darzustellen. Wählt positive Umgangsformen zwischen Menschen, die z. B. Freundschaft und Partnerschaft verdeutlichen. Verstärkt die Wirkung auch durch die farbliche Gestaltung des Bildes.
c) Mit Schattenbildern lassen sich auch Formen der Gegenwehr und Wege aus der Gewalt darstellen.

Schattenbilder

Besorgt euch Restrollen von Wandtapeten oder große Stücke Papier, Tageslichtprojektoren oder Scheinwerfer, Kreppband, Tusche und Pinsel. Befestigt das große Stück Papier an einer Wand und stellt in einem Abstand den Strahler davor, so daß die ganze Papierfläche ausgeleuchtet ist.
Entscheidet, welche Situation ihr durch ein Schattenbild wirkungsvoll darstellen könnt. Es sollten nicht mehr als drei Personen auf einem Bild sein. Stellt euch in der Position direkt vor die Wandtapete und verharrt wie Statuen versteinert davor.
– Achtet darauf, daß der Schatten die beabsichtigte Wirkung auch wirklich abbildet und korrigiert eure Haltung, wenn z. B. einige Konturen nicht deutlich erkennbar sind.
– Prüft nach, ob der Schatten wiedergibt, daß ihr einen Mann bzw. eine Frau darstellen wollt.
– Stellt euch so, daß die Personen sich im Schattenbild klar voneinander abheben.
Eine andere Person zeichnet jetzt mit einem Bleistift die groben Umrisse der Schatten nach. Danach werden die Umrisse nachgezeichnet und gegebenenfalls nachgebessert, so daß die Stellung der einzelnen Körperteile erkennbar ist. Abschließend wird das Schattenbild jeder Person mit jeweils einer Farbe ausgemalt.
Überlegt euch eventuell noch eine Aussage oder kurzen Text zu dem Bild.

4.3 PROJEKT: BEZIEHUNGEN GESTALTEN

Die folgenden Seiten thematisieren Einstellungen und Erwartungen in zwischenmenschlichen Beziehungen. Ihr könnt euch über das Zusammensein und -leben mit anderen Menschen austauschen, eure Erfahrungen einbringen und erweitern.

Wirkliche Freundschaft
Wirkliche Freundschaft ist etwas ganz Besonderes. Mit guten Freundinnen und Freunden könnt ihr gemeinsam etwas unternehmen, Geheimnisse haben, Aufregendes erleben, Probleme besprechen, Vertrauen entwickeln, Erfahrungen austauschen.
Bildet Gruppen nach Mädchen und Jungen getrennt und bearbeitet die Aufgaben an einem ruhigen Ort.
Aufgaben für die Mädchen:
1 *Wertet den Liedtext (M) aus.*
– *Beschreibt die Beziehung und die Gefühle des Mädchens zur Freundin.*
– *Schildert, welche Konflikte entstehen können, wenn eine gute Freundin eine „feste Beziehung" zu einem Jungen aufnimmt, und nennt mögliche Gründe.*
– *Wie reagiert das Mädchen im Liedtext (M) darauf? Nehmt Stellung dazu.*
2 *Erklärt, welche unterschiedliche Bedeutung Frauenbeziehungen haben können, wie z. B. Schulfreundinnen, beste Freundin, Mutter, Schwester, Lehrerin, Nachbarin …*
3 *Führt die Aufgabe „Wahre Freundschaft" (siehe S. 191) mit der Überschrift: „Meine beste Freundin, eine gute Freundin …" durch. Sammelt eure Erwartungen, Wünsche, Vorstellungen, die ihr an eine Mädchenfreundschaft stellt.*
– *Erläutert, was es für euch bedeutet, eine „Freundschaft zu pflegen".*
4 *Führt die Aufgabe „Menschen in meinem Leben" (siehe S. 191) durch. Stellt fest, welche Bedeutung und welchen Stellenwert eure Kontakte und Begegnungen zu anderen Menschen haben.*
5 *Entscheidet, ob ihr eure Ergebnisse von Aufgabe 3 der Gesamtgruppe mitteilen wollt.*
– *Erläutert Gemeinsamkeiten und Unterschiede einer Jungen- und Mädchenfreundschaft.*
– *Was bedeutet es für euch, mit einem Freund/einer Freundin „durch dick und dünn zu gehen"?*
6 *Befragt andere Frauen unterschiedlichen Alters, welche Bedeutung für sie die Beziehung zur „besten Freundin" hat/hatte. Befragt sie nach gemeinsamen*

1 **Mädchen-Freundschaft.** Foto 1989.

Unternehmungen, Erfahrungen mit der „besten Freundin", nach möglichen Trennungsgründen und heutigen Kontakten zu Frauen.

Meine beste Freundin
In einem Liedtext von Anne Haigis heißt es:

M
Du kamst und warst für mich wie ein Magnet
und ich fühl mich auch echt bei dir wohl,
doch es gibt einfach das, was ein Mann nicht
versteht, und sie ist der Gegenpol.
Also bohr nicht, warum ich so oft bei ihr bin,
ich geh' halt heut abend zu ihr.
Und glaube, selbst du kriegst das nicht hin,
daß ich sie aus den Augen verlier'.
Heut' seh ich sie. Ich will dafür kein Alibi.
Nimm sie bitte hin, weil ich für sie bin,
sie ist meine Freundin.
Mit ihr hab ich Schlösser in Wolken gebaut
und den Märchenprinzen darin gesucht.
Mit ihr hab ich dann die Enttäuschung verdaut
und auf alle Männer geflucht.
Sie hat einen Namen, also nenn' sie nicht „die".
Laß ihr Bild steh'n auf meinem Regal.
Komm sprich bitte auch nicht mehr schlecht über
sie, und stell' mich nie vor die Wahl.
Heut seh' ich sie. Ich brauch' dafür kein Alibi.
Nimm sie bitte hin, weil ich für sie bin,
sie bleibt meine Freundin.

Freundschaften

2 Jungen-Freundschaft. Foto 1996.

Aufgaben für die Jungen:

7 Schaut euch die Abbildung oben an. Erfindet eine kurze Geschichte. Schreibt über die Freundschaft der beiden jungen Männer, ihre Erlebnisse beim Segeln, mögliche Themen gemeinsamer Gespräche auf dem Boot.

8 Führt die Aufgabe „Wahre Freundschaft" (siehe rechts) mit der Überschrift: „Mein bester Freund, ein guter Kumpel" durch. Sammelt eure Erwartungen, Wünsche, Vorstellungen an eine Jungenfreundschaft.

9 Erklärt, welche unterschiedliche Bedeutung Männerbeziehungen haben können, wie z. B. Schulfreund, Sportfreund, bester Freund, guter Kumpel, Vater, Lehrer, Bruder, Clique …

10 Nennt mögliche Besonderheiten und Unterschiede einer Freundschaft zu einem Jungen im Vergleich zu einem Mädchen.

11 Führt die Aufgabe „Menschen in meinem Leben" (siehe rechts) durch. Stellt fest, welche Bedeutung und welchen Stellenwert für euch jetzt eure Beziehungen, Freunde, Kumpel, Mädchen, die Clique … haben.

12 Entscheidet, ob ihr eure Aussagen von Aufgabe 9 der Gesamtgruppe vorlesen wollt.
Besprecht, welche Aussagen der Mädchen ihr auch für eine Jungenfreundschaft interessant und wichtig findet.

13 Befragt andere Männer unterschiedlichen Alters, welche Bedeutung für sie Männerfreundschaften haben. Befragt sie nach gemeinsamen Unternehmungen.

– *Was ist ihnen wichtig in einer Beziehung zum besten Freund?*
– *Haben Beziehungen zu Frauen die Männerfreundschaft verändert?*
– *Mit wem sprechen sie über ihre privaten und beruflichen Probleme?*

Wahre Freundschaft

Bildet Tischgruppen zu etwa sechs Personen. Jede zweite Person erhält ein weißes DIN A4 Blatt und vervollständigt den Satzanfang „Meine beste Freundin" bzw. „Mein bester Freund …". Danach wird das Blatt waagerecht so gefaltet, daß die nächste Person das Geschriebene nicht lesen kann. Dann wird das Blatt im Uhrzeigersinn weitergereicht und die nächste Person schreibt eine Bemerkung darauf, solange bis alle auf jedes Blatt eine Aussage geschrieben haben.
Während der Übung wird möglichst nicht gesprochen.
Danach werden die Blätter eingesammelt, gemischt und von zwei Personen vorgelesen.

Menschen in meinem Leben

Jede Person nimmt sich ein großes Blatt (DIN A3) und zeichnet in die Mitte eine Strichfigur oder ein anderes Symbol, das ihn/sie selbst darstellt.
Um dieses Symbol herum werden jetzt mit farbigen Stiften Figuren für nahestehende Freundinnen und Freunde, wichtige Bekannte, Freundeskreise, Vertrauenspersonen gezeichnet. Die Figuren werden mit den Symbolen für Mädchen/Frauen (♀) und für Jungen/Männer (♂) gekennzeichnet.
Danach könnt ihr mit einer anderen Person aus der Gruppe über eure Zeichnung sprechen. Entscheidet selbst, was ihr mitteilen bzw. verschweigen möchtet.
Mögliche Fragestellungen könnten sein:
– Welche Personen sind für mich wichtig/weniger wichtig?
– Wie oft treffe ich sie?
– Wieviele männliche und weibliche Personen gehören zu meinem Leben?
– Mit wem hätte ich gern mehr/weniger Kontakt?

Beziehungsweisen

1 Blickkontakt. Foto 1991.

Begegnungen

In der Begegnung mit anderen Menschen signalisiert oft schon der erste Eindruck empfundene Sympathie oder Ablehnung. Dabei spielen konkrete Wahrnehmungen, aber auch unsere Werte und Normen eine wichtige Rolle.

1 *Stellt euch vor, ihr begegnet zwei Menschen auf der Straße. Ergänzt die Satzanfänge aus M auf einem Blatt möglichst spontan mit einer Bemerkung, die euch gerade dazu einfällt. Notiert nur eure Ergänzung zum entsprechenden Buchstaben.*

Aus einer Broschüre der Landesstelle Jugendschutz in Niedersachsen über Sexualität aus dem Jahre 1993:

M

a) Wenn ich einen Jungen und ein Mädchen Hand in Hand gehen sehe, denke ich ...
b) Wenn ich eine alte Frau und einen alten Mann Hand in Hand gehen sehe, denke ich ...
c) Wenn ich zwei Mädchen Hand in Hand gehen sehe, denke ich ...
d) Wenn ich zwei Jungen Hand in Hand gehen sehe, denke ich ...
e) Wenn ich einen Jungen und ein Mädchen sehe, die sich auf der Straße küssen, denke ich ...
f) Wenn ich auf der Straße ältere Menschen sehe, die sich küssen, denke ich ...
g) Wenn ich sehe, wie sich zwei Jungen auf der Straße küssen, denke ich ...
h) Wenn ich zu jemanden vom anderen Geschlecht eine Beziehung habe, würde ich nie auf der Straße ...
i) Wenn ich zu jemanden vom gleichen Geschlecht eine Beziehung habe, würde ich nie auf der Straße ...
j) Wenn ich zu jemanden vom anderen Geschlecht eine Beziehung habe, würde ich auf der Straße ...
k) Wenn ich zu jemanden vom gleichen Geschlecht eine Beziehung habe, würde ich auf der Straße ...
l) Wenn ich neben einer Person säße, die heterosexuell ist, dann würde ich ...
m) Wenn ich neben einer Person säße, die schwul oder lesbisch ist, dann würde ich ...

2 *Setzt euch in Gruppen zu 6–8 Personen zusammen und vergleicht eure Antworten aus der Aufgabe 1.*

3 *Beschreibt euren ersten Eindruck und eure Gedanken zu den drei Abbildungen. Was findet ihr an den dargestellten Situationen ungewöhnlich, was ist euch vertraut? Nennt mögliche Gründe dafür.*

4 *Denkt euch eine Situation aus, die zu den einzelnen Abbildungen paßt. Schreibt eine kurze Geschichte dazu.*

5 *Welche Tabus gelten in der Öffentlichkeit für gleichgeschlechtliche/andersgeschlechtliche Beziehungen?*

6 *Nennt Ansichten und typische Vorurteile gegenüber Schwulen und Lesben.*

7 *Formuliert eure Meinung zu einer Gleichstellung aller Formen von Beziehungen.*

8 *Tauscht eure Meinungen und Ergebnisse in der Gesamtgruppe aus.*

Beziehungsweisen

2 Hand in Hand. Foto 1996.

3 Umarmung. Foto 1991.

Wenn ihr zum Thema Homosexualität weiterarbeiten wollt, könnt ihr Kontakt zu einer Beratungsstelle (z. B. pro familia) aufnehmen. In einigen Städten gibt es auch spezielle Angebote für Interessierte und für lesbische und schwule Jugendliche, z. B. Gesprächs-, Sport- und Theatergruppen.

Zum Thema lesbisches und schwules Leben, aber auch zu vielen anderen Bereichen der Sexualität, Fragen in der Partnerschaft und Beziehungsweisen gibt es Informationsmaterial für Jugendliche bei der Bundeszentrale für gesundheitliche Aufklärung, 51101 Köln.

Buchtips zum Thema:

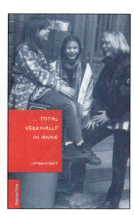

Vorurteile

Im folgenden lernt ihr eine Methode kennen, wie ihr gegenseitige Vorurteile zwischen Mädchen und Jungen abbauen könnt. Ebenso können Mädchen und Jungen untereinander mehr voneinander erfahren.

Alles nur Vorurteile
Bildet möglichst gemischtgeschlechtliche Paare, die sich gegenseitig wenig kennen.
Listet stichwortartig eure Vermutungen über eure Mitschülerin bzw. euren Mitschüler auf, z. B. besondere Fähigkeiten, Schwächen, Stärken, typische Verhaltensweisen, Einstellungen, Macken, Interessen. Unterhaltet euch über eure Ansichten und Einschätzungen. Vergleicht eure Vorurteile mit den Einschätzungen, wie die betroffene Person sie sieht.
Mögliche Fragestellungen könnten sein:
– Wo sind die Unterschiede in der Wahrnehmung?
– Gibt es auffällige Unterschiede zwischen den Geschlechtern?
– Was habt ihr Neues über euch erfahren?
– Was möchtet ihr an dem Eindruck verändern, den die andere Person von euch hat?
Ihr könnt diese Übung auch mit anderen Personen wiederholen.

Sich und andere kennenlernen

1 **Am Bahnhof.** Foto 1991.

Feste Beziehungen
1 *Beschreibt den Eindruck, den die Abbildung auf euch macht.*

Wenn über Beziehungen zwischen zwei Menschen oder über Partnerschaft gesprochen wird, denken viele nur an die „schönen" Seiten von Liebe und Freundschaft. Was ist aber auch noch wichtig für eine längerfristige Partnerschaft?
2 *Bildet Gruppen zu 4–6 Personen. Jede Gruppe erhält eine vergrößerte Kopie von der Liste im Kasten. Schneidet die Aussagen auseinander.*
3 *Einigt euch in der Gruppe auf eine Rangfolge: Welche Aussage ist für eine feste Beziehung am wichtigsten, welche am zweitwichtigsten usw.?*
– *Ihr könnt die Liste ergänzen, verändern und Aussagen weglassen.*
– *Klebt die Aussagen in der von euch festgelegten Reihenfolge auf ein Blatt Papier.*

„Feste Beziehung" bedeutet:
Vertrauen zueinander haben.
Sich geborgen fühlen.
Die gleichen Hobbies und Interessen haben.
Die Absicht, daß die Beziehung lange dauert.
Unterstützt werden.
Auf jemanden Dritten eifersüchtig sein dürfen.
Sich ausweinen können.
Sich streiten.
Treu sein.
Sich gegenseitig Lust machen.
Gleiche politische Einstellungen haben.
Gleiche Schulbildung und Intelligenz haben.
Sich gegenseitig verzeihen können.
Eine gleichberechtigte Beziehung leben.
Bei unterschiedlichen Interessen und Bedürfnissen auch eigene Wege gehen können.
Dem/Der anderen eine eigene Meinung zugestehen.
Rücksicht aufeinander nehmen.
Gleiche Zukunftsvorstellungen haben.
Sexuelle Übereinstimmung.
Der Wunsch nach Kindern.
Die/Den anderen z. B. in der beruflichen Entwicklung unterstützen.
Sich aufeinander verlassen können.
Zu jemanden Dritten zärtlich sein dürfen.
Beiden einen eigenen Freundeskreis zugestehen.
Gemeinsame Freunde und Freundinnen, mit denen man sich gut versteht.
Die Probleme der Partnerschaft offen ansprechen können.

4 *Vergleicht in der Klasse eure Listen und nennt mögliche Gründe für Unterschiede und Übereinstimmungen.*
5 *Beschreibt Gemeinsamkeiten einer Freundschaft und einer „Liebesbeziehung" (vgl. hierzu S. 190/191).*
6 *Benennt Bereiche, die für eine gleichberechtigte Beziehung zwischen zwei Menschen wichtig sind.*
– *Welche Gründe führen zu einer Trennung von Beziehungen?*
– *Was macht eine gute Beziehung aus?*
7 *Versetzt euch in die Figuren der Karikatur auf Seite 195 und schildert eure Gefühle. Wie würdet ihr euch verhalten?*

Sich und andere kennenlernen

Menschen verbringen ihre Zeit entsprechend ihren Bedürfnissen, Interessen und Lebensbedingungen mit ganz unterschiedlichen Aktivitäten. Die Kontakte und Beziehungen zu anderen Menschen haben dabei eine ganz unterschiedliche Bedeutung.

Womit verbringe ich meine Freizeit?
Listet Aktivitäten auf, mit denen ihr in der Regel euren normalen Alltag während der Woche verbringt.
– Faßt die Aktivitäten in etwa sechs Oberbereiche stichwortartig zusammen, wie z. B. lernen (in der Schule), Sport treiben (im Verein …), fernsehen, mit anderen reden, lesen, Briefe schreiben u. ä.
– Zeichnet zwei große Kreise.
– Teilt einen Kreis wie eine Torte so in Abschnitte auf, daß die Größe der Kreissegmente den zeitlichen Ist-Zustand eures normalen Alltags verdeutlicht. Schreibt die Aktivitäten in die Kreisfelder.
– Stellt im anderen Kreis den Wunschzustand dar, so wie ihr euren Alltag eigentlich gerne gestalten möchtet.
– Malt mit einem Buntstift alle Kreisausschnitte an, bei denen es euch wichtig ist, daß ihr mit bestimmten Personen zusammen seid.
– Vergleicht mit zwei anderen Personen aus der Gruppe eure Ergebnisse. Nennt mögliche Gründe für vorhandene Unterschiede zwischen den Kreisen.

Nähe und Distanz
Mit einem Rollenspiel könnt ihr verschiedene Möglichkeiten ausprobieren, wie Menschen sich verhalten können, wenn sie jemanden kennenlernen oder selbst angesprochen werden wollen.

Ausgangssituation:
Judith und Mariusz haben sich schon einige Male im Jugendzentrum gesehen. Aber miteinander gesprochen haben sie noch nicht. Sie haben beide eigentlich den Wunsch, den anderen/die andere kennenzulernen. Sie wissen aber beide nicht, wie der/die andere sich verhalten würde. Nun stehen beide zufällig nebeneinander in der Halle des Jugendzentrums und warten darauf, ob heute abend irgend etwas los ist.

2 Kennenlernen – jetzt oder nie! Karikatur.

8 *Spielt die Szene in Rollenspielen mit folgenden Regeln weiter:*
– *Schreibt zunächst auf zwei identisch aussehenden Karten die Worte AKTION und REAKTION und legt durch das Los fest, wer im Rollenspiel zuerst aktiv sein wird und wer reagieren wird.*
– *Beide Spielerinnen bzw. Spieler ziehen entsprechend dieser Vorgabe einen Zettel entweder aus dem Aktions- oder Reaktionstopf. Die darauf stehende Anweisung soll niemand außer der spielenden Person selbst erfahren.*
– *Wählt für die Aktions- und Reaktionskarten zwei unterschiedliche Farben und schreibt darauf jeweils eine Eigenschaft, z. B.:*
AKTION: *höflich – ehrlich – aggressiv – schüchtern – gelangweilt – selbstsicher …*
REAKTION: *zurückhaltend – ängstlich – herausfordernd – ermutigend – lustlos – abweisend …*
– *Jetzt kann das Spiel beginnen. Die Spielenden bestimmen selbst, wann sie ihr Spiel beenden.*
– *Vergleicht abschließend den unterschiedlichen Ausgang der Spiele. Welche Szenen oder Verhaltensweisen waren besonders originell und sympathisch?*

Jugendbücher

Niemand verläßt gerne seine Heimat

Dreesen, Jack: Irgendwann wird Frieden sein, Arena Life 2571.
Fährmann, Willi: Kristina, vergiß nicht! Arena TB 2529.
Fährmann, Willi: Der lange Weg des Lukas B. Arena Verlag.
Kherdian, David: Der Schatten des Halbmonds, dtv pocket 7856.
Milk, H./Rau, J./Windgasse, A.: Zweimal aussetzen. Spiele zum Thema Flucht und Asyl, Vereinigte Evangelische Mission Wuppertal.
Misereor (Hrsg.): Im Jahrhundert der Flüchtlinge. Unterrichtsmaterialien, Misereor 520494.
Misereor (Hrsg.): Flüchtlinge – Prüfstein weltweiter Solidarität, Misereor 110794.

Krieg und Frieden im Nahen Osten

Abdel-Qadir, Ghazi: Die sprechenden Steine, Beltz & Gelberg.
Carmi, Daniella: Samir und Jonathan, Hanser Verlag, München 1996.
Harnik, Raya: Mein Bruder, mein Bruder, Beltz Verlag, Weinheim 1996.
Rosman, Yael: Ein Mädchen aus Jerusalem, rororo rotfuchs 689.
Schami, Rafik: Eine Hand voller Sterne, Beltz Verlag, Weinheim 1987.
Steinvorth, Klaus: Achmed, Fischer Verlag 1996.

Was zusammengehört, muß zusammenwachsen

Abraham, Peter/Gorschenek, Margareta (Hrsg.): Wahnsinn! Geschichten vom Umbruch in der DDR, Ravensburger junge Reihe, Ravensburg 1990.
Baer, Frank: Die Magermilchbande, Fischer Taschenbuch, 1985.
Baer, Vera-Maria: Wir denken erst seit Gorbatschow, Bitter Verlag.
Groszer, Franziska: Julia Augenstern – Mitten am Rande der Welt, Hamburg 1991.
Haase/Reese/Wensierski (Hrsg.): VEB Nachwuchs – Jugend in der DDR, rororo Panther, Hamburg 1983.
Härtling, Peter: Krücke, Beltz & Gelberg Verlag, Weinheim 1992.
Hülsmann, Martin: Drüben bei uns – Eine Begegnung mit der DDR, Arena Verlag, Würzburg 1984.
Kordon, Klaus: Ein Trümmersommer, Beltz Verlag, Weinheim 1982.

Kraus, Hannes (Hrsg.): Vom Nullpunkt zur Wende. Deutschsprachige Literatur 1945–1990, Klartext Verlag, Essen 1994.
-ky: Geh doch wieder rüber! Jana weiß nicht, wohin sie gehört, rororo rotfuchs, Hamburg 1986.
Philipps, Carolin: Großvater und das Vierte Reich, Herder Verlag, Freiburg 1990.
Schönfeldt, Sybil Gräfin (Hrsg.): Der Krieg ist aus und nun? dtv 7977, München 1985.
Schwarz, Anneliese: Wir werden uns wiederfinden. Die Vertreibung einer Familie, dtv junior 7820, München 1981.
Schwarz, Anneliese: Die Grenze – ich habe sie gespürt. Eine Kindheit in Deutschland-Ost und Deutschland-West 1945–1950, dtv junior 7846, München 1984.

Europa – Wirtschaftsriese ohne Demokratie?

Boldt, Hans: Die Europäische Union. Geschichte, Struktur, Politik, Meyers Forum, Band 33, Bibliographisches Institut und Brockhaus, Mannheim 1995.
Grupp, Claus D.: Europa 2000. Der Weg zur Europäischen Union, Omnia Verlag.
Läufer, Thomas: 22 Fragen zu Europa. Die Europäische Union und ihr Parlament, Europa Union Verlag 1994.
Och, Sheila: Das Salz der Erde und das dumme Schaf, Arena Verlag 1994.
Stephan-Kühn, Freya: Was in den Höhlen begann. Die Geschichte Europas in Geschichten, Arena Verlag 1992.
Tate, Georges: Die Kreuzritter. Reihe: Abenteuer Geschichte, Band 33, Ravensburger Buchverlag 1993.
Weidenfeld, Werner/Wesels, Wolfgang (Hrsg.): Europa von A-Z, Bundeszentrale für politische Bildung, Bonn 1991.

Die Alpen – krankes Rückgrat Europas

Schneider, Wolf/Mangold, Guido (Hrsg.): Die Alpen, Gruner & Jahr Verlag (Sachbuch).
Birkenhauer, Josef: Die Alpen, Aulis Verlag 1988.
Frey, G. (Hrsg.): Im Hochgebirge, Terra Leseheft, Klett Verlag, Stuttgart.
Hoplitschek, Ernst/Scharpf, Helmut/Thiel, Frank (Hrsg.): Urlaub und Freizeit mit der Natur, Edition Weitbrecht, Stuttgart/Wien 1991.
Kremer, Bruno: Naturspaziergang Alpen. Beobachten-Erleben-Verstehen, Franckh-Kosmos, Stuttgart 1991.

Jugendbücher

Lang, Othmar: Hungerweg, dtv junior 70283.
Pröbstl, Ulrike: Natur erleben – Natur bewahren. Pädagogische Fachbroschüre zur Gestaltung schulischer Skiwochen in den Alpen.

Prima Klima?
Bright, M.: Wie ist das mit dem Treibhauseffekt?, A. Weichert Verlag, Hannover 1992.
BUNDjugend (Hrsg.): Klimachaos, Nr. 74010.
Gaber, Harald/Natsch, Bruno: Gute Argumente: Klima, C.H. Beck Verlag, München 1991.
Marquardt, Brunhilde: Jugendlexikon Umwelt, rororo-Tb, Hamburg 1984.
Raabe, Wilhelm: Die Erde im Fieber, Göttingen 1990.
Schmitz-Peick, Maya: Wenn der Welt die Luft ausgeht ..., Patmos Verlag 1993.
Stottele, Tillmann/ Ruf, Sonja: Jugendaktionen gegen Umweltzerstörung, Spektrum Verlag, Stuttgart 1992.
Tester, Urs: Natur als Erlebnis, Zytglogge Verlag, Bern 1995.
Veit, Barbara/Wolfrum, Christine: Das Buch vom Klima, Ravensburger.
Vester, Frederic: Ökolopoly – ein kybernetisches Umweltspiel, Ravensburg 1983.

Die Seele kann krank werden
Engelmann, Reiner (Hrsg.): Tatort Klassenzimmer - Texte gegen Gewalt in der Schule, Arena Verlag 1784, Würzburg 1994.
Hömmen, Christa: Mal sehen, ob ihr mich vermisst – Menschen in Lebensgefahr, rororo rotfuchs 547, Reinbek 1989.
Kleberger, Ilse: Die Nachtstimme, Arena Verlag 2523, Würzburg 1982.
Levoy, Myron: Adam und Lisa, dtv junior 78014, München 1991.
Nilsson, Per: So lonely, Oetinger Verlag, Hamburg 1996.
Sheldon, Dyan: Schick wie eine Bohnenstange, Ueberreuter Verlag.
Steenfatt, Margret: Hass im Herzen – im Sog der Gang, rororo rotfuchs 648, Reinbek 1992.
Welsh, Renate: Das Leben leben – Eva will sich nicht anpassen, rororo rotfuchs 563, Reinbek 1991.

Bloßgestellt – Gewalt gegen Frauen / Projekt: Beziehungen gestalten
Bender, Anne/Kalinke, Dagmar (Hrsg.): Einfach stark! Geschichten für Mädchen in den besten Jahren, dtv junior 78085.
Brandt, Heike: Wie ein Vogel im Käfig, Beltz & Gelberg, Weinheim und Basel 1992.
Brett, Catherine: ... Total verknallt in Anne, Donna Vita, Ruhnmark 1994.
Cardella, Lara: Ich wollte Hosen, Fischer Verlag, Frankfurt a.M. 1990.
van Dick, Lutz: Verdammt starke Liebe, rororo rotfuchs, Reinbek bei Hamburg 1991.
Holm, Annika: Wehr dich, Mathilda! Carl Hanser Verlag, München/Wien 1993.
Mazer, Norma: Eigentlich ist nichts passiert, Verlag Sauerländer, Aarau/Frankfurt a.M. und Salzburg 1995.
Moen, Torbjorn: Die Küsse von tollen Frauen, Sauerländer Verlag.
Olsson, Hans: Rollenspiele, Oetinger Verlag.
Steenfatt, Margret: Nele – ein Mädchen ist nicht zu gebrauchen, rororo rotfuchs, Reinbek bei Hamburg 1986.
Teuter, Anne und Abraham (Hrsg.): Ich mit Dir. Geschichten über die Liebe von jungen Autorinnen und Autoren, Alibaba Verlag.

Worterklärungen

abteufen Einen Schacht bauen.
Abwertungsdruck, Abwertung Herabsetzung des Wertes einer nationalen Währung gegenüber ausländischen Währungen.
Acre Flächenmaß.
Alliierte, alliiert Verbunden, Verbündete.
Antike Epoche des griechischen und römischen Altertums (2. Jahrtausend v. Chr. bis etwa 500 n. Chr.).
Arbeitsnormen Arbeitsleistung, die in einer bestimmten Zeit erbracht werden muß.
Arbeitsproduktivität Ergiebigkeit der Arbeit, berechnet nach dem Verhältnis von Faktoreinsatz (z. B. Lohnkosten) und Produktmenge.
Assemblée Nationale Nationalversammlung, Parlament.
Assoziierung Vertraglicher Zusammenschluß mehrerer Personen, Unternehmen oder Staaten zur Verfolgung bestimmter gemeinsamer Interessen.
Aufstiegsambitionen Das Interesse und Streben nach einer höherwertigen und interessanteren Stelle mit mehr Verantwortung, Entscheidungsfreiräumen und Leitungsaufgaben. Diese Stellen in Führungspositionen ermöglichen Frauen, ihre Fähigkeiten einflußreicher umzusetzen und eigene Vorstellungen stärker einzubringen.
autark Selbständig, nicht auf Hilfe angewiesen.
Bagatelle Kleinigkeit, unwichtige Sache.
Besatzungsstatut Abkommen von 1949 zwischen den USA, Großbritannien und Frankreich und der neu gegründeten Bundesrepublik Deutschland, in dem festgelegt wurde, daß die drei Siegermächte weitgehende Recht sowohl in der Außen- und Innenpolitik der Bundesrepublik ausüben konnten. Diese Rechte wurden 1955 und 1968 stark eingeschränkt und mit der Vereinigung Deutschlands 1990 völlig aufgehoben.
Beschäftigungsverhältnisse, ungeschützte Bezeichnung für Arbeitsplätze, die nicht durch einen tarifrechtlichen Arbeitsvertrag mit Kündigungsschutz gesichert sind und daher jederzeit kündbar sind. Dies betrifft vor allem Arbeitnehmer/innen in der beruflichen Einstiegsphase, die sich in der Probezeit befinden oder eine Lehrstelle angenommen haben, aber z. B. auch Personen mit kurzfristigen Zeitverträgen.
Biographie Lebensgeschichte eines Menschen.
Bodenreform Aufteilung des Bodens von Großgrundbesitzern unter Landarbeitern ohne Grundbesitz oder Kleinbauern, meist ohne oder mit nur geringer Entschädigung der Großgrundbesitzer in der sowjetisch besetzten Zone.
Bruttoinlandsprodukt Zusammenfassendes Maß der wirtschaftlichen Leistungen einer Volkswirtschaft. Siehe auch Bruttosozialprodukt.
Bruttosozialprodukt Wert aller Waren und Dienstleistungen einer Volkswirtschaft.
Bürgerrechtsbewegung Zusammenschluß von Menschen, die sich für die Verwirklichung der Bürgerrechte wie Meinungsfreiheit und persönliche Rechte einsetzten, die formal auch in der DDR galten, häufig aber vom Staat nicht eingehalten wurden.
BUND Abkürzung für: Bund für Umwelt und Naturschutz Deutschland. Große deutsche Umweltschutzorganisation.
Demoskopie Meinungsforschung.
Deportation Zwangsverschickung, Verschleppung, Verbannung von Verbrechern oder politischen Gegnern.
Depression Niedergeschlagenheit.
Deutsche Welle Kurzwellenradiosender der ARD. Sendet Programme in 34 Sprachen.
Devisengeschäfte Handel, Umgang mit ausländischen Zahlungsmitteln.
Direktvermarktung Vom Bauernhof selbst organisierter Verkauf von eigenen Erzeugnissen an den Verbraucher. Der Zwischenhandel ist dabei ausgeschaltet. Dadurch können häufig höhere Preise erzielt werden.
Diskurs Offene Aussprache in der Partnerschaft, die Auseinandersetzung mit unterschiedlichen Meinungen und das Verhandeln um eine einvernehmliche Lösung bei Konflikten, die alle Beteiligten zufriedenstellt.
Dominanz Eigenschaft, sich überlegen zu fühlen und sich gegenüber anderen erfolgreich durchzusetzen.
Egoismen Selbstsüchtige Interessen.
Einflußsphäre Einflußgebiet.
elitär Auserlesen, einer Elite angehörend.
Emotion Gefühl, seelischer Zustand, wie z. B. lachen, weinen, Freude, Trauer, Angst.
Energiesteuer Von vielen Umweltschutzorganisationen geforderte Steuer auf Energieträger wie z. B. Benzin oder Kohle, um damit die durch den Energieverbrauch verursachten indirekten Schäden (z. B. für das Klima) zu erfassen und einen Anreiz für Energiesparmaßnahmen zu geben.
Erdplatte Die Erdkruste ist in unterschiedlich große 70 bis 100 km dicke Platten gegliedert. Infolge von Strömungsvorgängen im Erdmantel bewegen sie sich langsam. Dort, wo sie aneinanderstoßen oder ausein-

Worterklärungen

anderdriften, befinden sich Störungszonen mit Erdbeben und Vulkanismus. Es gibt neun große Erdplatten: Die Eurasische, Afrikanische, Indische, Australische, Antarktische, Nordamerikanische, Südamerikanische, Nordpazifische und Südpazifische Platte.

Eretz Israel Hebräisch für: Heiliges Israel.

Erosion Zerstörungsarbeit von Wasser, Eis und Wind an der Erdoberfläche.

EU Abkürzung für: Europäische Union.

expandieren Ausweiten, ausdehnen.

Fels- und Bergstürze Sie umfassen große Gesteinsmassen, die aus einer Felswand kippen oder fallen. Das Gestein rutscht, springt oder rollt ins Tal und schüttet es zu. Sie kommen für den Menschen unerwartet, wie z.B. auch die kleinere Massenbewegung, der Steinschlag. Nur Vorsicht und genaueres Wissen um diese Vorgänge kann schützen.

feministisch, Feministinnen Bezeichnung für Frauen aus der Frauenbewegung, die aktiv für die Bedürfnisse, Interessen und Rechte der Frauen in der Gesellschaft Partei ergreifen und mit Frauen praktische Solidarität üben. In den 70er Jahren haben diese Frauen unabhängige Frauengruppen außerhalb der überwiegend von Männern beherrschten Parteien oder Verbände gegründet. Mit der Aussage „Das Private ist politisch" erreichten diese Frauen, daß ungerechtfertigte männliche Machtansprüche und Gewalt gegen Frauen öffentlich benannt und als ein gesellschaftliches Problem verstanden wurden. Ihr Anliegen war es und ist es, nicht nur die „Gleichstellung", sondern wirkliche „Gleichberechtigung" von Frauen und Männern in der Gesellschaft durchzusetzen. Im Vordergrund steht dabei, Frauen und Mädchen aktiv zu unterstützen, sich aus der Abhängigkeit, Bevormundung und Unterdrückung von Männern zu befreien. Ziel ist es, eine positive weibliche Identität entwickeln zu können und selbstbestimmter zu leben.

Föderation Verbindung mehrerer unabhängig bleibender Staaten zu einem bestimmten Zweck.

Fonds, Sozialfonds Staatliche Gelder, die zweckgebunden für soziale Aufgaben bereitgestellt werden (z.B. Kindergärten).

Freihandelszone Durch vertragliche Abmachung mehrerer Staaten bestimmtes Gebiet, in dem Waren und Dienstleistungen zollfrei gehandelt werden dürfen.

Flüchtlingskommissarin Beauftragte für Flüchtlingsfragen der UNO.

Gemeinsamer Markt Bei den Bemühungen um einen europäischen Zusammenschluß bemühten sich die Regierungen zunächst, einen gemeinsamen Markt (siehe auch Freihandelszone) als Grundlage für einen politischen Zusammenschluß zustande zu bringen. Von den ersten Ansätzen in den fünfziger Jahren, die auf bestimmte Wirtschaftssektoren beschränkt blieben, war es ein langer Weg bis zu den Beschlüssen von Maastricht, die nunmehr für einen umfassenden gemeinsamen Markt gesorgt haben. Bei der Frage nach Vorbehalten gegen die europäische Einigung wird der gemeinsame Markt häufig anders beurteilt als die politische Einigung. Während in den sechziger und siebziger Jahren der gemeinsame Markt auch von Bürgerinnen und Bürgern bejaht wurde, die gegen die politische Einigung Bedenken trugen, gibt es heute oft Vorbehalte gegen einen Ausbau des gemeinsamen Marktes, solange die gemeinsamen politischen Kontrollmöglichkeiten noch nicht stark genug ausgebaut sind.

Geschlechterhierarchie Beschreibung herrschender ungleicher Machtverhältnisse zwischen den Geschlechtern, die den Männern eine Vormachtstellung in der Gesellschaft ermöglichen. Die Durchsetzung männlicher Machtansprüche und die Zuweisung der Frauen in eine untergeordnete Rolle werden vor allem durch die grundsätzliche Abwertung alles Weiblichen erreicht. Dies zeigt sich in der Nichtbeachtung frauenspezifischer Interessen bis hin zu massiven Formen der Frauenunterdrückung und männlicher Gewalt.

Getto Von den übrigen Vierteln einer Stadt durch Mauern oder ähnliches abgetrenntes Wohnviertel, in dem die jüdische Bevölkerung im Anfang freiwillig, später zwangsweise lebte.

graduell Bezeichnung für einen kaum sichtbaren, nur unwesentlichen Unterschied.

Großkombinat Bezeichnung in der DDR für einen besonders großen Industriebetrieb.

Hammer und Sichel Zeichen in der Flagge der DDR, die die Verbundenheit der DDR mit der Arbeiter- und Bauernklasse ausdrücken sollten.

Handels- und Reservewährung Zahlungsmittel, das als Berechnungseinheit im internationalen Handel dient.

Hangrutschung Talwärts gerichtete Bewegungen von Boden und Felsmassen. Siehe auch Muren, Fels- und Bergstürze.

Hizbollah Arabisch für: Partei Gottes. Radikale Partei und militärische Organisation islamischer Fundamentalisten. Zu den Zielen der Hizbollah gehören die Errichtung eines islamischen Gottesstaates nach dem

Worterklärungen

Vorbild des Iran und die Zerstörung des israelischen Staates. Die Hizbollah plante 1995/1996, durch verstärkte Angriffe den Friedensprozeß zwischen Israel und seinen arabischen Nachbarn scheitern zu lassen.
Huckepack-Verkehr Transport von Lkw und Pkw auf Eisenbahnwaggons zur Entlastung des Straßenverkehrs.
Hyperaktivität Übermäßig hoher Tätigkeitsdrang.
Identität Übereinstimmung vom Wesen einer Person mit dem Bild, was sie von sich hat. Sie ist eine im Zusammenleben mit anderen Menschen und durch Bildung entwickelte Vorstellung vom eigenen Selbst, das Ich-Bild: „das bin ich".
imperialistisch Nach Weltherrschaft strebend. Kommunistische Bezeichnung für die westlichen Industriestaaten.
imperialistische Westmächte Sozialistische Bezeichnung für die westlichen Staaten während des Kalten Krieges.
Immissionen Einwirkungen von Luftverunreinigungen, Schadstoffen, Lärm, Strahlen u.ä. auf Menschen, Tiere und Pflanzen.
Infrastruktur Der Begriff bezeichnet alle staatlichen und privaten Einrichtungen, die für die Lebensversorgung und für die wirtschaftliche Entwicklung eines Raumes erforderlich sind. Dazu zählen z.B. Verkehrseinrichtungen, Versorgung mit Energie und Wasser, Schulen und Krankenhäuser. Zur touristischen Infrastruktur gehören noch Einrichtungen und Dienstleistungen, die die Touristen in ihrem Urlaubsort benötigen, wie z.B. Gästeinformation, Restaurants, Führungen und Kureinrichtungen.
instabil Unbeständig; Gegensatz zu: stabil.
Internationalismus, bolschewistischer Grundprinzip der Zusammenarbeit zwischen kommunistischen Staaten und Parteien. Die Anhänger gingen davon aus, daß die „Arbeiterklasse" in den verschiedenen Staaten die gleichen Interessen hatte. Mit dem Zusammenbruch der meisten kommunistischen Staaten gilt der bolschewistische Internationalismus als historisch überwunden.
Investitionen Einsatz von Mitteln zur Erhaltung oder Erneuerung der Produktionsfaktoren, z.B. für Maschinen, Fabrikgebäude.
Jause Österreichische Bezeichnung für eine Zwischenmahlzeit, z.B. Vesperbrot.
Kalter Krieg Schlagwort für die Konfrontation zwischen den von den USA und der UdSSR angeführten Machtblöcken nach dem Zweiten Weltkrieg. Auf beiden Seiten bestand die Furcht vor einem militärischen Zusammenstoß mit der Gefahr eines Atombombeneinsatzes. Nach Abbau der Spannungen wurde in den siebziger und achtziger Jahren des 20. Jahrhunderts häufiger vom Ost-West-Konflikt gesprochen.
Klientel Auftraggeberkreis, Kundschaft.
Kollektivierung Zwangsweiser Zusammenschluß von Bauern oder Arbeitern in sozialistischen Staaten unter Aufsicht des Staates zu großen landwirtschaftlichen oder industriellen Betrieben.
Kontext Zusammenhang.
Konvention a) Übereinkommen, Abkommen zwischen zwei Staaten. b) Hier: Regeln des Umgangs, die für die Gesellschaft als Verhaltensnorm gelten.
Koran Heilige Schrift des Islam. Der Koran enthält die Offenbarungen Mohammeds, die der Prophet zwischen 608 und 632 in Mekka und Medina verkündete. Die 114 Suren des Koran enthalten u.a. Vorschriften und rechtliche Erlasse, die als Rechtsgrundlage des Islam dienen. Kinder werden in Koran-Schulen mit dem heiligen Buch vertraut gemacht.
Korea-Krieg (1950–1953) 1950 ausgebrochener Krieg zwischen dem kommunistisch beherrschten Nordkorea und dem westlich orientierten Südkorea, der sich zu einem weltweiten Konflikt entwickelte, da Südkorea im Auftrag der UNO durch die USA und Nordkorea direkt durch die Volksrepublik China und indirekt durch die Sowjetunion unterstützt wurden. 1953 wurde der Konflikt mit der Teilung des Landes am 38. Breitengrad vorläufig beendet.
Kriegsstratege Kriegsplaner.
Landschaftsschutzgebiet Eine Fläche, die in ihrer Eigenart erhalten werden soll. Sie ist in rechtlicher Hinsicht dem Naturschutzgebiet (siehe dort) ähnlich. Eine wirtschaftliche Nutzung ist unter bestimmten Bedingungen erlaubt. Die Ausweisung von Landschaftsschutzgebieten ist ein geeignetes Mittel, um den Charakter einer Erholungslandschaft zu sichern.
Lawinen Lawinen sind an Gebirgshängen niedergehende Schnee- und Eismassen. Die Schneelawinen kommen zustande, wenn eine Schneeschicht auf einer anderen oder auf dem Untergrund abwärts gleitet oder stürzt. Oft werden Lawinen durch das gewachsene Eigengewicht einer Schneeschicht oder durch Skifahrer ausgelöst. Durch Druck und Luftdruck zerstören sie Wald, Gebäude und manchmal sogar ganze Ortschaften. Schutz vor Lawinen bilden der Wald (Bannwald) über den Ortschaften,

Worterklärungen

Lawinenverbauungen und Umleitwerke, der Verzicht auf Bebauung in gefährdeten Gebieten und der Lawinenwarndienst.

legitim Rechtmäßig, gesetzlich.

Lohnfortzahlungsgesetz Gesetz, daß die Fortzahlung des vollen Arbeitslohnes im Krankheitsfall durch den Arbeitgeber regelt. Diese Regelung wurde durch die Gewerkschaften in der Bundesrepublik am Ende der fünfziger Jahre mit Streiks erkämpft. 1995 dauerte die Lohnfortzahlung im Krankheitsfall sechs Wochen, erst dann tritt an die Stelle des Lohnes das niedrigere Krankengeld der Krankenkasse.

Maghreb Arabisch für: Westen. Als Maghreb-Staaten werden Algerien, Libyen, Marokko, Mauretanien und Tunesien bezeichnet.

Mandat Auftrag. Hier im Auftrag des Völkerbundes verwaltetes Gebiet.

Manko Fehler, Mangel.

Marketingstrategen Hier im Sinne von Werbefachleuten gebraucht.

Monostruktur Ausrichtung einer Wirtschaft auf nur ein Produkt, z. B. Kohle.

Montankonzerne Industriebetriebe des Bergbaus und der Metallindustrie.

multikulturell Aus verschiedenen Kulturen bestehend.

Mure Muren bestehen aus einem Gemisch von Wasser, Erde, Schutt und größeren Steinblöcken. Sie wälzen sich rasch abwärts nach plötzlichen starken Regengüssen, bei Schneeschmelze oder nach anhaltendem Regen. Muren bilden sich an steilen Hängen mit viel Schutt und einer nicht geschlossenen Pflanzendecke. Sie gehen meist in Wildbachfurchen zu Tal und haben verheerende Wirkungen. Gegen Muren helfen nur angepaßte Nutzungsformen, Verbauungen und vorsichtiges Verhalten.

Nationalismus Überbetonung der Interessen und der Bedeutung des eigenen Volkes und Staates.

Naturschutzgebiete Bereiche von Landschaften, die aus ökologischen, kulturellen oder wissenschaftlichen Gründen geschützt sind. Sie werden von den höheren Naturschutzbehörden (in der Regel die Bezirksregierungen) dazu erklärt und sollen der Erhaltung des Lebensraumes bedrohter Tier- und Pflanzenarten dienen. Das Betreten dieser Gebiete ist meist nicht erlaubt oder ist besonders geregelt. Auch die forst- und landwirtschaftliche Nutzung ist meist untersagt.

Neue Eisenbahn-Alpentransversale (NEAT) Leistungsfähige Eisenbahnlinie durch die Schweizer Alpen mit einem 57 km langen Tunnel unter dem Gotthard-Massiv. Auf ihr soll der Nord-Süd-Güterverkehr abgewickelt werden.

Novelle Änderung eines bestehenden Gesetzes.

Ost-West-Konflikt Siehe unter Kalter Krieg.

Ozonloch Eine Schicht aus dem Gas Ozon schützt in einer Höhe von 15 bis 50 km die Erde vor der energiereichen ultravioletten Strahlung (UV-Strahlung) der Sonne, die z. B. Krebs auslösen, das Immunsystem schwächen, das Erbgut schädigen sowie zu Ertragseinbußen in der Landwirtschaft führen kann. Von einem Ozonloch sprechen die Wissenschaftler, wenn mehr als 50 % der Ozonschicht zerstört sind. Mitte der 90er Jahre gab es ein großes Ozonloch über der Antarktis. Über der nördlichen Erdhalbkugel waren etwa 20 % der Ozonschicht zerstört. Die Ozonschicht in der Atmosphäre wird v. a. durch Fluorchlorkohlenwasserstoffe (FCKW) aus Spraydosen und Kühlschränken zerstört. 1996 soll weltweit die Produktion von FCKW eingestellt werden. Sie ist in Deutschland bereits seit einigen Jahren verboten.

pervertieren Verdrehen, verfälschen; ins Abnormale verkehren.

Pionier Bezeichnung für Mitglieder der „Jungen Pioniere" und der „Thälmann-Pioniere", den Jugendorganisationen des kommunistischen Jugendverbandes „Freie Deutsche Jugend" für 6–14jährige Mädchen und Jungen in der DDR.

Propagandapoeten Dichter von Propaganda.

Prototyp Griechisch für: das Urbild. Im Sinne von: das allgemeine Vorbild.

psychisch Seelisch.

Quotenregelung Bestimmungen, daß ein bestimmter Anteil von Stellen und Führungspositionen nur mit Frauen besetzt werden dürfen, um deren Benachteiligung gegenüber Männern auszugleichen.

Rat für gegenseitige Wirtschaftshilfe (COMECON) Gegenstück des Ostblocks zur 1957 gegründeten Europäischen Wirtschaftsgemeinschaft (EWG). Er wurde 1991 aufgelöst.

ratifizieren Einen völkerrechtlich verbindlichen Vertrag unterzeichnen.

Raumplanung Raumplanung ist eine vorausschauende Ordnung und Gestaltung der Entwicklung eines Gebietes. In der Bundesrepublik Deutschland wird in diesem Zusammenhang häufiger von Raumordnung oder von Landesplanung gesprochen.

Regime Bezeichnung für eine Regierung, deren Machtausübung auf diktatorischer Gewalt beruht.

Worterklärungen

Reservist Soldat der Reserve. Angehöriger der Streitkräfte, der nicht mehr ständig Dienst leistet, sondern nur noch zu bestimmten Anlässen (z. B. Übungen) einberufen wird.
Rezession Wirtschaftliche Krise.
RIAS Abkürzung für: Radio im amerikanischen Sektor. Name eines in Westberlin stationierten amerikanischen Senders, der in alle Gebiete der SBZ und der DDR strahlte und die westlichen Nachrichten gezielt für die Bevölkerung der DDR verbreitete.
Ritual Feierliche Regel, ursprünglich im Gottesdienst, heute Bezeichnung für fest einzuhaltende Regeln.
Sanktionen Zwangsmaßnahmen.
SED Sozialistische Einheitspartei Deutschlands, 1946 gegründeter Zusammenschluß der KPD und der SPD in der Sowjetzone.
Shalom Hebräisch für: Frieden.
Solidarität Haltung der gegenseitigen Hilfe und Unterstützung in schwierigen Situationen.
souverän Selbständig, unabhängig.
Souveränität Unabhängigkeit eines Landes in allen seinen Angelegenheiten.
Sozialfonds Geldmittel der Europäischen Union, die für bestimmte soziale Zwecke bereitgestellt werden.
Sozialisation Prozeß der Einordnung des Menschen in die Gesellschaft. Die Sozialisation wird maßgeblich durch die Erziehung beeinflußt.
Sozialismus Gesellschaftsordnung nach den Theorien von Marx und Engels in der die Produktionsmittel (Fabriken) der Gesellschaft, dem Volk, und nicht den privaten Eigentümern gehören. Das theoretische Ziel ist es, eine weitgehende Gleichheit der Menschen zu verwirklichen und unberechtigte Herrschaft von Menschen über Menschen aufzuheben. Bis dahin übt im Namen der Arbeiter und Bauern eine sozialistische Partei allein die Macht aus, um die Veränderung der bisherigen Gesellschaftsordnung zu erreichen und eine Gegenrevolution der bisherigen Machthaber, des Bürgertums, zu verhindern.
Stasi Bezeichnung der DDR-Bevölkerung für die Mitarbeiter des Ministeriums für Staatssicherheit, die große Teile der Bevölkerung bespitzelten und überwachten.
Stickstoffimmission Zuführung des chemischen Elements Stickstoff auf Flächen z.B. durch das Aufwehen von Autoabgasen, in denen der Stickstoff enthalten ist.
Subventionen Unterstützungsleistungen des Staates für bestimmte Wirtschaftszweige, die auf diese Weise wettbewerbsfähig gehalten oder gemacht werden sollen. Subventionen werden in der Marktwirtschaft meistens nicht als direkte Zahlungen an ein Unternehmen geleistet, sondern als Steuervergünstigung oder als Gewährung zinsvergünstigter Kredite. Sie können aber auch in Form der verbilligten Überlassung von Grund und Boden oder der vergünstigten Bereitstellung von Infrastruktur (siehe dort) oder der Übernahme von Forschungs- und Entwicklungskosten für neue Produkte erfolgen. Subventionsleistungen liegen aber auch dann vor, wenn ausländische Mitbewerber von der Vergabe staatlicher Aufträge ausgeschlossen werden und die Preise so künstlich hochgehalten werden. Im Bereich der Subventionen besteht in der Europäischen Union mit dem Zustandekommen des Europäischen Binnenmarktes deshalb ein großer Bedarf zur Vereinheitlichung, um zu vermeiden, daß sich die Regierungen der einzelnen Länder gegenseitig mit Subventionsleistungen überbieten.
transnational Übernational.
Trogtal Ein Tal, das von einem Gletscher so geformt worden ist, daß ein U-förmiger Querschnitt entstanden ist.
Twiggy-Ideal Ziel, so dünn und attraktiv auszusehen, wie es ein in den 70er Jahren sehr bekanntes Fotomodel mit dem Namen „Twiggy" war.
UNO Englische Abkürzung für: United Nations Organization (Vereinte Nationen). 1945 gegründete Nachfolgeorganisation des Völkerbundes (siehe dort). Wichtigstes Ziel ist die Herstellung freundschaftlicher Beziehungen zwischen den Staaten auf der Grundlage von Selbstbestimmung und Gleichberechtigung der Nationen. Daher wirkt die UNO vornehmlich bei der Friedensstiftung zwischen Staaten mit, bei der Unterstützung von Flüchtlingen sowie bei der kulturellen und wirtschaftlichen Entwicklung der Dritten Welt.
Völkerbund Staatenvereinigung zur Sicherung des Weltfriedens und zur internationalen Zusammenarbeit unter den Nationen (1920-1946). Der Sitz war in Genf (Schweiz). Vorläuferorganisation der UNO (siehe dort).
Wasserschutzgebiet Bereiche von Landschaften meist im Einzugsbereich von Gewinnungsanlagen für Trinkwasser, in denen grundwasergefährdende Tätigkeiten verboten oder eingeschränkt sind.
Wechselkursrisiko Als Wechselkurs wird der Preis bezeichnet, der in inländischer Währung für ausländische Zahlungsmittel gezahlt werden muß. Da die Wechselkurse schwanken, ergeben sich z. B.

Worterklärungen

bei Kaufverträgen mit langer Laufzeit Schwierigkeiten bei der Vorhersage des Wechselkurses zum Zahlungstermin.

Wende Bezeichnung für die tiefgreifende politische Veränderung im Herbst 1989 in der DDR.

Zentralkommitee Führungskreis einer Gruppe oder Vereins, in der Regel Bezeichnung für das oberste Organ einer kommunistischen Partei. Das Zentralkommitee war in den kommunistischen Parteien ein wichtiges Entscheidungsorgan, an dessen Beschlüsse die gesamte Partei gebunden war.

Zentralverwaltungswirtschaft Dem marktwirtschaftlichen System gegenüberstehendes System, bei dem der Staat die Weisung gibt, was, wann, wo, wieviel und zu welchem Preis produziert werden soll und wie eine Zuteilung zu erfolgen hat. Die Steuerung des Wirtschaftsablaufes erfolgt zentral über eine staatliche Planungsbehörde.

Zionismus, zionistisch Nach dem Tempelberg Zion in Jerusalem benannte am Ende des 19. Jahrhunderts entstandene jüdische Bewegung mit dem Ziel, einen Staat für die Juden in Palästina zu schaffen.

Zollunion Abkommen zwischen zwei oder mehr Staaten, das den Verzicht auf bestimmte Zölle im Warenverkehr zwischen den Teilnehmerstaaten vorsieht. Im Handel mit Drittländern werden die Zölle jedoch weiter erhoben.

Zwangskollektivierung Als Zwangskollektivierung bezeichnet man die Versuche sozialistischer Staaten, alle landwirtschaftlichen Nutzflächen aus dem Privatbesitz zu lösen und durch staatliche oder staatlich kontrollierte genossenschaftliche Agrarunternehmen bearbeiten zu lassen. Die Zwangskollektivierungen stießen immer auf großen Widerstand der Bauern, die dabei ihr Eigentum einbüßten. Sie konnten deshalb beispielsweise in Rußland nur unter Zwang beziehungsweise mit Gewalt durchgesetzt werden. In Deutschland entzogen sich bis 1961 viele Bauern der Gewalt, indem sie aus der DDR flüchteten. In Polen scheiterte die Zwangskollektivierung am Widerstand der betroffenen Bauern. Die durch die Zwangskollektivierung möglich gewordenen Vorteile bei der Bearbeitung großer Flächen konnten in den sozialistischen Staaten aufgrund der Schwerfälligkeit der staatlichen Kontrollen nie wirklich genutzt werden.

Aus dem Grundgesetz der Bundesrepublik Deutschland

Artikel 1
(1) Die Würde des Menschen ist unantastbar. Sie zu achten und zu schützen ist Verpflichtung aller staatlichen Gewalt.
(2) Das deutsche Volk bekennt sich darum zu unverletzlichen und unveräußerlichen Menschenrechten als Grundlage jeder menschlichen Gemeinschaft, des Friedens und der Gerechtigkeit in der Welt ...

Artikel 2
(1) Jeder hat das Recht auf die freie Entfaltung seiner Persönlichkeit, soweit er nicht die Rechte anderer verletzt und gegen die verfassungsmäßige Ordnung oder das Sittengesetz verstößt.
(2) Jeder hat das Recht auf Leben und körperliche Unversehrtheit. Die Freiheit der Person ist unverletzlich. In diese Rechte darf nur auf Grund eines Gesetzes eingegriffen werden.

Artikel 3
(1) Alle Menschen sind vor dem Gesetz gleich.
(2) Männer und Frauen sind gleichberechtigt. Der Staat fördert die tatsächliche Durchsetzung der Gleichberechtigung von Frauen und Männern und wirkt auf die Beseitigung bestehender Nachteile hin.
(3) Niemand darf wegen seines Geschlechts, seiner Abstammung, seiner Rasse, seiner Sprache, seiner Heimat und Herkunft, seines Glaubens, seiner religiösen oder politischen Anschauungen benachteiligt oder bevorzugt werden. Niemand darf wegen seiner Behinderung benachteiligt werden.

Artikel 4
(1) Die Freiheit des Glaubens, des Gewissens und die Freiheit des religiösen und weltanschaulichen Bekenntnisses sind unverletzlich ...
(3) Niemand darf gegen sein Gewissen zum Kriegsdienst mit der Waffe gezwungen werden ...

Artikel 5
(1) Jeder hat das Recht, seine Meinung in Wort, Schrift und Bild frei zu äußern und zu verbreiten und sich aus allgemein zugänglichen Quellen ungehindert zu unterrichten. Die Pressefreiheit und die Freiheit der Berichterstattung ... werden gewährleistet. Eine Zensur findet nicht statt ...

Artikel 8
(1) Alle Deutschen haben das Recht, sich ohne Anmeldung oder Erlaubnis friedlich und ohne Waffen zu versammeln.
(2) Für Versammlungen unter freiem Himmel kann dieses Recht durch Gesetz ... beschränkt werden.

Artikel 9
(1) Alle Deutschen haben das Recht, Vereine und Gesellschaften zu bilden.
(2) Vereinigungen, deren Zweck oder deren Tätigkeit den Strafgesetzen zuwiderläuft oder die sich gegen die verfassungsmäßige Ordnung oder gegen Gedanken der Völkerverständigung richten, sind verboten.

Artikel 10
(1) Das Briefgeheimnis sowie das Post- und Fernmeldegeheimnis sind unverletzlich.
(2) Beschränkungen dürfen nur auf Grund eines Gesetzes angeordnet werden ...

Artikel 11
(1) Alle Deutschen genießen Freizügigkeit im ganzen Bundesgebiet ...

Artikel 12
(1) Alle Deutschen haben das Recht, Beruf, Arbeitsplatz und Ausbildungsstätte frei zu wählen. Die Berufsausübung kann durch Gesetz ... geregelt werden ...
(2) Zwangsarbeit ist nur bei einer gerichtlich angeordneten Freiheitsentziehung zulässig.

Artikel 12a
(1) Männer können vom vollendeten achtzehnten Lebensjahr an zum Dienst in den Streitkräften, im Bundesgrenzschutz oder in einem Zivilschutzverband verpflichtet werden.
(2) Wer aus Gewissensgründen den Kriegsdienst mit der Waffe verweigert, kann zum Ersatzdienst verpflichtet werden ...

Aus dem Grundgesetz der Bundesrepublik Deutschland

Artikel 13
(1) Die Wohnung ist unverletzlich.
(2) Durchsuchungen dürfen nur durch den Richter, bei Gefahr im Verzuge auch durch die in den Gesetzen vorgesehenen anderen Organe angeordnet und nur in der dort vorgeschriebenen Form durchgeführt werden …

Artikel 14
(1) Das Eigentum und das Erbrecht werden gewährleistet. Inhalt und Schranken werden durch die Gesetze bestimmt.
(2) Eigentum verpflichtet. Sein Gebrauch soll zugleich dem Wohl der Allgemeinheit dienen.
(3) Eine Enteignung ist nur zum Wohle der Allgemeinheit zulässig …

Artikel 15
Grund und Boden, Naturschätze und Produktionsmittel können zum Zweck der Vergesellschaftung durch ein Gesetz, das Art und Ausmaß der Entschädigung regelt, in Gemeineigentum … übergeführt werden …

Artikel 16
(1) Die deutsche Staatsangehörigkeit darf nicht entzogen werden …
(2) Kein Deutscher darf an das Ausland ausgeliefert werden.

Artikel 16 a
(1) Politisch Verfolgte genießen Asylrecht.
(2) Auf Absatz 1 kann sich nicht berufen, wer aus einem Mitgliedsstaat der Europäischen Gemeinschaften oder aus einem Drittstaat einreist, in dem die Anwendung des Abkommens über die Rechtsstellung der Flüchtlinge und der Konvention zum Schutze der Menschenrechte und Grundfreiheiten sichergestellt ist …

Artikel 17
Jedermann hat das Recht, sich einzeln oder in Gemeinschaft mit anderen schriftlich mit Bitten oder Beschwerden an die zuständigen Stellen und an die Volksvertretung zu wenden.

Artikel 18
Wer die Freiheit der Meinungsäußerung, insbesondere die Pressefreiheit, die Lehrfreiheit, die Versammlungsfreiheit, die Vereinigungsfreiheit, das Brief-, Post- und Fernmeldegeheimnis, das Eigentum oder das Asylrecht zum Kampfe gegen die freiheitliche demokratische Grundordnung mißbraucht, verwirkt diese Grundrechte. Die Verwirkung und ihr Ausmaß werden durch das Bundesverfassungsgericht ausgesprochen.

Artikel 19
… (2) In keinem Fall darf ein Grundrecht in seinem Wesensgehalt angetastet werden.

Artikel 20
(1) Die Bundesrepublik Deutschland ist ein demokratischer und sozialer Bundesstaat.
(2) Alle Staatsgewalt geht vom Volk aus. Sie wird vom Volk in Wahlen und Abstimmungen und durch besondere Organe der Gesetzgebung, der vollziehenden Gewalt und der Rechtsprechung ausgeübt …
(4) Gegen jeden, der es unternimmt, diese Ordnung zu beseitigen, haben alle Deutschen das Recht zum Widerstand, wenn andere Abhilfe nicht möglich ist.

Artikel 21
(1) Die Parteien wirken bei der politischen Willensbildung des Volkes mit …

Quellenverzeichnisse

Textquellen

1.1 Niemand verläßt gerne seine Heimat
S. 8: (M1) E. Geyer, et al. (Hrsg.), Geographie Mensch und Raum 7/8. Cornelsen, Berlin 1994, S. 60. (M2) Interview des Autors. (M3) Interview des Autors. (M4) Hochrechnung des Autors auf der Grundlage der Daten einer Wuppertaler Realschule. – **S. 10:** (M1) Mechmet Yeslilogoz in: Frankfurter Allgemeine Zeitung vom 5.1.1991; zit. nach: Bundeszentrale für politische Bildung (Hrsg.), Information zur politischen Bildung. Heft 237: Ausländer. Bonn 1992, S. 17. (M2) Ebru S., Aus meinem Leben. In: Ulrike Holler/Anne Teuter (Hrsg.), Wir leben hier! Ausländische Jugendliche berichten. Alibaba Verlag, Frankfurt/M. 1992, S. 45, 46f. – **S. 11:** (M3) Elena Zeiser, Ich erwarte eine ganz andere Welt! In: Nelly Däs (Hrsg.), Laßt die Jugend sprechen. Rußlanddeutsche Jugendliche berichten. Georg Bitter Verlag, Recklinghausen 1994, S. 68f. (M4) o. N., Meine Probleme, mit denen ich in Deutschland aufgewachsen bin. In: Ulrike Holler/ Anne Teuter (Hrsg.), Wir leben hier!, a. a. O., S. 108f. S. 12 (M1) zit. nach: Geographie Mensch und Raum 9, Gymnasium Nordrhein-Westfalen, S. 120. – **S. 13:** (M2) H.-C. Ertel, u. a. (Hrsg.), Geographie Mensch und Raum 5/6 (Hauptschule Nordrhein-Westfalen). Cornelsen-Verlag, Berlin 1992, S. 58. – **S. 14:** (M1) Hildegard Wolff, In fremdem Boden Wurzeln schlagen. Lebensgeschichten ausländischer Frauen in Moers. Moers 1994, S. 108f. – **S. 15:** (M2) Bericht der Beauftragten der Bundesregierung für die Integration der ausländischen Arbeitnehmer und ihrer Familienangehörigen. – **S. 16:** (M1) Julia Bürklen, Wie ich nach Deutschland kam. In: Nelly Däs (Hrsg.), Laßt die Jugend sprechen. a. a. O. S. 73 f. (M2) Begleitheft zum Schülerwettbewerb „Wir Deutschen und unsere östlichen Nachbarn", S. 5, – **S. 17:** (M3) Josef Cyrus, Auf der Suche nach einem Zuhause. Aus dem Tagebuch eines oberschlesischen Aussiedlers. Laumann-Verlag, Dülmen 1989; zit. nach: Bundeszentrale für politische Bildung (Hrsg.), Informationen zur politischen Bildung, Heft 222, Bonn 1989, S. 5. (M4) Leserbrief an die Rheinische Post vom 3.11.1988. – **S. 18:** (Q1) Günter Moltmann (Hrsg.), Aufbruch nach Amerika. Friedrich List und die Auswanderung aus Baden und Württemberg 1816/17. Dokumentation einer sozialen Bewegung. Rainer Wunderlich Verlag, Hermann Leines, Tübingen 1979, S. 184 f., 137, 162. – **S. 19:** (Q2) Ingrid Schöberl, Amerikanische Einwandererwerbung in Deutschland 1845–1914. Franz Steiner Verlag, Stuttgart 1990, S. 178. (Kasten) „Amerikalied", Strophen 1, 2, 5–9. Deutsches Volksliedarchiv, Freiburg i. Br., Nr. A 1271; zit. nach: Peter Assion, Von Hessen in die neue Welt. Eine Sozialgeschichte der hessischen Amerikaauswanderung mit Text- und Bilddokumenten. Insel Verlag, Frankfurt/M. 1987, S. 193f. – **S. 20:** (Q1) Wolfgang J. Helbich (Hrsg.), Briefe aus Amerika 1830–1930. München 1988, S. 505 (vom Autor leicht vereinfacht). (M) Heinrich Krohn, Und warum habt ihr denn Deutschland verlassen? 300 Jahre Auswanderung nach Amerika. Bergisch-Gladbach 1992, S. 307. – **S. 21:** (Q2) Wolfgang J. Helbich (Hrsg.), Briefe aus Amerika 1830–1930. München 1988, S. 170. – **S. 22:** (M) Flüchtlingsfrauen heute. Faltblatt des UNHCR. Bonn o. J. (1994). – **S. 24:** (M1) Erich Wiedemann, „Die Hacker sind überall". In: Der Spiegel 19/1994, S. 143. – **S. 25:** (M2) Hartmut Dießenbach, Warum Völkermord in Ruanda? Wie Bevölkerungswachstum und knappes Land die Massaker und den Bürgerkrieg begünstigt haben, S. 189f. In: Leviathan 23 (1995), Heft 2, S. 189f. (M3) Alphonsine Kabagabo. In: Hildegard Schürings (Hrsg.), Ein Volk verläßt sein Land. Krieg und Völkermord in Ruanda. Köln 1994, S. 122; zit. nach: Hartmut Dießenbacher, Warum Völkermord in Ruanda? In: Leviathan 23 (1995), Heft 2, S. 174. (M4) o. N., „Wir werden das Morden beenden". Interview mit Rebellenführer Théogène Rudasingwa über den Bürgerkrieg. In: Der Spiegel 22/1994, S. 152. – **S. 26:** (M1) Udo Ulfkotte, Jeden Tag zehntausend neue Flüchtlinge. In: Frankfurter Allgemeine Zeitung vom 15. Juli 1994. – **S. 27:** (M2) Jürgen Habermas, Die Festung Europa und das neue Deutschland. In: Beispiele. In Niedersachsen Schule machen 3/93, S. 35f. (M3) Im Gespräch: Problematisch ... Judith Kumin von UNHCR über die Konsequenzen des neuen Asylrechts und die Situation von Flüchtlingen in unserem Land. In: Caritas in NRW 1/95, S. 28. – **S. 28:** (M1) Eva König, Weibliche Flüchtlinge setzen sich seltener durch. In: Fraktion DIE GRÜNEN im Landtag NRW (Hrsg.), Dort konnten wir nicht bleiben. Frauen und Flucht. Düsseldorf 1993, S. 52. (M2) Yasemin Öztürk und Anette Lindemann. Abhängig und kontrolliert. In: Frauen und Flucht a. a. O., S. 50f.

1.2 Krieg und Frieden im Nahen Osten
S. 34: (M1) Frankfurter Rundschau, 22.9.1990 (M2) David Grossman, Der gelbe Wind, Knaur-Verlag, München 1990, S. 164f. (M3) David Grossmann a. a. O.,

Quellenverzeichnisse

S. 109. (M4) David Grossmann, a. a. O., S. 73. – **S. 35:** (M5) Felicia Langer, Die Zeit der Steine, Lamuv-Verlag, Göttingen 1990, S. 48ff. (M6) Botschaft des Staates Israel, Presse- und Informationsabteilung, Bonn 1982, S. 10 (M7) Der Stern 44, 1994, S. 23 (M8) Felix Grossmann, Der gelbe Wind, München 1990, S. 100. (M9) Die Zeit, 11.3.1994. – S. 38: (Q) Arno Ullmann (Hrsg.), Israels Weg zum Staat, dtv, München 1964, S. 252. – **S. 40:** (Q) a. a. O. S. 307ff. – **S. 41:** (M1) F. Schreiber, Aufstand der Palästinenser, Intifada. Leske + Budrich Verlag, Opaden 1990, S. 127. (M2) Paul Quiring, Israeli Settlements and Palestinian Rights, in: Middle East International, Sept./Okt. 1978, in: Geographie heute. Friedrich-Verlag, Velbert 4, 1983, H. 15, S. 53. – **S. 42:** (Q1) F. Schreiber/M. Wolffsohn, Nahost. Geschichte und Struktur des Konflikts, Leske + Budrich Verlag, Opladen 1988, S. 158. (Q2) F. Schreiber/M. Wolffsohn, Nahost, a. a. O., S 159. – **S. 43:** (Q3) F. Schreiber/M. Wolffsohn, Nahost, a. a. O., S. 196. (Q4) New Middle East, Nr. 18, March 1970, in: Jendges/Vogts, Der israelisch-arabische Konflikt, Hrsg.: Bundeszentrale für politische Bildung, 2. Aufl. Bonn, 1985, S. 74. (Q5) zit. nach: Peter Offergeld/Dieter Schulz, Krieg und Frieden. Friedensordnungen und Konflikte vom Mittelalter bis zur Gegenwart, Schöningh-Verlag, Paderborn 1994, S. 245. – **S. 44:** (M1) Süddeutsche Zeitung, 30.12.1987. (M2) F. Schreiber, Aufstand der Palästinenser. Die Intifada, Leske + Budrich Verlag, Opladen 1990, S. 45. (M3) Die palästinensische Friedensinitiative. Dokumente, Bonn 1989, S. 22f. (= Palästina Dokumentation Nr. 12, Hrsg.: Informationsstelle Palästina, August-Bier-Str. 33, 53129 Bonn). – **S. 45:** (M4) F. Schreiber, Aufstand der Palästinenser, a. a. O., S. 119f. (M5) Frankfurter Allgemeine Zeitung, 30.4.1994. – **S. 46:** (M1) zit. nach: Frankfurter Rundschau, 11.9.1993, S. 2. – **S. 47:** (M2) Frankfurter Rundschau, 11.3.1988. – **S. 48:** (M1) 1. u. 2. Absatz: Der Spiegel, Heft 46, 1995, S. 156, 158, 3. Absatz: Süddeutsche Zeitung, 11./12.11. 1995, S. 3, 4. Absatz: Kölner Stadtanzeiger, 6.11.1995, S. 3. – **S. 49:** (M2) Süddeutsche Zeitung, 5.3.1996. (M3) Frankfurter Allgemeine Zeitung, 6.3.1996, S. 35. – **S. 51:** (M) Angelika Veter, Wasserimpressionen. In: Palästina 4 (1991), S. 14, Hrsg.: Informationsstelle Palästina, August-Bier-Str. 33, Bonn. – **S. 53:** (M1) Süddeutsche Zeitung, 22.2.1990. (M2) Süddeutsche Zeitung, 18.10.1994. – **S. 54:** (M1) Raimonda Tawil, Mein Gefängnis hat viele Mauern, Verlag Neue Gesellschaft, Bonn 1979, S. 73. (M2) Raimonda Tawil, a. a. O., S. 123. (M3) Raimonda Tawil, a. a. O. S. 142–145.

2.1 Was zusammengehört, muß zusammenwachsen

S 58: (M1) PZ Bundeszentrale für Politische Bildung, Bonn, Heft 85, März 1996, S. 31. – **S. 59:** (M2) Die Woche, Hamburg, Extra „Wiedervereinigung" zu Heft 40. 29.9.1995, S. 14. (M3) Die Woche, Hamburg, Extra „Wiedervereinigung" zu Heft 40. 29.9.1995, S. 15. (M4) Spiegel Spezial „Jugendliche". Spiegel Verlag Hamburg, November 1994, S. 124. – **S. 62:** (M1) Die Woche, Hamburg, Extra „Wiedervereinigung" zu Heft 40. 29.9.1995, S. 4. (M2) R. von Weizsäcker: Rede anläßlich des Staatsaktes zum Tag der Deutschen Einheit in der Philharmonie zu Berlin am 3. Oktober 1990. Hg.: Bundeszentrale für politische Bildung, Bonn 1990, S. 7. (M3) Zeit-Punkt, Zeit-Verlag, Hamburg, Heft 5, 1995, S. 44. (M4) Die Woche, Hamburg, Extra „Wiedervereinigung" zu Heft 40, 29.9.1995, S. 4. – **S. 66:** (Q1) Aktuelle Dokumente, hrsg. v. I. von Münch, Regierungserklärungen 1949–1973, Walter de Gruyter, Berlin 1973, S. 7. (Q2) Verhandlungen des Deutschen Bundestages, 1. WP., 13. Sitzung, Stenogr. Berichte, Bd. 1, S. 307ff., Bonn 1949. (Q3) Verhandlungen des Deutschen Bundestages, 7.2.1952, Bd. 10, Bonn 1952, S. 817ff. (Q4) ebenda. – **S. 67:** (Q5) Konrad Adenauer, Erinnerungen, Bd. 2, Fischer Taschenbuch, Frankfurt 1968, S. 87. (Q6) Die großen Regierungserklärungen der deutschen Bundeskanzler von Adenauer bis Schmidt, eingel. von Klaus von Beyme. Carl Hanser Verlag, München 1979, S. 253. – **S. 69:** (Q) O. Brenner, Sozial- und Gesellschaftspolitik in einem kapitalistischen Staat, in: K. D. Bracher (Hg.), Nach 25 Jahren. Eine Deutschland-Bilanz, München 1970, S. 122f. – **S. 70:** (Q1) Geschichte in Quellen, Bd. V, Bay. Schulbuch Verlag München 1970, S. 293f. – **S. 71:** (Q2) Otto Grotewohl: Im Kampf um die einige Deutsche Demokratische Republik. Reden und Aufsätze, Bd. 1, Berlin (Ost) 1959, S. 489ff. – **S. 73:** (Q) Joachim Gauck: Die Stasi Akten. Das unheimliche Erbe der DDR, Rowohlt Reinbeck 1991, S. 45f. – **S. 75:** (Q1) Bundeszentrale für gesamtdeutsche Fragen (Hg.), Die Zwangskollektivierung des selbständigen Bauernstandes in der Sowjetzone, Bonn-Berlin 1960, S. 37. (Q2) Gesetzblatt der DDR, Teil I, Berlin 1960, Nr. 26. S. 225. – **S. 76:** (Q1) Alice Schwarzer, Der „kleine Unterschied" und seine Folgen, Fischer TB, Frankfurt/M. 1977, S. 227, 231. (Q2) Frauen in der Bundesrepublik Deutschland, hrsg. v. Bundesministerium für Jugend, Familie und Gesundheit, Bonn 1984, S. 5. – **S. 77:** (Q3) Zit. nach: Gisela Helwig: Frau und Familie in beiden deutschen

Quellenverzeichnisse

Staaten. Köln 1982, S. 15; in: Wochenschau Sek. I, II, 1986, S. 76. (Q4) ebenda. (Q5) Zit. nach: Der Spiegel, Hamburg, Heft 3/1990, S. 172. – **S. 78:** (Q1) in: FDJ-Funktionär an der Oberschule, Heft 2 (Lernen – unser wichtigster Auftrag)/1975, S. 7; zit. nach: Wochenschau I, 3/82, S. 96. (Q2) Monika Balzke/Christine Goldsche. Wir sind den Jung- und Thälmannpionieren Vorbild, Freund und Helfer; in: FDJ-Funktionär, a.a.O., 5/1976; S. 12; zit. nach: Wochenschau, a.a.O., S. 99, (Q3) Herbert Helmrich/Bernd Arndt, Schüler in der DDR, zwei Erlebnisberichte. München 1980, S. 67; zit. nach: Wochenschau I, 1986, S. 23. – **S. 79:** (Q4) Der Spiegel, Heft 12/1990, S. 281–286. (Q7) Haase/Reese/Wensierski (Hg.), VEB Nachwuchs, Jugend in der DDR, Rowohlt Reinbek 1983, S. 116. – **S. 80:** (M) Der Spiegel, Hamburg, Heft 39/1995, S. 150ff. – **S. 82:** (M1) a.a.O. – **S. 83:** (M2) Reinhard Höppner, Milliarden Investitionen im Chemiedreieck; in: FAZ, Frankfurt, 12.12.1995, Beilage Region Halle-Leipzig-Dresden-Chemnitz, S. 1. – **S. 87:** (M) Zit. aus: Mensch und Raum, Ausgabe Gymnasium Nieders. Bd. 9, S. 9, Cornelsen, Berlin 1996.

2.2 Europa – Wirtschaftsriese ohne Demokratie?

S. 93: (M1–4) Melanie Piepenschneider, Die europäische Generation: Europabilder der Jugendlichen in der Bundesrepublik Deutschland. Europa Union Verlag, Bonn 1992, S. 90 (1), 93 (2), 94 (3), 117 (4). – **S. 95:** (M) Interview des Autors. – **S. 98:** (M) Roman Herzog, zit. nach: Süddeutsche Zeitung, 11.10.1995, S. 13. – **S. 99:** (Q) Richard Coudenhove-Kalergi, Eine Idee erobert Europa, Desch Verlag, Wien 1958, S. 232; zit. nach: Rolf Grix/Wilhelm Knöll, Das EG-Buch. Diesterweg Verlag, Frankfurt/M. 1993, S. 33. – **S. 100:** (Q1) Der Spiegel, 10.8.1950; zit. nach: Rolf Grix/Wilhelm Knöll, a.a.O., S. 48. – **S. 101:** (Q2) W. S. Churchill (Ed.), The Sinew of Peace. Post-War Speeches by W. S. Churchill, London 1948. S. 198 f.; deutsch in: Europa, Dokumente zur Frage der europäischen Einigung, hrsg. v. Forschungsinstitut der Deutschen Gesellschaft für Auswärtige Politik. Band I, Oldenbourg, München 1962, S. 114f.; zit. nach: Walter Lipgens, 45 Jahre Ringen um die europäische Verfassung. Dokumente 1939–1984. Europa-Union Verlag, Bonn 1986, S. 215. (Q3) Französ. Original: Agence France Presse, Informations et Documentations Nr. 291, Paris, 13.5.1950; deutsch in: Europa. Dokumente Bd. II, S. 680 f.; zit. nach: Walter Lipgens, 45 Jahre Ringen, a.a.O., S. 293f. (Q4) Adenauer und der Schuman-Plan. Protokoll eines Gesprächs zwischen K. Adenauer und H. Schäffer vom 3.6.1950; in: Vierteljahreshefte für Zeitgeschichte, 20.Jg. 1972, Heft 2, S. 192–203. – **S. 102:** (Q) Auswärtiges Amt (Hrsg.), Die Auswärtige Politik der Bundesrepublik Deutschland. Wissenschaft und Politik. Köln 1978, S. 351 ff.; zit. nach: Martin Tabczek/Johannes Altenbering, Deutschland nach 1945. Schöningh Verlag, Paderborn 1993, S. 102 f. – **S. 103:** (M) Frankfurter Allgemeine Zeitung, 16.11.1992; zit. nach: Otto Schmuck/Maximilian Schröder, Auf dem Weg zur Europäischen Union, hrsg. v. Bundeszentrale für politische Bildung, Bonn 1993, S. 119 f. (Reihe „Kontrovers"). – **S. 104:** (M1) Horst Zimmermann, in: Neue Westfälische, 7.2.1989; zit. nach: Helmut Trost, Europa und der Binnenmarkt. Schöningh, Paderborn 1993, S. 25f. – **S. 105:** (M2) Klaus Peter Schmid, Demokratie aus der Kiste; in: Die Zeit, Nr. 23, 3.6.1994, S. 14f. – **S. 106:** (M1) Martin Wiegers, Grenzen offen – Barrieren geblieben, in: Das Parlament, 25.8.1995, S. 10. – **S. 107:** (M2) Institut für Demoskopie Allensbach, Januar 1996; zit. nach: Capital, Hamburg, Heft 3/1996, S. 122/123. (M3) Christian Holzgreve, Das neue Eurogold; in: Göttinger Tageblatt, 6.1.1996. – **S. 108:** (M) Uta Rotermund, Die Armut ist weiblich – in ganz Europa; in: Frankfurter Rundschau, 4.6.1994, S. ZB 5. – **S. 110:** (M1) Informationsdienst des Instituts der deutschen Wirtschaft (iwd), Köln, Nr. 32, 10.8.1995, S. 3; zit. nach: Wochenschau II, Nr. 6/1995, S. 278. (M2) Jacek Kuron, Wider die Existenz einer „Grauzone" in der Mitte Europas; in: Frankfurter Rundschau, 5.7.1995, S. 10.

3.1 Alpen – krankes Rückgrat Europas

S. 117: (M1) ADAC (Hrsg.), Der große ADAC-Skiatlas 1988, Mair Verlag, München 1987, S. 155f. (M2) Ebenda. – **S. 118:** (M1) Bericht des Beauftragten des Bundes für Naturschutz in Südbayern 1989. (M2) Gutachten des Sachverständigenrates der Bundesregierung 1987. (M3) Hoplitschek, Ernst/Scharpf, Helmut/Thiel, Frank (Hrsg.), Urlaub und Freizeit mit der Natur, Edition Weitbrecht, Stuttgart/Wien 1991, S. 55. – **S. 122:** (M1) Bätzing, Werner: Die Alpen. Entstehung und Gefährdung einer europäischen Kulturlandschaft, Verlag C.H. Beck, München 1991, S. 158f. (M2) Greenpeace-Magazin, V/1991, S. 17. – **S. 123:** (M3) Jugend des Deutschen Alpenvereins (Hrsg.), Merkblatt 1990 (M4) Naturfreundejugend Deutschlands (Hrsg.), Skifahren auf die sanfte Tour, Remagen 1994. (M5) Opaschowski, Horst, Tourismusfor-

Quellenverzeichnisse

schung, Freizeit und Tourismusstudien, Band 3, Leske + Budrich, Opladen 1989, S. 154. – **S. 128:** (M1) Marseiler, Sebastian, Arche dringend gesucht, in: Beilage der Süddeutschen Zeitung, Nr. 258 vom 9.11.1994, S. 25. (M2) Haid, Hans, Neue Landwirtschaft in den Alpen. Dokumentation des Forschungsauftrages „Agriculturelle Vernetzung, Koordination und Dokumentation im Alpenraum 1993 und 1994, Bericht an das Bundesministerium für Land- und Forstwirtschaft, Wien, S. 5. – **S. 129:** (M3) Haid, Hans, Neue Landwirtschaft in den Alpen, a.a.O., S. 32. (M4) Bätzing, Werner, Die Alpen, Verlag C.H. Beck, München 1991, S. 226. (M5) Haid, Hans, Neue Landwirtschaft in den Alpen, a.a.O., S. 31. – **S. 130:** (M1) Bühlmann, Beat, Kraftprobe am Gotthard, in: Beilage der Süddeutschen Zeitung, Nr. 258 vom 9.11.1994, S. 26. – **S. 131:** (M2) Bätzing, Werner, Schluß mit der Hochgeschwindigkeitsphilosophie, in: Beilage der Süddeutschen Zeitung, Nr. 258 vom 9.11.1994, S. 24. – **S. 131:** (M1) Frankfurter Rundschau vom 5.1.1995. (M2) Weiner, Monika, Gebirgsbildung. Aus dem geologischen Tagebuch der Alpen, in: Natur, Heft 12/1994, S. 42f. – **S. 134:** (M1) CIPRA, Gemeinsame Verantwortung für einen Lebensraum. Alpenkonvention im Brennpunkt, in: Deutscher Alpenverein, 46. Jahrgang, Heft 5/1994, S. 340f. (M2) Schmill, Jörg, Politik. Die Berg-Retter sind alarmiert, in: Natur, Heft 12/1994, S. 33. (M3) Bätzing, Werner, Die Alpen, a.a.O., S. 239ff.

3.2 Prima Klima?
S. 144: (M1) Kriener, Manfred, in: die tageszeitung vom 16.4.1996, S. 3. (M2) Süddeutsche Zeitung vom 5.4.1996. – **S. 146:** (M1) Lausch, Erwin, in: Geo, Nr. 7/Juli 1993, S. 104. (M2) Ebenda, S. 106. – **S. 150:** (M1) Der Spiegel, Nr. 12/1995, S. 181ff. (M2) Die Zeit, Ausgabe vom 12.1.1996. (M3) Rheinische Post, Ausgabe vom 27.3.1995. – **S. 152:** (M1) Presse- und Informationsamt der Bundesregierung, Bulletin, Nr. 30, 12.4.1995, S. 249ff. – **S. 153:** (M2) Krebs, Karsten, in: Land unter. Die Klimazeitung, Eine taz-Verlagsbeilage, 1.4.1995, S. 3. (M3) Berth, Felix, in: die tageszeitung vom 30.3.1995, S. 6. (M4) Jensen, Annette, in: die tageszeitung vom 8.4.1995, S. 3. – **S. 154:** (M1) Bundesministerium für Umwelt, Naturschutz und Reaktorsicherheit (Hrsg.), Umwelt, Nr. 5/1995, S. 182. (M2) Ebenda, S. 182ff. – **S. 155:** (M3) Müller-Kraenner, Sascha, in: Landunter. Die Klimazeitung, Eine taz-Verlagsbeilage, 27.3.1995, S. 1. – **S. 156:** (M) Verband kommunaler Unternehmen e.V., Alle müssen handeln! Köln 1996, S. 6. – **S. 157:** Energiespartest, in: BUNDjugend (Hrsg.), Energie und Klima: Die Erde im Schwitzkasten? Bonn 1991, S. 51f.

4.1 Die Seele kann krank werden
S. 162: (M1) Annelies Schwarz, Hamide spielt Hamide. dtv 7864, München 1986, S. 35 u. 48 f. (M2) Jochen Ziem, Boris Kreuzberg, 12 Jahre. dtv 78047, München 1992, S. 26 f. – **S. 163:** (M3) Gunvor A. Nygaard, Inger oder jede Mahlzeit ist ein Krieg. dtv, München 1991, S. 11. – **S. 164:** (M1) Der Spiegel, Heft 32/1992, S. 118. – **S. 165:** (M2) Stern, Heft 3/1995, S. 66 (M3) Irina Korschunow, Die Sache mit Christoph. dtv 7811, München 1980, S. 27f. (M4) Nina Rauprich, Das Mädchen unter der Brücke, dtv 78043, München 1990, S. 12 u. 20. – **S. 166:** (M1) Cellesche Zeitung, 28.4.1995. (M2) Ilse Kleberger, Die Nachtstimme, Arena 2523, Würzburg 1982, S. 29. – **S. 167:** (M3) Irina Korschunow, a.a.O., S. 19f. (M4) Inge Meyer-Dietrich, Zwerge heißen nicht Max; in: Reiner Engelmann (Hg.), Tatort Klassenzimmer. Arena TB 1784, Würzburg 1994, S. 74f. – **S. 168:** (M1) Gerhard Eikenbusch, Und jeder Tag ein Stück weniger von mir. Ravensburger Jeans Taschenbuch, Ravensburg 1985, S. 94f. – **S. 169:** (M2) Kirsten Boie, Ich ganz cool. Oetinger Verlag, Hamburg 1992, S. 5 u. 46. – **S. 170:** (M1, M2) aus: Brigitte Dannhauser, Ein Fall von Magersucht in einer 7. Klasse; nicht veröffentlichte Examensarbeit. – **S. 171:** (M3, M4) aus: Brigitte Dannhauser, Ein Fall von Magersucht, a.a.O. – **S. 172:** (M1) Cellesche Zeitung, 8.10.1994, S. 3. (M2) Der Spiegel, Heft 33/1993, S. 59. – **S. 173:** (M3) in: Brigitte, Heft 7/1992, S. 14. (M4) Horst Holler/Imtraut Mitzkaus/Klaus Nowak, Sexualpädagogik–Aids-Prävention. Hg. v. Landesinstitut Schleswig-Holstein für Praxis und Theorie in der Schule. Kronshagen 1994, Arbeitspapier T5 – **S. 174:** (M u. Grafik) M. Lesch/G. Förderer, Ratgeber Gesundheit–Kineosologie. Gräfe und Unzer, München 1994, S. 13.

4.2 Bloßgestellt - Gewalt gegen Frauen
S. 180: (M1) Vorwort von Waltraud Schoppe zur Dokumentation des Nieders. Frauenministeriums; in: Frauen sagen Nein: Bei aller Liebe, keine Gewalt:, Druckhaus Benatzky, Hannover 1992. (M2) Heidrun Hoppe, Frauenleben, Kleine Verlag, Bielefeld 1993, S. 157. – **S. 181:** (M3) Aus einem Fragebogen zur Ausstellung Frauen- Angst- Räume der Stadt Herten; in: Dokumentation zu den Aktionswochen Gewalt gegen Frauen in NRW, Dokumente und Berichte

Quellenverzeichnisse

Nr. 15, Ministerium für Gleichstellung von Frau und Mann in NRW, Düsseldorf 1991, S. 142. (gekürzt). (M4) zit. nach: Heidrun Hoppe, a.a.O. S. 170, 177, mit einer Wortänderung. – **S. 182:** (Diagramm) nach: Ministerium für Gleichstellung von Frau und Mann in NRW; aus: Medienpaket vom Bundesministerium für Frauen und Jugend, Gewalt gegen Frauen, Dynewski-PR GmbH, Bonn 1994, Folie 3. (Tabelle) Zahlen aus: Bundesministerium für Frauen und Jugend, (K)ein Kavaliersdelikt, Broschüre zu: Studie über sex. Belästigung am Arbeitsplatz, Bonn 1993, S. 13 u. 16. – **S. 183:** (M1) Bundesministerium für Frauen und Jugend, (K)ein Kavaliersdelikt, Broschüre zu: Studie über sex. Belästigung am Arbeitsplatz, Bonn 1993, S. 12 f., 22, 24. (M2) Bundesministerium für Frauen und Jugend, (K)ein Kavaliersdelikt, a.a.O., S. 16 u. 18. (M3) Bundesministerium für Frauen und Jugend, (K)ein Kavaliersdelikt, a.a.O., S. 20 f. – **S. 184:** (M1) Joachim Lempert, Burghard Oelemann, „dann habe ich zugeschlagen", Männergewalt gegen Frauen, Konkret Literatur Verlag, Hamburg 1995, S. 69. (M2) aus einem Thesenpapier von Margit Brückner: „Gewalt gegen Frauen – ein Ausdruck der Geschlechterhierarchie", veröffentlicht in einer Dokumentation des Nieders. Frauenministeriums, Frauen sagen Nein, a.a.O., S. 9 f. (M3) Ausschnitt aus einem Interview auf Cassette, Teil 2: Warum Männer Frauen mißhandeln. Medienpaket vom Bundesministerium für Frauen und Jugend, Gewalt gegen Frauen, Dynewski-PR GmbH, Bonn 1994, Teil 2. (M4) Gernot Krieger, mannege e. V. Berlin, Häusliche Gewalt und Täterarbeit, Referat einer Dokumentation einer Fachtagung vom Referat für Gleichstellungsfragen – Frauenbüro der Stadt Hannover – zum Thema „Männergewalt in der Familie", 1994, S. 67. (M5) Carol Hagemann-White, Strategien gegen Gewalt im Geschlechterverhältnis, Centaurus Verlag, Pfaffenweiler 1992, S. 13. – **S. 185:** (M6) Ministerium für die Gleichstellung von Frau und Mann in NRW, Dokumentation der Aktionswochen zum Thema Gewalt gegen Frauen, Düsseldorf 1991, S. 42. (M7) Ilse Ridder-Melchers: Gewalt ist kein privates, sondern ein gesellschaftliches Problem, in: Ministerium für die Gleichstellung von Frau und Mann in NRW, a.a.O., S. 10. (M8) Carol Hagemann-White: Gewalt und kein Ende? Standortbestimmung nach 15 Jahren feministischer Öffentlichkeit, in: Ministerium für die Gleichstellung von Frau und Mann in NRW, a.a.O., S. 34, 38. – **S. 186:** Ulrike Herle, Selbstverteidigung beginnt im Kopf, Piper Verlag, München 1994, S. 86. (Zitate in Aufgabe 5) aus: Bundesministerium für Frauen und Jugend (Hg.), Gewalt gegen Frauen hat viele Gesichter, Dynewski PR GmbH, Bonn 1994, S. 13 u. zit. nach: BM für Frauen und Jugend, Gewalt gegen Frauen zerstört auch Männer, Dynewski PR GmbH, Bonn 1994, S. 8. – **S. 187:** (Situation A-D) zit. nach: Angela May, Norbert Remus, ... und dann kommt Licht in das Dunkel des Schweigens, Verlag die Jonglerie Lüft KG, Berlin 1993, S. 89ff., 93 (mit Änderungen).

4.3 Projekt: Beziehungen gestalten

S. 190: (M) Angelika Christiansen u.a., Mädchen los, Mädchen macht!, Votum, Münster 1991, S. 26. – **S. 191:** (Kasten) Idee nach: Uwe Sielert, Jungenarbeit, Jeventa Weinheim und München 1989, S. 102, 105. – **S. 192:** (M) Landesarbeitsgemeinschaft der Freien Wohlfahrtspflege in Niedersachsen, Landesstelle Jugendschutz: Aidsprävention Teil III, S. 39.

Bildquellen

Anthony Verlag, Starnberg: 122 (o.) – Archiv für Kunst und Geschichte, Berlin: 18 – Argus, Hamburg: 42 – Bavaria, Gauting: 90-91, 136 DRA, 115 (kl. Foto) Bordis-Deuter, 117 (r.) Scholz, 118 (l.) s.e.t., 118 (r.) Dr. Bahnmüller, 119 (r.) Marcella Pedone, 144 (l.) Rainer Binder, 164 (u.) NE – Becker, Klaus, Frankfurt: 58 (r.), 119 (l.) – Becker, Sonja, Frankfurt/M.: 112, 169 (u.) – Bildagentur Hecht + Zimmermann, Hannover: 191 Carlo Borlenghi – Blüher, Karin, Hannover: 181 – Buch: Bei Liebe klickt's. Jugendliche fotografieren Jugendliche. Elefanten Press Verlag, Berlin 1991, S. 22 und 24: 193 (r.) Monika Heise, 194 Ralf Polaczek – Buch: Der Struwwelpeter, Esslinger Verlag J. F. Schreiber, Esslingen 1992: 170 – Buch: Frauenwiderstand im Hunsrück, 1984: 179 – Buch: Kromschröder, Gerhard: Als ich ein Türke war. Eichborn Verlag, Frankfurt/M. 1983: 15 – Busse, Gero, Göttingen: 117 (l.), 120 (r.), 129, 133 (l. u.) – Cartoon-Caricature-Contor, München: 26 (m.), 159 (r. o.), 159 (m. r.) Horst Haitzinger, 26 (u.) Murschetz, 45 Fritz Behrendt, 55 (m.) Hanel, 55 (u.), 110 (o.), 113 (l. u.) Gerhard Mester, 113 (l. o.) Wolter, 113 (l. m.) K. G. Striepecke, 113 (r. o.) 113 (r. u.) Sajtinac, 159 (m l.) Luft, 159 (l. u.) Horst Busse – Deutsche Presseagentur, Frankfurt/M.: 12 (l.), 13, 24, 43, 44, 48 (o.), 48 (m.), 48 (u.), 56-57, 56 (kl. Foto), 63, 65 (l.), 67 (l. und r.), 70, 72, 75 (r.), 90 (m.), 93 (l.), 100, 152 (l.), 152 (r.) – –

Quellenverzeichnisse

Deutsches Historisches Museum, Berlin: 88 (o.) – Drescher, Angela, Hannover: 178 (kl. Foto), 189 (l.), 189 (r.), 190 – epd-bild, Frankfurt/M.: 28 (o.) Gust, 28 (u.) Eckel – focus, Hamburg: 32-33, 41 James Nachtwey/Magnum – Foto Ghedina: 133 (l. o.), 133 (r. o.) – foto-present, Essen: 11 Herzog – Gemeindeverwaltung Sölden, Österreich: 120 (l.) – Globus-Kartendienst, Hamburg: 26 (o.), 68 (l. u.), 77, 79 (l. und r.), 106, 107, 110 (u.), 149 (l. und r. o.), 149 (l. u.), 150, 154, 155 (r.) – Gruner + Jahr, Hamburg: 172 (u.) Stern – ifa-Bilderteam, München: Umschlagfoto – Jürgens Ost-Europa-Photo, Berlin: 58 (l.), 78 – Julius, Vöhl: 158 (o. l.) – Keystone Pressedienst, Hamburg: 76 – Klemm, Barbara, Frankfurt/M.: 180 – KNA-bild, Frankfurt/M.: 22 – Kommission für Glaziologie der Bayerischen Akademie der Wissenschaften, München: 137 (o. und u.) – Mangold, Guido, München: 130 – Mauritius, Frankfurt/M.: 89 (l. m.), 89 (r. o.), 89 (r. m.), 89 (r. u.) – Mehring, Fern, Dortmund: 192 – Moses, Stefan, München: 89 (l. o.), 89 (l. u.) – Münchner Stadtmuseum: 88 (u.), 102 – Murschetz, Luis, München: 55 (o.) – Niedersächsische Landeszentrale für politische Bildung: 185 Wettbewerbsbeitrag Nr. 3/29 von Ute Schadek, Kirchlinteln – Oberhessische Versorgungsbetriebe AG (OVAG), Friedberg: 158 (o. r.) – Oechtering, Elisabeth, Rheine: 38, 52 (l.), 114-115, 158 (r. u.) – Pressefoto Michael Seifert, Hannover: 9, 160-161, 162, 164 (o.), 166, 169 (o.) – Pro Familia, Frankfurt/M.: 178-179 (Hintergrundfoto) aus der Broschüre „Vergewaltigung", S. 8-9, Foto: Marlies Stänicke – Pro Familia, Hannover: 195 aus der Publikation „Sex und so ...", S. 36, Zeichnung: Gabi Kreidel – Redaktionsbüro Evelyn Lackner, Bonn: 14 (r.) – RV Reise- und Verkehrsverlag, Berlin: 29 – Schiffer-Fuchs, Anita, Köln: 10 – Schulze, Hagen, Hannover: 193 (l.) – Spiegel-Verlag, Hamburg: 46, 62, 82 (r.), 83, 172 (o.), 173 – Spreitler, Kempten: 125 – Staatsarchiv Bremen: 20 – Stabentheiner, G., Liesing: 127 – Süddeutscher Verlag, München: 68 (r.) – Teßmer, Michael, Hamburg: 111 – UNHCR, Genf: 6-7 J. Stjerneklar, 27 – Umweltschutzverlag, Hamburg: 132 (l.) O. Baumeister/Ges. für ökol. Forschung/Greenpeace, 144 (r.) M. Schamberg/Greenpeace – Verlag Werner Lohmann, Obergurgl, Oetz: 116 – Verlagsarchiv: 52 (r.), 53, 74, 84, 86, 138, 159 (l. o.) – version, Berlin, Köln: 168 R. Maro – vista-point Verlag, Köln: 90 (o.), 90 (u.) – Volksbund Deutsche Kriegsgräberfürsorge: 93 (r.) – Wildlife, Hamburg: 128, 132 (r.), 133 (r. u.) C. Heumader – Zartbitter e. V., Köln: 186, 187 aus der Publikation „Auf den Spuren starker Mädchen", hrsg. von Irmgard Schaffrin und Dorothee Wolters. Zeichnungen: Dorothee Wolters – ZEFA, Düsseldorf: 122 (u.) Strange – Zeitverlag, Hamburg: 62

Zeichnungen
Teßmer, Michael, Hamburg

Karten und Grafiken
Becker, Klaus, Frankfurt/M.; Langkafel, Skip, Berlin; Borrell, Carlos, Berlin

Register

Abgase 130
Abwasser 83, 118
Adenauer, Konrad 66f., 101f.
Afrika 35, 150, 153
Ägypten 46
Albanien 94f.
Alliierte 66
Alpen 116, 118
Alpenkonvention 134
Amerika - siehe USA
Anatolien 13
Ängste 163, 166, 168
Äquator 140, 142
Araber 36, 42
Arafat, Jassir 43f., 46, 48f.
Arbeiter(innen) 54
Arbeitserlaubnis 17, 26
Arbeitslosigkeit 13, 42, 68, 85ff., 95, 106, 109, 184
Arbeitsnorm 72
Arbeitsplatz 12f., 15, 25, 62, 79, 83, 86f., 106, 182
Armut 23f., 94, 98, 109
Asien 66
Asyl(suchende) 8, 26ff.
Äthiopien 22
Atmosphäre 139, 142, 147ff.
Atombombe 64
Ausbildung 15, 76, 79, 86, 112, 171, 183
Ausnahmezustand 72
Aussiedler 16f.
Auswanderung 18f.

Baden-Württemberg 95
Balfour-Deklaration 38f., 43
Bauern 16, 75
Baumschäden 119
Bayern 65
Beamte 19
Beersheba 50
Belästigung 182f., 186
Belgien 25, 94f., 101
Bergbau 80f., 84f.
Bergbauern 128f.
Berlin 64, 72, 81, 152, 154
Berliner Mauer 67, 73
Beruf 11
Besatzungszone 64f., 71
Bevölkerung 18, 84, 98
Bevölkerungsentwicklung 24f., 51, 120, 149

Bewässerung 52
Binnenmarkt 104, 106f.
Biotope 87, 123
Bitterfeld 81, 83
Bodenreform 70
Bosnien-Herzegowina 94f.
Brandt, Willy 57, 67
Brenner, Otto 69
Bulgarien 94f.
Bundesrepublik Deutschland 65ff., 76, 79
Bürgerkrieg 22, 24f.

Christlich-Demokratische Union (CDU) 66, 68, 77
Christlich-Soziale Union (CSU) 68
Churchill, Winston 101
Clique 165
COMECON 74

Dänemark 94f.
Deutsche Demokratische Republik (DDR) 65, 67, 71, 73f., 77ff., 82
Deutsches Reich 17
Deutschland 8, 10, 12f., 16, 25f., 43, 94f., 100f., 110, 131, 152, 154f.
Diaspora 38
Dienstleistungen 86
Diktatur 25
Dritte Welt 22f., 26, 111, 153
Düsseldorf 8

EFTA 102
Einwanderung 38
Eiszeit 125
Elat 50
Emscher Park 87
Energie 53, 149, 153f., 156f.
England - siehe Großbritannien
Entspannung 174
Entwicklungsländer 153
Erdbeben 125
Erdölraffinerie 83
Ernährung 22, 25
Erosion 118f.
Erwartungsdruck 164f.
Estland 94f.
Euphrat 53
EURO(-Währung) 107
Europa 26f., 38, 92, 150
Europäische Atomgemeinschaft (EURATOM) 102f.

Register

Europäische Union (EU) 86, 94f., 97, 103f., 110f., 129, 131, 134, 152
Europäische Wirtschaftsgemeinschaft (EWG) 102f., 106
Europäisches Parlament 93, 98, 104f., 109
Export 24, 97

Faltengebirge 125
Fernsehen 165, 171
Finnland 94f.
Flucht 22f.
Flüchtlinge 26, 28, 42, 73
Flüchtlingslager 22, 24, 34, 42
Frankreich 36f., 64f., 94f., 100f., 112, 131, 134
Frauen 20, 22ff., 28, 54, 76f., 108f., 180ff.
Freie Deutsche Jugend (FDJ) 72, 78
Freier Deutscher Gewerkschaftsbund (FDGB) 72
Freiheitlich Demokratische Partei (FDP) 67f., 77
Freizeit 10, 78f., 86f., 112, 118, 120, 134, 195
Fremdenfeindlichkeit 15, 26
Fremdenverkehr 118, 122, 128
Freundschaft 190f., 194
Fundamentalismus 45

Gastarbeiter 12, 95
Gaza 49
Gazastreifen 34, 44ff.
Gegenwehr 187, 189
Generalstreik 72
Getto 38
Gewalt 23, 27, 46, 165, 180f., 184ff.
Gewaltenteilung 105
Gewerkschaft 69, 106
Gleichberechtigung 76, 99, 108, 182
Gleichstellung 69, 77
Gletscher 116f., 125, 144, 146, 150
Griechenland 8, 94f.
Großbritannien 36ff., 40, 64f., 94f., 102, 112
Grotewohl, Otto 71f.
Grundgesetz 65, 79
Grundrechte 187
GRÜNE 77
Gütertransport 131

Halle 80ff.
HAMAS 45, 49
Handwerk 19
Handwerker 16, 21
Hannover 50
Herzog, Roman 98

Hessen 50, 84
Homosexualität 193
Höppner, Reinhard 83
Hunger 7, 22
Hutu 24f.

Ideale 163f.
Indien 35
Industrie 94, 96
Industrialisierung 128
Industrieländer 26, 150, 152ff.
Integration 17
Intifada 44f.
Iran 53
Irland 94f.
Islam 11
Island 94f.
Israel 32ff., 40ff., 55
Italien 8, 94f., 101, 112, 131, 133f.

Jahreszeiten 140ff.
Japan 64
Jericho 46
Jerusalem 35, 38, 49, 54
Jordanien 46, 53
Juden 35, 37f., 40ff., 46
Jugoslawien 8, 94f.

Kalter Krieg 64, 88
Katharina II., Zarin 16
Kirche 73
Klima 98, 126, 129, 138
Klimadiagramm 143
Kohl, Helmut 152, 154
Kohlendioxid 146ff., 154ff.
Kollektivierung 75
Köln 15
Kolonialherrschaft 25
Konferenz von Jalta 64
Konferenz von Potsdam 64
Koran 45
Korea(-Krieg) 66, 68, 102
Kraftwerk 82f.
Krankheit 166
Krieg 7, 27
Kroatien 94f.
Kultur 11, 14, 17, 54
Kurden 37
Kuwait 153

213

Register

Land-Stadt-Flucht 13
Landwirtschaft 24, 50, 52, 72, 95f., 128f., 134
Landwirtschaftliche Produktionsgenossenschaften (LPG) 75
Lawine 118ff., 132
Lehrer 162, 166f., 170, 175
Lettland 94f.
Libanon 45, 53
Libyen 53
Liechtenstein 94f.
List, Friedrich 18
Litauen 94f.
Little Germany 20
Lohn 21, 69, 72, 76, 106, 108, 110, 128
Luftdruck 139, 142
Luxemburg 94f., 101

Maastricht 103, 107
Magersucht 164, 166, 170f.
Marktwirtschaft, soziale 68, 83, 110
Marokko 8
Masada 38
Medien 22, 164, 172
Menschenrechte 27, 47, 99
Migration 7, 31
Minderheiten 15
Mißbrauch 180
Mitbestimmung 69
Moldawien 94f.
Monostruktur 84, 86
Montanindustrie 84, 86
Montanunion 101ff.
Moskau 70
Müll 118
Muren 119f., 125, 132

Naher Osten 32f., 36f., 46
NATO 66, 98, 102
Naturkatastrophen 132, 144
New York 20f.
Niederlande 94f., 101
Niederschlag 52, 139, 143
Norwegen 94f.

Oder-Neiße-Linie 64
Oslo 46, 49
Osmanisches Reich 36f.
Ost-West-Konflikt 46, 66, 100

Österreich 94f., 117, 123, 129, 131f.
Ozon 149

Palästina 34, 37f., 40, 43f., 49
Palästinenser 35, 42, 46f., 55
Parlamentarischer Rat 65
Passat 142
Peres, Shimon 49
Planwirtschaft, sozialistische 74, 83
PLO 43ff., 48
Polen 8, 16f., 64, 84, 94ff., 103, 110
Portugal 8, 94f., 112
Preußen 81
Provisorische Volkskammer 65, 71
Psychologen 171
Psychotherapie 172, 175
Pubertät 168, 171

Quotenregelung 77

Rabin, Yitzhak 46, 48f.
Religion 11, 14, 97
Rio de Janeiro 152
Rohstoffe 111
Rollenverständnis 171, 184
Ruanda 24, 31
Rückwanderung 21
Ruhrgebiet 21, 80, 84ff.
Rumänien 8, 16, 94f.
Rußland 8, 11, 35, 94f.

Sachsen 70, 84
Sachsen-Anhalt 80, 82f.
Sanierung 80f.
Saudi-Arabien 53, 153
Schadstoffe 82f., 130
Scheidung 172f.
Schule 8, 17, 21, 35, 59, 73, 78, 162, 166f., 169, 175, 188
Schüleraustausch 92f., 112
Schulski 123
Schuman(-Plan), Robert 101f.
Schweden 94f.
Schweiz 94f., 129, 131
Sedimente 125
Selbstverteidigung 188
Selbstverwaltung 1Sexualität 185
Ski (fahren) 118
Slowakei 94f.

Register

Slowenien 94f.
Soldaten 44
Sölden 116f., 120f.
Somalia 22
Sonnenkollektor 158
Sozialdemokratische Partei Deutschlands (SPD) 57, 66f., 77
Sozialismus 71f.
Sozialistische Einheitspartei Deutschlands (SED) 65, 70ff, 74, 78, 82, 88
Sowjetische Besatzungszone (SBZ) 70
Sowjetunion 16f., 46, 64ff., 70, 72ff., 100
Spanien 8, 94f.
Staatsbürgerschaft 17
Stasi 72
Staudamm 53
Steuern 14, 17
Stimmungen 162, 168
Stolpe, Manfred 63
Straßburg 93, 98
Streß 174f.
Strukturwandel 80, 83, 85ff.
Süd-Carolina 19
Sudetenland 64
Südtirol 123, 128
Synagoge 34
Syrien 46, 53

Teilzeit 109
Tel Aviv 35, 49f.
Temperatur 139, 142ff., 146f., 150f.
Terror 43, 46, 48f., 71
Thüringen 84
Tirol 116
Totes Meer 52
Tourismus 116f., 119f., 122, 129, 134
Treibhauseffekt 144, 146ff., 150f.
Troposphäre 139
Tschad 53
Tschechien 94f.
Tunesien 8
Türkei 8, 10, 13, 37, 53
Tutsi 24f.

Überproduktion 129
Ukraine 94f.
Ulbricht, Walter 70, 72
Umwelt 22f., 75, 82f., 85f., 111f., 118, 123, 134, 152
Universität 86

Ungarn 94f.
USA 18, 20f., 38, 46, 64ff., 99f., 102, 112, 152f.

Vegetation 126
Verdunstung 52
Vereinte Nationen (UNO) 23, 26f., 40, 42ff., 152
Verfassung 65, 79, 187
Verkehr 130f., 134, 155f.
Verstaatlichung 70
Völkerbund 37, 99
Vorurteile 193

Wahlen 14, 71
Waldrodung 119
Warschauer Pakt 98
Wasser 50ff.
Weißrußland 94f.
Weizsäcker, Richard von 62
Weltklimakonferenz 152ff.
Weltkrieg, Erster 36ff., 98
Weltkrieg, Zweiter 17, 38, 40, 64, 68, 98f.
Weltmarkt 85, 110
Wendekreis 140f.
Werbung 165
Westfalen 84
Westjordanien 34
Westjordanland 41, 46
Wetterkarte 138f.
Widerstand 44, 54
Wiederbewaffnung 66
Wiedervereinigung 58f., 66f., 73
Wintersport 117f., 120
Wirtschaftswachstum 14
Wüste 50, 53, 150

Zensur 34
Zentralkommitee 71
Zionismus 38
Zoll 99, 102f., 111
Zuwanderer 84